Nach vielen, vielen Jahren in Deutschland löst Osman endlich ein altes Versprechen bei seinem daheim in Anatolien lebenden Onkel Ömer ein und beschreibt ihm sein Leben in Alamanya einmal ganz genau.

In vierundzwanzig Briefen greift er von Januar bis Dezember alle möglichen Anlässe auf, die einem Türken im Laufe eines Kalenderjahres in Deutschland »bemerkenswert« oder »eigenartig« vorkommen. Ob Karneval, Valentinstag, Tag der Arbeit, die Bundesliga, die Deutsche Einhheit oder die Weihnachtszeit: Osman beleuchtet alles mit seinem kritisch-satirischen Blick und erklärt es so, dass auch der alte anatolische Onkel sich etwas darunter vorstellen kann. Selbstverständlich kommt in dieser Völkerverständigung à la Osman auch die Gegenseite nicht zu kurz: zum Beispiel, wenn Osman seinen Onkel Ömer darüber aufklärt, wie schwer es ist, den Deutschen den Ramadan oder das Opferfest nahezubringen.

Osman Engin, 1960 in der Türkei geboren, lebt seit 1973 in Deutschland. Er schreibt Satiren für Presse und Rundfunk. 2006 wurde er für seine Hörfunkbeiträge mit dem ARD-Medienpreis ausgezeichnet. Bei dtv sind seine Romane ›Kanaken-Gandhi‹ (20476), ›GötterRatte‹ (20708) und ›Tote essen keinen Döner‹ (21054) sowie mehrere Satiren-Bände erschienen. Weitere Informationen über den Autor unter: www.osmanengin.de und www.dtv.de

Osman Engin

Lieber Onkel Ömer

Briefe aus Alamanya

Deutscher Taschenbuch Verlag

Von Osman Engin
sind im Deutschen Taschenbuch Verlag erschienen:

Kanaken-Gandhi (20476)
GötterRatte (20708)
Don Osman (20799)
West-östliches Sofa (20908)
Getürkte Weihnacht (20931)
Don Osman auf Tour (20996)
Tote essen keinen Döner (21054)

Originalausgabe
Oktober 2008
Deutscher Taschenbuch Verlag GmbH & Co. KG,
München
www.dtv.de
© Deutscher Taschenbuch Verlag, München
Umschlagkonzept: Balk & Brumshagen
Umschlagbild: Til Mette
Gesetzt aus der Perpetua und der Officina Sans
Satz: Greiner & Reichel, Köln
Druck und Bindung: Druckerei C. H. Beck, Nördlingen
Gedruckt auf säurefreiem, chlorfrei gebleichtem Papier
Printed in Germany · ISBN 978-3-423-21097-3

Inhalt

Der gute Neujahrsvorsatz

Mein lieber Onkel Ömer,

wie geht es Dir, und wie geht es meiner lieben Tante Ülkü? Wie geht's der hübschen Kuh Pembe, wie geht's der schwarz gepunkteten Ziege Fatima, wie geht's Deinem störrischen Esel Tarzan, und wie geht's unserem guten alten Dorfvorsteher Hüsnü?

Lieber Onkel Ömer, Du fragst mich ja schon seit Jahren ständig, wie mein Leben hier im kalten Deutschland so aussieht.

Halt Dich fest, jetzt kommt mein tolles Neujahrsgeschenk für Dich: Ich habe mir als guten Vorsatz fürs neue Jahr genommen, meinem Lieblingsonkel Ömer daheim in Anatolien ein Jahr lang alle vierzehn Tage einen Brief zu schreiben, um Dir darin von meinem aufregenden Leben in Alamanya als Türke mit Migrationshintergrund zu berichten und um Dir zu zeigen, wie dieses verrückte Deutschland so tickt, ich meine, funktioniert.

Meine Frau Eminanim meckert jetzt schon, dass ich auch diesen guten Vorsatz mit Sicherheit nicht einhalten werde, so wie all die anderen guten Vorsätze, die ich jedes Jahr schon nach zwei Tagen, manchmal sogar nach zwei Minuten, aufgebe. Ich habe nämlich immer noch zwanzig Kilo Übergewicht, ich gehe immer noch nicht spazieren

Jan.

und ins Fitnesscenter, ich hocke immer noch vor dem Fernseher, und meine Haare fallen immer noch aus.

Aber wieso sollte ich auch nach fünfzig Jahren wie ein frisch verliebter Hahn plötzlich mit dem Essen aufhören, nur, um ein bisschen schlanker auszusehen? Warum sollte ich wie ein streunender Hund zu Fuß durch die Straßen laufen, wo doch mein lieber Ford-Transit noch so gut in Schuss ist und es draußen ständig regnet und ekelhaft kalt ist? Wieso um Himmels willen sollte ich gerade jetzt weniger fernsehen, wo ich mir endlich tausend deutsche Kanäle und dazu noch hundertzweiundfünfzig türkische Sender leisten kann? Und was meine Haare betrifft, wie sagte meine Tante Ülkü so schön: Gehende soll man nicht aufhalten!

Also, versprochen ist versprochen, auch wenn ich bisher noch nie einen meiner guten Vorsätze einhalten konnte, diesmal werde ich es schaffen!

Ich weiß, dass Du meine Briefe immer in unserem Dorfcafé mit stolzgeschwellter Brust allen Leuten vorliest, deswegen werde ich mir besondere Mühe geben. Ich habe mich auch sehr gefreut, dass unser Dorfvorsteher Hüsnü mir letztens am Telefon verraten hat, dass er alle meine Briefe an der schwarzen Tafel aufhängt, direkt neben seinen wichtigen Meldungen. Er ist nämlich sehr stolz darauf, dass ein Sohn unseres Dorfes, nämlich der Osman, in Deutschland große Karriere gemacht und als Schlosser den riesigen Sprung von Halle 3 in Halle 4 geschafft hat – und nicht ins Hartz IV.

Ich werde beweisen, dass Ihr alle zu Recht stolz auf mich seid. Ich habe auch meiner Mutter schon die frohe Botschaft überbracht, dass sie ab sofort jeden Monat zwei

Briefe von mir am schwarzen Brett vom Dorfvorsteher Hüsnü lesen kann. Sie freut sich riesig darauf. Ich darf die gute Frau nicht schon wieder enttäuschen. Außerdem möchte ich nicht wieder das ganze Jahr zum Gespött Eminanims werden, das allein setzt mich genug unter Druck.

Lieber Onkel Ömer, für Dich geht das neue Jahr ja erst los, wenn am 1. Januar der Hahn kräht – wenn er stottert, dann halt am 2. Januar. Aber hier in Alamanya fängt das neue Jahr, anders als bei Euch im Dorf, pünktlich um 24 Uhr in der Silvesternacht an. Da werden die letzten 365 nervigen, anstrengenden Tage endlich verscheucht, und den neuen kommenden 365 Tagen wird mit gekünstelter, vorgespielter Euphorie Platz gemacht, in der Hoffnung, das Schicksal milde zu stimmen, damit die Zukunft besser verlaufen möge. Nach dem Motto: »Wie man in das neue Jahr hineinkommt, so geht es auch weiter!«

Deshalb wollte ich vor drei Jahren dem Schicksal etwas nachhelfen und habe den Silvesterabend mit der gesamten Familie vor dem Geldautomaten der Sparkasse in unserer Straße verbracht. Punkt Mitternacht habe ich 500 Euro abgehoben, auf dass der starke Geldsegen das ganze Jahr über andauern möge. Aber das schöne Geld wurde mir wenig später leider prompt geklaut. Nach dieser bitteren Enttäuschung habe ich in dem Jahr keiner noch so alten Dame mehr über die Straße geholfen. Erst recht nicht, wenn sie angeblich betrunken war!

Vor zwei Jahren hatten wir am Silvesterabend mit der ganzen Sippschaft die Lobby eines Fünfsternehotels in Bremen besetzt, damit wir im Urlaub nicht mehr in der billigsten Absteige von Antalya landen, dafür landeten wir dann

Jan.

pünktlich zum Jahreswechsel auf dem Bremer Polizeirevier in der Stadtmitte.

Letztes Jahr hatte ich gute alte Bekannte weit draußen auf dem Land besucht und denen somit meinen Respekt entgegengebracht, in der Hoffnung, dass ich im neuen Jahr ausnahmsweise auch mal respektiert werde, wenigstens von meinen Kindern. Bei meiner Frau mache ich mir schon lange keine Hoffnungen mehr!

Um 23 Uhr war ich von dem älteren Paar weggefahren, um vor Mitternacht zu Hause zu sein. Eminanim hatte viele hübsche Freundinnen zur Silvesterfeier eingeladen. Die Aussicht, die kommenden 365 Tage in Gegenwart schöner Frauen zu verbringen, war natürlich sehr verlockend. Ich trat das Gaspedal bis zum Anschlag durch! Mein tiefergelegter 68er-Ford-Transit legte sich in die Kurven wie eine Formel-1-Maschine. Auf der einsamen Landstraße raste ich mit 63,5 km/h durch die winterliche Nacht.

Und prompt landete ich in einer Verkehrskontrolle. Die Straße war voll abgesperrt, und mehrere Polizeiautos mit Blaulicht standen quer. War ja klar, dass die Bullen am Silvesterabend nach Alkoholsündern Ausschau halten würden. In Sekundenschnelle überschlug ich, was ich an dem Abend getrunken hatte. Über ein Dutzend Tassen Tee. Ob sich so viel Tee im Geschwindigkeitsrausch in Alkohol verwandeln würde, wusste ich nicht!

Es waren nur noch dreißig Minuten bis Mitternacht. Ich fuhr langsam an die Polizeisperre heran und bekam einen Schock! Ein Toter! Knapp zwei Meter vor mir lag ein toter Mensch mitten auf der Fahrbahn. Alles war voll Blut! Ein grauenhafter Unfall war passiert. Ein roter BMW hatte sich um einen Baum gewickelt.

Es waren nur noch sechsundzwanzig Minuten bis zum neuen Jahr.

»Hallo, dürfte ich bitte vorbeifahren? Ich werde dringend zu Hause erwartet«, rief ich einem der vielen Polizisten zu, aber der schaute mich nicht mal an. Die waren gerade dabei, die Spuren zu sichern. Der Notarztwagen war noch nicht da, aber dafür zwei Kameratiims vom Privatfernsehen.

Bei Allah, mit gutem Essen und schönen Frauen wollte ich das neue Jahr beginnen, aber stattdessen musste ich neben einem toten BMW-Fahrer ausharren. Was wollte das Schicksal mir damit sagen? Würde ich das ganze Jahr über mit Toten zu tun haben? Oder würde ich bald ziemlich respektabel selbst den Löffel abgeben?

»Bitte, bitte, Herr Polizist, lassen Sie mich vorbeifahren!«, flehte ich einen der Beamten durch das Seitenfenster an, »ich werde auch ganz vorsichtig dran vorbeifahren. Bei dem Mann kann ich sowieso nicht mehr viel falsch machen. Die Leiche ist ohnehin schon tot!«

Für eine Sekunde hatte ich sogar das Gefühl, dass selbst der Tote mich erhört hatte, aber diese gnadenlosen Männer in Uniform nicht.

Sie beachteten mich gar nicht und liefen einem Rettungswagen entgegen, der mit großem Gejaule aus der anderen Richtung kam.

Ich saß wie auf glühenden Kohlen und hatte nur noch sechzehn Minuten, um mir meinen Harem fürs kommende Jahr zu sichern! Aber die Zeit verging, und ich hockte zusammen mit einem Toten auf der B 278. Es war zum Verrücktwerden: Wegen ein paar halbstarken Bauernburschen, die mit ihrem zwei Tage alten Führerschein nachts besoffen

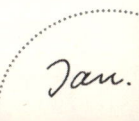

in die Landdisko rasen, durfte ich am Silvesterabend mitten auf der Straße Totenwache halten.

Die Glocken der Dorfkirchen ringsum fingen an zu läuten. Wir hatten also bereits Mitternacht. Die Knallerei über der Stadt hatte ihren Höhepunkt erreicht. Genau in dem Moment haben auch einige der Polizisten die Sektkorken knallen lassen. So abgebrüht wollte ich auch mal sein, auf das Wohl einer frischen Leiche zu trinken. Und dann konnte ich meinen Augen nicht mehr trauen: Ich war einer Ohnmacht nahe, als ich sah, dass sie sogar die Leiche mit ihrer guten Laune angesteckt hatten! Der Kerl stand seelenruhig auf und schnappte sich zwei Sektgläser. Blutverschmiert torkelte er auf mich zu, drückte mir ein Sektglas in die Hand und sagte gut gelaunt:

»Mann, Sie haben aber toll mitgespielt! Danke!«

»Wie, was habe ich gespielt?«, stotterte ich, am ganzen Körper zitternd. Bis dahin hatte ich noch nie mit einem echten Zombie gesprochen.

»Mein Herr, wir wollten unter möglichst realistischen Bedingungen einen Verkehrsunfall am Silvesterabend nachstellen. Vielen Dank für Ihre Mitarbeit und übrigens frohes neues Jahr«, kicherte er und küsste mich auf die Wangen.

Ich zitterte vor Wut wie ein nasser Hund!

»Gleich bekommst du es noch realistischer, du Idiot!«, brüllte ich und packte ihn am Kragen. »Du weißt ja sowieso bereits, wie man sich als Toter fühlt!«

Wäre der Regisseur nicht dazwischengegangen, hätte ich das neue Jahr wohl oder übel als Mörder beginnen müssen, was gewiss nicht schön gewesen wäre! Aber so viel Realität wollte er dann wohl doch nicht haben und rettete seine Leiche vor einem erneuten Tod.

Lieber Onkel Ömer, nach all diesen schlechten Erfahrungen der letzten Jahre hatte ich am gestrigen Silvesterabend meine Erwartungen deutlich zurückgeschraubt und wollte das neue Jahr mit meiner Frau zusammen glücklich und zufrieden und in aller Bescheidenheit bei meinen lieben Freunden Nedim und Hümeyranim empfangen.

Wir hatten den ganzen Abend über lecker gegessen und es uns vor dem Fernseher gemütlich gemacht. Jedes Mal, wenn ich gerade aufs Klo gehen wollte, war es leider schon wieder besetzt. Eine Toilette für dreißig Leute – die Kinder noch nicht mal mitgerechnet – ist auch ein bisschen wenig. Kurz vor dem großen Knall – damit meine ich nicht die Knallerei draußen – eroberte ich dann endlich das stille Örtchen, das mittlerweile fast so aussah und roch wie die Autobahnklos in Serbien.

»Osmaaaann, wo bist duuuu, Osmaaaannn? Was machst du daaa in der Toiletteeeee, Osmaaaannn?«, hörte ich plötzlich Eminanim vor der Tür herumschreien. Wenn sie in der Nähe ist, bleibt natürlich kein Örtchen lange still.

»Eminanim, was denkst duuuu deennn, was ich wohl in der Toilette macheeee?«, brüllte ich genauso laut zurück.

»Osman, das ist doch wieder typisch«, schimpfte sie weiter, »kein Mensch außer dir würde je auf die Idee kommen, sich an Silvester Punkt Mitternacht im Klo einzusperren! Alle anderen Männer küssen gerade ihre lieben Frauen und wünschen ihnen alles Gute fürs neue Jahr!«

Ich schaute panisch auf meine Armbanduhr! Bei Allah, sie hatte völlig recht! Es war sogar schon zwei Minuten nach zwölf!

»Osman, das wird wieder mal ein richtig mieses Jahr für dich! Du wirst zwölf Monate lang nichts als Scheiße am

13

Hals haben! Toll hast du das wieder gemacht, herzlichen Glückwunsch«, keifte sie beleidigt durch die Tür.

Lieber Onkel Ömer, als ich dann gestern also an Silvester auf dem Klo saß und mir überlegte, woran es wohl liegen konnte, dass meine Jahresplanung jedes Mal so grandios in die Hose ging, fiel es mir wie Schuppen von den Augen, dass mit Sicherheit meine nicht eingehaltenen guten Vorsätze an meinem Elend schuld sind. Deshalb habe ich jetzt einen neuen Vorsatz, den ich auf jeden Fall einhalten werde: Du wirst von mir jeden Monat zwei Briefe bekommen, ob Du willst oder nicht, ich meine, ob meine Frau daran glaubt oder nicht!

Ich küsse Dir, Tante Ülkü und allen Älteren in unserem schönen Dorf ganz herzlich mit großem Respekt die erfahrenen Hände und allen Jüngeren mit viel Liebe die hübschen, unschuldigen Augen.

Eminanim und die Kinder grüßen Euch selbstverständlich auch und küssen den Älteren mit viel Respekt die Hände und den Jüngeren mit viel Liebe die Augen.

Pass gut auf Dich auf, bleib gesund, iss genug Knoblauch und danke fünfmal am Tag Allah, dass Euer schönes Plumpsklo draußen auf dem Hof ist. Und sag dem faulen Postboten Münür, dass er sich in diesem Jahr auf was gefasst machen kann.

Dein Dich über alles liebender Neffe aus dem sehr kalten Alamanya

Osman

PS: Lieber Onkel Ömer, diese Nachricht schreibe ich Dir absichtlich auf einen extra Zettel, damit nicht das ganze Dorf und meine Mutter davon erfahren. Es ist nämlich etwas sehr Dubioses hier passiert. Meine Mutter würde sich nur Sorgen machen – so wie ich!

Stell Dir vor: als ich neulich nach der Spätschicht um Mitternacht nach Hause kam, da saß Eminanim immer noch mit einer Freundin in der Küche. Die Frau heißt Ümmüyanim, und ich hatte sie noch nie zuvor gesehen. So lange sitzt Eminanim eigentlich nie mit einer ihrer Freundinnen zusammen, weil sie doch am nächsten Tag die ganzen Kaufhäuser und die Flohmärkte unsicher machen muss. Aber es war eine ganz neue Freundin, und offenbar hatten sie ein sehr interessantes Thema, für das es sich lohnte, auf den geliebten Schlaf und auf das noch geliebtere Schopping zu verzichten. Mit geröteten Augen lästerten und tratschten sie, was das Zeug hält. Ich floh sofort ins Schlafzimmer in der naiven Annahme, am nächsten Morgen die Küche wieder für mich alleine zu haben. Aber falsch gedacht! Diese fremde Frau ist seit Tagen ununterbrochen bei uns! Eminanim sagte, sie sei ihre Jugendfreundin, und machte mich mit ihr bekannt. Was will sie hier so lange, was hat sie vor? Ich werde es herausfinden und Dir im nächsten Brief schreiben. Hoffentlich ist sie bald wieder weg. Gute Nacht!

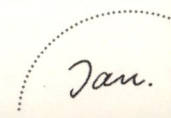

Januar

Grippesaison

Mein lieber Onkel Ömer,

wie geht es Dir, und wie geht es meiner lieben Tante Ülkü? Wie geht's der hübschen Kuh Pembe, wie geht's der schwarz gepunkteten Ziege Fatima, wie geht's Deinem störrischen Esel Tarzan, und wie geht's unserem guten alten Dorfvorsteher Hüsnü?

Lieber Onkel Ömer, was eine Grippe ist, das weißt Du ja! Wenn uns Männer diese hinterhältige Krankheit grauenhafterweise überfällt, liegen wir zwangsläufig im Sterben und müssen wochenlang vor dem Fernseher das Bett hüten. Grippekranke Männer muss man selbstverständlich mit tausend verschiedenen Medikamenten und dem leckersten Essen ganz langsam und sehr mühsam wieder aufpäppeln. Wenn die Frauen sich anstecken, passiert ihnen dabei komischerweise gar nichts. Sie können mit einer Grippe weiterhin munter hin und her laufen, stundenlang in der Küche kochen, putzen, abwaschen und von morgens bis abends problemlos die Kinder versorgen. Wie man sieht, ist die Welt wahrhaft ungerecht! Sogar von den Krankheiten werden die Frauen bevorzugt behandelt. Offenbar hat der liebe Allah extra für das schwache Geschlecht eine harmlosere Variante der Grippe erschaffen. Die Wege des Herrn sind unergründlich – das muss wohl so sein, damit die Frauen nicht wie die Dinosaurier einfach von der Bildfläche verschwinden. Aber extrem ungerecht ist das Ganze trotzdem!

Du weißt als lebenserfahrener Mann nur zu genau, was eine richtige Männergrippe ist, aber was eine Grippesaison ist, das weißt Du nicht, Onkel Ömer! Sei froh darüber.

Diese sogenannte Grippesaison fängt in Alamanya immer im November an und dauert bis Ende März, also den ganzen Winter. Aber die Hochphase, also die besonders gefährliche, in der auch die ganzen Boulevardblätter angesteckt werden und nur noch von Rhinovirus und Grippewelle faseln, ist im Januar. Die Hälfte der Arbeiter bleibt in dieser Zeit zu Hause, die ganzen frechen, rotznasigen Kinder schwänzen die Schule, und sogar mein tapferer Ford-Transit weigert sich, während dieser Saison anzuspringen.

Die Hälfte der deutschen Bevölkerung macht also blau und hockt gemütlich zu Hause, und die andere Hälfte liegt mit rotem Kopf und triefender Nase schweißgebadet im Bett.

Und ich bekomme in der Grippesaison immer regelrechte Wahnvorstellungen. Es ist zum Verrücktwerden, ich fühle mich ständig verfolgt! Aber nicht von dunklen Mächten, wie der CIA, dem türkischen Geheimdienst oder dem deutschen Verfassungsschutz, sondern von diesen rücksichtslosen Kreaturen, die unaufhörlich husten, niesen, rotzen und spucken, um ihre Bazillen in die Welt hinauszuschießen – besonders gerne tun sie das, wenn sie es geschafft haben, sich in meine Nähe zu schleichen.

Wenn ich im Winter zum Beispiel morgens Brötchen

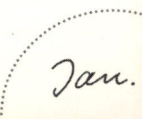

Jan.

kaufen gehe, niest die Verkäuferin erst mal mit viel Lärm quer über die Theke, sodass ich mich spontan für das in Folie eingepackte Brot entscheide. Gehe ich mal in den Imbiss, höre ich wenig später lautes Gehuste aus der Küche und suche sofort das Weite, was aber nicht immer klappt. Meistens bestehen die Kellner darauf, dass ich gefälligst bezahle, was ich bestellt habe. Aber ich sehe nicht ein, dass ich für matschige Nudeln mit Tomaten-Bazillen-Soße auch noch blechen soll.

Das wirklich Tragische an der Sache ist, dass diese hinterhältige deutsche Männergrippe mit unseren naiven türkischen Mittelchen einfach nicht zu bekämpfen ist. Ich esse jeden Tag eine ganz große Knolle Knoblauch und ein Säckchen rohe Zwiebeln, ich koche literweise Engelgras (Melekotu), oder ich lasse eine große Handvoll Vogelzunge (Kuşdili) über Nacht in Wasser ziehen – aber das nützt alles nichts. Für deutsche Ohren klingen Engelgras und Vogelzunge wie Indianerrezepte, sagt mein Arbeitskollege Hans von Halle 4.

Dann ist es wohl wahr, was ich gestern in der Zeitung gelesen habe: Ein amerikanischer Wissenschaftler hat herausgefunden, dass die Indianer in Wirklichkeit von uns Türken abstammen. Das erklärt auch, warum ich immer so am Heulen bin, wenn dieser John Wäyn die armen Indianer im Fernsehen ständig einen nach dem anderen erbarmungslos abknallt. Und es ist irgendwie beruhigend zu wissen, dass die Amis ihr Türkenproblem schon lange vor den Deutschen hatten. Dass die Deutschen aber auch alles von den Amerikanern abgucken müssen!

Lieber Onkel Ömer, zu dem ganzen Ärger mit den rotzenden Verkäufern und hustenden Köchen weigert sich meine Frau Eminanim leider auch noch, das tägliche Brot selber zu backen – selbst bei minus dreißig Grad. »Wir sind doch nicht bei deinem Onkel Ömer in Anatolien! Hier kannst du an jeder Ecke Brot kaufen, raus mit dir«, brüllt sie und schubst mich kalt lächelnd hinaus in die eisige Kälte. Nicht mal einen Hund jagt man bei so einem Mistwetter auf die Straße – mich schon!

Im Gegenzug würde ich zumindest von ihr erwarten, dass sie beim Kochen Handschuhe und einen Mundschutz trägt. Sie wehrt sich aber vehement dagegen, den ganzen Winter über mit Mundschutz herumzulaufen.

»Osman, du Memme, wie kann man denn vor der Grippe nur solche Angst haben, du Weichei«, hat sie mich gestern blöd von der Seite angemacht.

»Wegen der gefährlichen Männergrippe machen sich doch alle Männer unheimliche Sorgen«, verteidigte ich mich.

»Wenn du so ein Feigling bist, dann lass dich doch impfen«, keifte sie mir ins Gesicht – und das ohne jeden Mundschutz!

»Also gut, ich gehe sofort zum Arzt, bevor die brutalen Viren, die du mir eben ins Gesicht geschleudert hast, ihre zerstörerische Arbeit aufnehmen können«, antwortete ich besorgt.

Mit meinem um den Mund gewickelten roten Schal, den mir meine liebe Tante Ülkü gestrickt hat, sprang ich in die Straßenbahn. Bei Allah, das war keine Straßenbahn, sondern ein mobiles Lazarett für Lungenkrankheiten. Wie ein Slalomläufer flitzte ich durch die Sitzreihen, wobei ich natürlich von allen Seiten mit bösartigsten Bazillen bombardiert wurde.

Lieber Onkel Ömer, warum halten sich die Idioten — wenn sie schon unbedingt in meine Richtung husten müssen — nicht ein Taschentuch vor ihren Mund? Jawohl, du hast recht, das ist ein Anschlag auf mich. Klarer Fall von Ausländerfeindlichkeit!

Ich flüchtete sofort ganz nach hinten und sah erschrocken, dass bei dieser sibirischen Kälte alle Fenster offen waren. Der unglaublich starke Durchzug in der Bahn ließ mich auf der Stelle erzittern wie bei einem Malariaanfall. Ich zog selbstverständlich sofort die Notbremse, sprang hinaus und hielt ein Taxi an.

»Haatschiiii … wohin soll ich Sie bringen?«, fragte der Taxifahrer mit triefender, knallroter Nase.

»Fahren Sie sofort nach Hause, bevor Sie die ganze Stadt umbringen, Sie Selbstmordattentäter, Sie«, schrie ich ihn an und flüchtete panisch aus dem Taxi.

Über Seitenstraßen und versteckte Geheimwege erreichte ich zu Fuß doch noch meinen Arzt.

»Haaatschiii … was fehlt Ihnen denn?«, bibberte zu allem Überfluss auch noch die Arzthelferin.

»Also mir fehlten bisher nur Ihre Bazillen. Aber jetzt haben Sie mich erfolgreich angesteckt, herzlichen Glückwunsch«, brüllte ich sie an und flüchtete umgehend ins Wartezimmer. Dort fanden bereits mehrere Wettbewerbe in verschiedenen Winter-Disziplinen statt: »Spuckeweitwurf«, »Virenstaffellauf« und »Bazillenmarathon«.

Lieber Onkel Ömer, was sollte ich machen? Bis ich vom Arzt aufgerufen wurde, versteckte ich mich zwei Stunden in der Toilette. Der Doktor fand das erst mal sehr lustig. Wenig später war er nicht mehr ganz so amüsiert, als ich darauf bestand, dass er mir meine Grippeimpfung selber aus dem Schrank holte. Ich weigerte mich nämlich entschieden, die Mikroben gespritzt zu bekommen, die die rücksichtslose Arzthelferin mit ihren keimverseuchten Fingern angeschleppt hatte.

Lieber Onkel Ömer, ob Du es glaubst oder nicht, als ich dann nach einer Stunde wieder zu Hause ankam, war ich todkrank! Mir war elend, mir war heiß, mir war kalt, ich zitterte, ich schwitzte, ich hatte schreckliche Kopfschmerzen!

Die Tabletten, die ich gegen Kopfschmerzen einnehmen musste, verursachten unerträgliche Magenkrämpfe – gut, dass ich vorher die Liste mit den Nebenwirkungen gelesen hatte. Die Tropfen, die ich gegen Magenkrämpfe schluckte, ließen meine Nieren aufheulen. Die Tabletten, die meine wahnsinnigen Nierenschmerzen etwas lindern sollten, sorgten dafür, dass man auf meiner Stirn Eier kochen konnte. Die drei großen Zäpfchen, die ich einführte, um mein hohes Fieber zu senken, verursachten plötzlich eisige Temperaturen, sodass meine Zähne klapperten. Ich musste erneut zu Nierentabletten greifen, um mein eingefrorenes Blut wieder zum Fließen zu bringen. Ich nahm notgedrungen Nierentabletten und Fieberzäpfchen gleichzeitig, um meine Temperatur einigermaßen konstant zu halten. In der Zwischenzeit hatte mir Eminanim Lindenblütentee gekocht. Er war sehr heiß! Ich pustete, aber dadurch wurde es noch heißer. Ich sage doch, dass ich wegen dem hohen Fieber richtig am Glühen war!

Weil ich mir nicht mehr anders zu helfen wusste, habe ich daraufhin sofort den Notarzt gerufen.

Als erste Amtshandlung hat er mir verboten, die Nebenwirkungen von Medikamenten nachzulesen. Und als Zwei-
tes verbot er mir die Medikamente selber.

»Sie haben doch vorhin eine Grippeimpfung bekommen.
Die kann schon mal ein sehr leichtes Erkältungsgefühl verursachen, aber das ist nicht der Rede wert«, sagte er.

Ich tastete meinen Magen und meine Stirn ab und stellte völlig verblüfft fest, dass meine Magenschmerzen und
mein Fieber durch den genialen Notarzt wie weggeblasen
waren.

»Sie sind der beste Medizinmann, den ich je hatte, so
schnell wurde ich noch nie gesund«, freute ich mich und
küsste ihn auf beide Wangen.

»Nein, gesund sind Sie auf keinen Fall! Ein hoffnungs-
loser Hypochonder sind Sie!«, schimpfte er plötzlich mit
mir.

Kaum war er aus dem Haus, lag ich schon wieder im Sterben!

Ich hätte einen völlig fremden Menschen mitten im Winter nicht so leichtfertig auf beide Wangen küssen dürfen.
Wer weiß, wie viele Millionen Bazillen sich in seinem dreckigen Gesicht tummelten. Ein Notarzt kommt doch an so
einem eisigen Tag mit Hunderten von kranken Menschen
zusammen.

Es war klar wie die Hühnerbrühe, die meine Frau Eminanim mir danach gekocht hat, – ich habe mich ganz fürchterlich bei ihm angesteckt! Lieber Onkel Ömer, jetzt ist
es wieder Zeit, meine grünen Tabletten einzunehmen. Die
roten sind in fünfunddreißig Minuten dran. Die gelben erst
in zwei Stunden und zwölf Minuten. Die blauen und die
braunen nehme ich nur morgens und abends. Keine Angst,

ich werde sie alle pünktlich einnehmen – Indianerehren-wort!

Ich küsse Dir, Tante Ülkü und allen Älteren in unserem schönen Dorf ganz herzlich mit großem Respekt die erfahrenen Hände und allen Jüngeren mit viel Liebe die hübschen, unschuldigen Augen.

Eminanim und die Kinder grüßen Euch selbstverständlich auch und küssen den Älteren mit viel Respekt die Hände und den Jüngeren mit viel Liebe die Augen.

Pass gut auf Dich auf, bleib gesund, iss genug Knoblauch und danke fünfmal am Tag Allah, dass es bei Euch im Dorf überhaupt keine Ärzte gibt und Du Dich nicht an dieser tödlichen Männergrippe anstecken kannst.

Dein Dich über alles liebender Neffe aus dem bitterkalten Alamanya

Osman

PS: Lieber Onkel Ömer, ich hatte Dir in meinem letzten Brief von der fremden Frau erzählt, die noch tief in der Nacht mit Eminanim in unserer Küche saß und Tee trank. Das ist nun schon über zwei Wochen her, und sie ist immer noch bei uns. Obwohl ich sterbenskrank bin, habe ich mich vorhin mal genauer nach dieser Jugendfreundin erkundigt:
»Ümmüyanim stammt aus unserem Nachbardorf und ist aus der Türkei gekommen, um sich mal ein bisschen Deutschland anzuschauen, sie war noch nie hier«, sagte Eminanim.

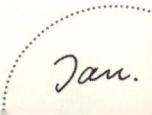

Bis hierher alles gut und schön, jeder kann nach Deutschland kommen, um sich das schöne Land anzuschauen, auch aus unseren Nachbardörfern, in der Hinsicht bin ich sehr tolerant, Hauptsache, das deutsche Konsulat ist auch sehr tolerant und gibt den Leuten ein Visum.

Aber dann kam der wirkliche Schock:

»Herr Engin, Ihre Frau Eminanim und ich kennen uns von früher, von der Universität her!«, sagte die fremde Frau ganz locker.

Lieber Onkel Ömer, Du kannst Dir ja wohl vorstellen, dass ich bei diesem unglaublichen Spruch regelrecht vom Stuhl gekippt bin. Ich bin doch sowieso schon etwas wackelig auf den Beinen. Deswegen weiß ich leider auch noch nicht, was Eminanim, diese Frau Ümmüyanim und die Universität miteinander zu tun haben. Ich muss mich jetzt erst mal wieder hinlegen. Gute Nacht!

Februar

Valentinstag

Mein lieber Onkel Ömer,

wie geht es Dir, und wie geht es meiner lieben Tante Ülkü? Wie geht's der hübschen Kuh Pembe, wie geht's der schwarz gepunkteten Ziege Fatima, wie geht's Deinem störrischen Esel Tarzan, und wie geht's unserem guten alten Dorfvorsteher Hüsnü?

Lieber Onkel Ömer, weißt Du, was ein sogenannter Valentinstag ist?

Wenn Du nicht weißt, was das für ein Tag ist, dann sei froh!

Wenn meine Tante Ülkü es auch nicht weiß, dann umso besser!

Also, die fleißigen Deutschen haben nicht nur den Mercedes, den BMW und den schönen Ford-Transit erfunden, sondern leider auch den 14. Februar, den Valentinstag. Ein geschäftstüchtiger Herr namens Karl Valentin, der entweder einen Blumenladen, ein Juweliergeschäft oder ein Café besaß, hat ihn vor vielen Jahren kalt lächelnd erfunden, um uns Männer zu schröpfen. Denn außer diesen drei Blutsaugern hat kein Mensch was davon – nur die Frauen!

Ich sehe es schon förmlich vor mir, Du kratzt Dich die ganze Zeit am Kopf und fragst Dich:

Feb.

»Was opfert man an so einem hohen Feiertag? Schafe, Ziegen oder Kamele?«

Nichts von alledem – nur die Geldbörse der Männer!

Man muss an diesem Tag nämlich die Frauen ausführen, für sie Blumen kaufen und manchmal sogar Schmuck. Ich sag's Dir, lieber Onkel, das ist schlimmer als Muttertag und Frauentag zusammen – aber dazu später mehr, ich will Dich ja nicht komplett verwirren!

Also: Mein Sohn Mehmet hat uns gestern, an diesem unheilvollen Valentinstag, erzählt, er und seine aktuelle Freundin Katja seien schon »schrecklich lange« zusammen. Natürlich nach Mehmets Zeitrechnung. Nämlich genau drei Monate! Deswegen würde es zwischen den beiden nicht mehr so rund laufen wie am Anfang.

Den ganzen Tag jammerte Mehmet und fluchte traurig vor sich hin:

»Dieser verflixte dritte Monat, verdammt!«

Ich habe daraufhin kurz überschlagen, wie viele dritte Monate ich mit meiner Frau Eminanim schon hinter mir habe? Und Du erst mit Tante Ülkü, nicht wahr, lieber Onkel Ömer. Na ja, auf jeden Fall haben wir schon sehr viele dritte Monate auf unserem Buckel. Wenn ich in Mathematik so gut wäre, dass ich das jetzt ganz schnell ausrechnen könnte, dann wäre ich vermutlich nicht mehr in Halle 4.

Ich habe Mehmet gefragt, ob seine Freundin etwa auch so einen komischen Affen-Appetit hat wie er.

Der Kommunist wusste nicht mal, was Affen-Appetit ist, dabei tut er immer so, als hätte er die Weisheit mit Löffeln gefressen, ach was sage ich denn da – literweise getrunken.

»Was für 'n Ding?«, nuschelte er und guckte doof aus der Wäsche.

Die Jugend von heute tut immer so neunmalklug, lässt sich von niemandem was sagen, hat aber eigentlich von nichts 'ne Ahnung.

»Ich frage, ob deine Freundin Katja auch so chronisch unzufrieden ist wie du und ständig auf der Suche nach was Neuem?«, erklärte ich es ihm.

»Vater, was soll das denn heißen? Ich hab doch keinen Affen-Appetit. Drei Monate sind schließlich kein Pappenstiel, wie du weißt«, meckerte er.

»Ja, ja, das weiß ich. Mir machen drei Monate Nachtschicht ja auch jedes Mal zu schaffen«, sagte ich ihm. Aber drei Monate ununterbrochen arbeiten ist für ihn noch unvorstellbarer als drei Monate mit ein und derselben Frau zusammen zu sein.

»Weiß Katja denn, dass du sie nicht mehr liebst?«, fragte Eminanim ihn so klar und eindeutig, dass selbst Mehmet es kapieren musste.

»Mutter, es ist ja nicht so, dass ich sie gar nicht mehr liebe. Andererseits haben andere Mütter auch hübsche Töchter«, meinte der Kasanova trocken.

»Liebst du sie nun oder nicht?«, bohrte Eminanim nach.

»Öhm … eh … was soll ich dazu sagen, Sigmund Freud meint …«, versuchte er sich herauszureden.

»Mehmet, was deine durchgeknallten Freunde aus der Disko sagen, interessiert uns nicht! Deine Mutter will wissen, was du selber meinst!«, habe ich ihn gedrängt, endlich mit der Wahrheit rauszurücken.

»Tja, was soll ich da sagen, Liebe ist halt ein ausgesprochen dehnbarer Begriff …«, sagte er wichtigtuerisch.

»Frau, frag ihn doch lieber, ob er überhaupt weiß, was Liebe ist. Ich glaube, er verwechselt das mit einem Kaugummi«, sagte ich zu meiner Frau Eminanim und lachte höhnisch über meinen missratenen Sohn.

»Das glaube ich langsam auch«, sagte Eminanim, »das erklärt auch seinen hohen Konsum von Kaugummi.«

»Und Gummi«, habe ich ergänzt – öhm, entschuldige, Onkel Ömer.

Andererseits habe ich mich natürlich riesig gefreut. Wann haben meine Frau und ich es denn schon mal geschafft, einer Meinung zu sein? Das muss mindestens fünfundzwanzig Jahre her sein! Umso mehr freute ich mich, dass es gestern geklappt hat. Ich schwebte wie ein Vogel im siebten Himmel.

Meine Frau macht sich offenbar große Sorgen, dass Mehmet nie heiraten wird und kein Interesse daran zeigt, sie mit nichtsnutzigen Enkeln zu versorgen. Was anderes wird der faule Kommunist wohl kaum in die Welt setzen. Eminanim muss sich unglaubliche Sorgen machen, wenn sie sogar mir recht gibt! Aber mein Dasein als Vogel dauerte nicht lange, und ich plumpste wieder unsanft auf meine Nase, als sie sagte:

»Ist ja auch kein Wunder, Mehmet ist ja dein Sohn!«

Mein lieber Onkel Ömer, das war ja klar! So sind die Frauen! Ich hätte mich auch gewundert, wenn ich ausnahmsweise mal aus einem Streit ohne Schuld hervorgegangen wäre. Ich habe versucht, sie daran zu erinnern, dass ich seit dreißig Jahren keine andere Frau angeschaut habe:

»Eminanim«, habe ich gesagt, »du weißt, dass ich noch nie eine andere Blume als dich …«

»Du hast nur nicht so oft die Gelegenheit wie Mehmet«, unterbrach sie mich sofort.

»Hört auf, hört auf, streitet euch wenigstens nicht am Valentinstag«, rettete mich Mehmet vor seiner Mutter und erzählte dann, dass er seine Freundin Katja um 19 Uhr ins Café Engel eingeladen hat. Dort hätten sie sich damals vor drei Monaten kennengelernt, das würde vielleicht helfen, ihre Beziehung wieder etwas aufzufrischen. Dann verschwand er und hinterließ mir einen großen Trümmerhaufen.

Musste dieser Idiot denn gerade im Beisein seiner Mutter den Valentinstag erwähnen? Der war mir bis dahin nämlich total entfallen! Aber bevor ich einen neuen Anschiss riskierte, reagierte ich schnell und rief:

»Eminanim, mein Liebling, ich lade dich selbstverständlich auch ins Café Engel ein.«

»Warum? Sonst sagst du doch immer, dass wir zu Hause genug Kaffee haben«, sagte sie zu Recht stutzig.

»Erstens, weil heute doch Valentinstag ist«, tat ich gönnerhaft.

»Weshalb noch?«, fragte sie überrascht.

»Zweitens, weil du ja auch ein Engel bist«, schleimte ich, ohne rot zu werden.

»Und drittens?«, fragte sie ungläubig.

»Damit wir beide Mehmets aktuelle Freundin Katja in Augenschein nehmen können. Ich bin gespannt, welches tapfere Mädchen ihn ganze drei Monate aushält«, rückte ich dann mit der Wahrheit raus. Ich war nämlich wirklich sehr gespannt auf das Mädchen. Eminanim sprang auf der Stelle auf und sagte:

»Oh ja, los, Osman, zieh dich sofort an. Ich mach mich auch ganz schnell fertig.«

Lieber Onkel Ömer, glaube mir, ich habe noch nie gesehen, dass sich Eminanim so schnell zurechtgemacht hat. Vielleicht war sie ja auch noch nicht ganz fertig. Ich kapiere den Unterschied sowieso nicht! Auf jeden Fall rief sie bereits nach einer Stunde aufgeregt:

»Wir können gehen, Osman, komm doch endlich! Wo bleibst du denn? Immer muss ich auf dich warten!«

Sie muss neugieriger gewesen sein als ich, so überstürzt, wie sie sich zurechtgemacht hat!

Also waren wir gestern am Valentinstag bereits um 18 Uhr im Café Engel.

Das Café war proppenvoll. Eine Viertelstunde lang haben wir uns am Tresen die Beine in den Bauch gestanden, bevor wir zwei Stühle ganz hinten in der Ecke ergattern konnten. Eminanim zeigte mir ständig irgendwelche Mädchen und fragte mich, ob das wohl unsere zukünftige Schwiegertochter sein könnte. Aber keines der jungen Mädels erweckte den Eindruck, dass sie einen Vielschwätzer wie Mehmet drei Monate lang überleben würde.

Mehmet, der Pascha, kam erst um halb acht. Ganze dreißig Minuten lang hatte er das Mädchen warten lassen — und uns auch! Er guckte sich ein Mal um und ging zu einem Tisch, an dem ein junges, hübsches Pärchen eng umschlungen saß. Sein Gesicht hatte sich blitzschnell verfinstert.

»Eminanim, ich glaube, diese Frau hat ihm gerade erzählt, dass Katja gar nicht kommt«, flüsterte ich meiner Frau voll böser Vorahnungen zu.

»Ich glaube vielmehr, dass diese Frau Katja ist«, murmelte sie nachdenklich.

»Mehmeet, halloo, Mehmeet, hier sind wir«, rief ich ihm zu. Er guckte völlig benommen und drängelte sich mit hochrotem Kopf zu uns rüber.

»Was ist denn los, kommt Katja etwa nicht?«, fragte ich neugierig.

»Das war Katja. Sie hat genau an der gleichen Stelle, wo wir uns kennengelernt haben, gerade einen anderen Kerl gefunden«, schluchzte Mehmet und stolperte wie ein geprügelter Hund heulend aus dem Café.

Ich hatte ihn noch nie in so einem Zustand gesehen.

»Na, hab ich nicht recht gehabt?«, sagte Eminanim, als er weg war.

»Na, hab ich nicht auch recht gehabt? Keines der Mädchen hier sieht nämlich blöd genug aus«, sagte ich.

»Osman, da siehst du, was mit solchen bescheuerten Männern geschieht, die ihren Frauen nicht genügend Liebe entgegenbringen«, versuchte Eminanim mir Angst zu machen.

»Ist mir doch egal! Mir kann so was nicht passieren«, sagte ich kuul.

»Sei dir da mal nicht so sicher!«, zischte meine Frau.

»Doch, das kann mir garantiert nicht passieren! Wir beide haben uns doch in der Scheune von meinem Onkel Ömer kennengelernt. Du würdest einen tollen Burschen wie mich ja wohl nicht gegen die Ziege Fatima oder die Kuh Pembe eintauschen wollen«, sagte ich siegessicher.

Eminanim schaute sich um und meinte trocken:

»Du hast recht, Osman, gegen eine Ziege oder eine Kuh vielleicht nicht. Aber bei einem alten, grauen Esel käme ich garantiert sehr stark ins Grübeln.«

Lieber Onkel Ömer, ich weiß nicht, was ich davon halten soll?

Wie Du siehst, Deutschland hat auch Eminanim verdorben, wie alle Frauen. Ich bin sicher, dass meine liebe Tante Ülkü ihr ganzes Leben lang noch nie auf die Idee gekommen ist, Dich gegen einen alten klapprigen Esel einzutauschen.

Ich glaube, ich muss Eminanim öfter ausführen, damit sie das nicht tut. Nächstes Jahr werde ich den Valentinstag garantiert nicht mehr vergessen! Ich habe Mehmet damit beauftragt, mich unbedingt früh genug daran zu erinnern — aber nicht im Beisein seiner Mutter.

Lieber Onkel Ömer, ich küsse Dir, Tante Ülkü und allen Älteren in unserem schönen Dorf ganz herzlich mit großem Respekt die erfahrenen Hände und allen Jüngeren mit viel Liebe die hübschen, unschuldigen Augen.

Eminanim und die Kinder grüßen Euch selbstverständlich auch und küssen den Älteren mit viel Respekt die Hände und den Jüngeren mit viel Liebe die Augen.

Pass gut auf Dich auf, bleib gesund, iss genug Knoblauch und danke fünfmal am Tag Allah, dass der unheilvolle Valentinstag Euer schönes Dorf bisher noch nicht heimgesucht hat.

Dein Dich über alles liebender Neffe aus dem kalten Alamanya

Osman

PS: Lieber Onkel Ömer, zuerst mal die schlimme Nachricht: Diese fremde Frau Ümmüyanim wohnt immer noch bei uns. Und jetzt die noch schlimmere Nachricht: Diese fremde Frau sagte mir ins Gesicht, dass sie und Eminanim sich wirklich von der Universität her kennen!

»Von welcher Universität denn?«, fragte ich verstört. »In unserem Dorf gab's ja früher nicht mal eine Grundschule!«

»Ich rede natürlich von unserer Universität in Istanbul«, versuchte Frau Ümmüyanim mich aufzuklären und verursachte dabei eine noch größere Verwirrung.

»Universität Istanbul?«, stotterte ich verblüfft. »Eminanim, davon weiß ich ja überhaupt nichts. Du hast bisher mit keinem Wort erwähnt, dass du früher mal in der Universität von Istanbul als Putzfrau gearbeitet hast«, sagte ich etwas eingeschnappt.

Lieber Onkel Ömer, ich muss zugeben, ich fühlte mich schon ein bisschen wie ein betrogener Ehemann mit zwei hübschen, großen Hörnern, dessen Frau ihm nicht alles über ihre stürmische Jugend und ihre rätselhafte Vergangenheit gebeichtet hat.

»Wer sagt, dass ich als Putzfrau in der Istanbuler Universität gearbeitet habe?«, fragte Eminanim daraufhin hochnäsig zurück.

»Was hast du denn sonst dort gemacht, studiert doch wohl nicht, oder?«, lachte ich mich über meinen grandiosen Witz selber kaputt. Aber die beiden lachten überhaupt nicht. Ümmüyanim sagte sehr ernst:

»Gratuliere, Herr Engin, Sie haben mit Ihrer Vermutung voll ins Schwarze getroffen. Ihre Frau Eminanim hat damals vor dreißig Jahren mit mir zusammen an der Uni Istanbul Medi-

zin studiert!«, und löste bei mir erst recht eine noch
größere Fassungslosigkeit aus.

»Ich kapiere jetzt gar nichts mehr! Ümmüyanim, was
haben Sie früher gemacht und woher kennen Sie meine
Frau?«, fragte ich schockiert.

»Herr Engin, ich habe früher Medizin studiert«, sagte
sie seelenruhig.

»Wie? Wo?«, fragte ich benommen.

»In Istanbul, sagte ich doch!«, sagte sie trocken.

»Ich meine, mit wem?«, stotterte ich weiter.

»Bei Professor Bilgisiz«, sagte sie.

»Ach so, mit einem Professor! Mit dem Herrn Professor
Bilgisiz zusammen haben Sie studiert«, rief ich völlig
erleichtert, »und ich hatte schon gedacht, Sie hätten
mit meiner Frau zusammen studiert. Das hätte ja auch
gar nicht sein können, hahahaaa«, nahm ich meinen
Lacher wieder auf.

»Doch, doch, Herr Engin, Sie haben mich schon völlig
richtig verstanden. Ich habe damals in Istanbul bei
Professor Bilgisiz zusammen mit Ihrer Frau Eminanim
Medizin studiert«, sagte sie daraufhin klipp und klar
und sehr unmissverständlich.

Lieber Onkel Ömer, ich will Dir den Tag nicht gänzlich
verderben, deshalb erzähle ich Dir von diesem tragi-
schen Unglücksfall im nächsten Brief weiter. Träum
was Schönes, wenn Du schlafen kannst! Gute Nacht!

Karneval

Mein lieber Onkel Ömer,

wie geht es Dir, und wie geht es meiner lieben Tante Ülkü? Wie geht's der hübschen Kuh Pembe, wie geht's der schwarz gepunkteten Ziege Fatima, wie geht's Deinem störrischen Esel Tarzan, und wie geht's unserem guten alten Dorfvorsteher Hüsnü?

Lieber Onkel Ömer, was ein Swingerklub ist, das weißt Du ja. Das habe ich Dir letztes Jahr im Urlaub ausführlich erzählt, und Du hast mir sofort verboten, in Deinem Haus so was in den Mund zu nehmen – solange meine Tante Ülkü da ist!

Aber als Tante Ülkü mit meiner Frau Eminanim dann in die Kreisstadt zum Einkaufen gegangen ist, da hast Du mich mit tausend Fragen bombardiert und wolltest über Swingerklubs alles ganz genau wissen, um über diesen Schandfleck der westlichen Zivilisation richtig schimpfen zu können. Du hast regelrecht getobt darüber, wie degeneriert und ehrlos einige Männer sind, die ihre Frauen mit anderen, wildfremden Männern tauschen. Und dass das ein eindeutiges Zeichen dafür ist, dass das Ende der Welt gekommen ist.

Dann wolltest Du von mir sehr detailliert wissen, wann und wie diese fremden Männer es mit fremden Frauen treiben, insbesondere in welchen Positionen, damit Du den Weltuntergang auf den Tag genau berechnen kannst. Danach hast Du zwei Tage lang in Deinem stillen Kämmerchen gebrütet, und zum Schluss bist Du auf die Zahl siebenundachtzig gekommen! Aber ob es sich um siebenundachtzig Tage, Wochen oder Jahre handelt, hast Du mir leider nicht verraten. Ob diese Zahl überhaupt was mit dem Weltuntergang zu tun hat, hast Du mir auch nicht gesagt. Womöglich ist siebenundachtzig die Anzahl Deiner Hühner – die ja auch Partnertausch praktizieren!

Lieber Onkel Ömer, jetzt versuch Dir doch mal vorzustellen, dass eine ganze Provinz – sagen wir mal so groß wie NRW – sagen wir mal, es ist NRW –, dass sich ein ganzes Bundesland an bestimmten Tagen im Jahr in einen einzigen kollektiven Swingerklub verwandelt!

Es fängt immer ziemlich harmlos damit an, dass erwachsene Leute, die sich wie Klauns in einem billigen Kinderzirkus angezogen haben, mit einem LKW-Konvoi ganz langsam durch die Innenstadt fahren und den Kindern auf der Straße Bonbons an den Kopf werfen. Wahrscheinlich aus Ärger darüber, dass diese Kinder nicht in den Zirkus gehen, in dem diese Klauns arbeiten.

Nachdem sie tagsüber die Kinder mit ungenießbaren Bonbons beworfen haben, klettern diese besoffenen Klauns am Abend auf die Bühne und werfen diesmal den Erwachsenen anzügliche und unglaublich alberne Kindergedichte an den Kopf. Die werden dafür bestraft, dass sie ihre Kinder nicht zwingen, in den Zirkus zu diesen Klauns zu gehen, sondern sie stattdessen ihr Taschengeld für Pläystäischens ausgeben lassen. Verglichen mit ihren Kindern kommen die Eltern aber nicht so glimpflich davon. Die Er-

wachsenen müssen sehr lange leiden und sich die pein-
lichsten Sprüche anhören.

Wie Du Dir denken kannst, möchte kein Mensch in solcher
Gesellschaft gesehen werden. Das Ganze ist so peinlich, da
versinkt jeder vor Scham. Diese Qual ist nur zu ertragen,
wenn man sich bis zur Bewusstlosigkeit betrinkt. Damit die
Teilnehmer des kollektiven Swingerklubs nicht erkannt
werden, tragen sie alberne Masken. So kann man sie später
nicht identifizieren, wenn sie in Hauseingängen, hinter Bäumen, im Keller oder im Kneipenklo bumsen und kotzen,
oder auch umgekehrt, kotzen und dann bumsen. Viele von
denen sind sogar durch jahrelange Übung in der Lage, beides gleichzeitig zu tun, ohne dabei das Bierglas abzustellen.

Lieber Onkel Ömer, Du tobst jetzt bestimmt auf Deinem
Sofa, als hättest Du Tollwut im Endstadium, und schimpfst
darüber, dass der deutsche Staat so eine unglaubliche Ge-
schmacklosigkeit nicht auf der Stelle bestraft. Aber das
geht nicht, das kann sich die Regierung nicht erlauben. Du
weißt doch, dass die Deutschen langsam aber sicher aus-
sterben, weil sie keine Kinder mehr zeugen und seit Jahren
wir Ausländer wieder in die Bresche springen müssen, damit die Deutschen später doch noch ihre Rente kriegen
und nicht verhungern müssen.
    Aber jetzt, in der Karnevalszeit, machen die völlig be-
soffenen deutschen Männer endlich wieder Kinder, weil
sie hoffen, dass sie diese ebenfalls sturzbesoffenen Frauen
nie im Leben wiedersehen, und falls doch, dass sie nicht
erkannt werden, weil der Mann ja eine Angela-Merkel-
Maske und die Frau eine Osama-bin-Laden-Maske trug.

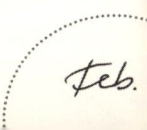

Bevor Du weiterschimpfst, muss ich Dir auch noch sagen, dass natürlich nicht alle Deutschen dieses jährliche Ritual begehen. Die Hälfte der Bevölkerung, denen das Ganze genauso peinlich ist wie mir, flüchtet panisch aus dem Land. Das ist auch der Grund, warum sich mitten im Februar Tausende Deutsche in Antalya bibbernd ins eiskalte Mittelmeer stürzen.

Also, Onkel Ömer, wenn bei einer Orgie bis zu zwanzig Menschen mitmachen, nennt man das, wie gesagt, einen Swingerklub, und so was ist sehr verpönt. Wenn daran aber bis zu zwanzig Millionen Menschen teilnehmen, dann nennt man das Karneval, und so was wird tagelang leif im Fernsehen übertragen!

Du darfst Dich aber nicht so aufregen, Du musst Dich etwas zügeln! Ich zügle mich hier genauso und versuche die ganze Zeit nichts Negatives über den Karneval zu sagen. Es ist nämlich leider so, dass dieser Karneval, genau wie der Gartenzwerg, der Weihnachtsmann, das Christentum und sogar der Prophet Jesus höchstpersönlich, aus dem Orient stammt. Die westlichen Wissenschaftler haben herausgefunden, dass im Zweistromland die Menschen schon vor fünftausend Jahren zu Karneval ausgeflippt sind. Damals natürlich noch ohne Angela-Merkel- und Osama-bin-Laden-Masken, aber dafür mit etwas mehr Moral.

Ich kann nur hoffen, dass unsere Vorfahren in Wirklichkeit nichts mit diesem Karneval zu tun hatten und völlig unschuldig sind und dass das Ganze bloß wieder eine Kampagne des Abendlandes ist, um für ihre Sünden erneut das Morgenland verantwortlich zu machen.

Um diese zügellose Perversion direkt an Ort und Stelle der Sünde wissenschaftlich zu studieren, fahre ich seit zwei Jahren zusammen mit meinem Freund Nedim dorthin. Nein, nein, nicht zu den Erfindern des Karnevals, also nicht nach Bagdad, sondern zu den Nachmachern, nach Köln. Seitdem die Amerikaner im Irak Krieg führen, wurde der Karneval nämlich nach Köln verfrachtet. Es wäre für alle Beteiligten, sowohl in Bagdad wie in Köln, sehr viel besser gewesen, man hätte die Menschen aus dem Irak evakuiert und den Karneval bombardiert!

Bis nach Bagdad wäre mein Freund Nedim auch nicht gefahren, nur um dort eine besoffene Blondine flachlegen zu können. Andererseits fliegen Tausende durchgeknallte Männer bis nach Thailand. Aber das wiederum hat einen anderen Grund, in Deutschland ist nämlich Sex mit Kindern strafbar.

Mein Kollege Nedim trägt jedes Jahr beim Karneval immer die gleiche Stalin-Maske, um zu zeigen, was für ein netter und harmloser Mensch er im Grunde ist.

Ich trage überhaupt keine Maske mehr, weil mich letztes Jahr jemand vor dem Kölner Dom fragte:

»Nu, was has'n duuu for eeene forschbore Masge dordde of em Koppe. Nu, wo kammer'n so wos koofen.« Dabei hatte ich meine Roland-Koch-Maske im Auto vergessen! Seitdem verzichte ich also ganz auf Masken.

Als wir letzte Woche also auf unserer diesjährigen Sauftour, ich meine natürlich unserem Feldforschungs-Projekt waren, fragte mich Nedim irgendwann in der dritten, fünften oder siebten Kneipe (wenn ich Kölsch trinke, kann ich mich hinterher an Kneipen mit geraden Zahlen überhaupt nicht erinnern!):

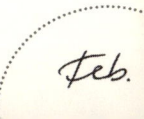

»Osman, welche von den fünf Blondinen soll ich denn nun flachlegen?«, und zeigte auf drei Frauen, die alle kaum noch stehen konnten.

»Nedim, warte noch ein bisschen, gleich liegen die alle von selber flach«, habe ich ihm geraten.

Nedim wollte aber so lange nicht untätig rumstehen und hielt mir ein Flugblatt unter die Nase.

»Osman, lies doch mal, das ist die Gelegenheit, lass uns sofort dahin gehen«, sagte er völlig aufgeregt.

»Echt voll geil, Alter! Komm zu unsrer Hävy-Metäl-Party! Der Hell's-Ängels-Klub-NRW will Dich dabeihaben!«, stand auf dem Zettel.

»Woher wissen die Hell-Angler, dass wir hier sind?«, fragte ich ihn überrascht.

»Osman, weißt du eigentlich, wie viele tolle deutsche Frauen bei solchen Partys sind, die alle nur darauf warten, von uns geangelt zu werden? Wir müssen nur einen guten Eindruck machen, schon sind sie verrückt nach uns. Dafür haben wir ja auch unsere besten Anzüge aus dem Schrank geholt«, versuchte er mich rumzukriegen.

»Aber Nedim, sagen wir mal, wir haben auf dieser Angler-Party zwei oder fünf Mädchen geangelt, ist es denn keine Sünde, eine deutsche Freundin zu haben, wenn man schon verheiratet ist?«, fragte ich wieder.

»Nein, Osman, hundertmal nein! Der Prophet sagt, wenn du eine schwarzhaarige Frau hast, dann darfst du nebenher auch eine blonde Freundin haben. Und wenn du mit einer blonden Frau verheiratet bist, dann steht dir eine schwarzhaarige Freundin zu. So steht es jedenfalls im Koran. Seite 142!«, lallte er und zerrte mich weiter zu dieser Hävy-Metäl-Party im Hell's-Ängels-Klub.

»Also, Nedim, diese Stelle musst du mir unbedingt mal zeigen. Ich habe den Koran jetzt schon zweimal durchgelesen. Aber daran kann ich mich nicht erinnern. Ich verstehe allerdings auch kein Wort Arabisch. Ich weiß nur, dass die Menschen im Paradies mit mehreren Jungfrauen und viel Wein beschenkt werden, wenn sie auf der Erde schön artig sind und fünfmal am Tag beten. Natürlich werden nur die Männer im Jenseits so großzügig belohnt, die Frauen kriegen gar nichts«, sagte ich wahrheitsgemäß.

»Dann war es eben in der Bibel oder bei den Zeugen Jehovas oder bei den Mormonen. Seite 78!«, meinte er.

»Na, dann bin ich ja beruhigt. Aber wir müssen ganz raffiniert vorgehen. Damit man uns für Junggesellen hält, müssen wir unsere Eheringe in die Tasche stecken«, sagte ich, schlau wie ich bin, und stellte auch noch eine Bedingung. »Es ist ja klar, dass du alle Mädchen, die ich geangelt habe, nicht anbaggerst.«

»Klar! Ist doch selbstverständlich unter guten Kumpels, dass jeder den Fisch essen darf, den er selber geangelt hat«, grinste er erwartungsvoll.

Lieber Onkel Ömer, der Hell's-Ängels-Klub war ziemlich weit draußen auf dem platten Land. Es hat Stunden gedauert, bis wir ihn gefunden hatten.

»Osman, mit deinem Ford-Transit kommen wir hier bestimmt ganz groß raus. Guck dir das an, keiner von den Gästen hat ein besseres Auto als du; nur Hunderte von Mofas«, freute sich mein Kumpel.

»Nedim, so große Mofas habe ich aber noch nie gesehen«, rief ich erstaunt. Einige von diesen Mofas waren sogar größer als mein Ford-Transit.

Als wir dann endlich im Saal waren, schaute sich Nedim erwartungsvoll und gespannt um.

»Bei Allah, hier sind ja mindestens hundertsiebenundsechzig Frauen. Hundertsechzig für mich, sieben für dich«, brüllte er wegen der ohrenbetäubenden Musik.

»Oh, Nedim, wie gerecht du doch wieder durch zwei geteilt hast. Aber was machen wir mit den achthundert Männern?«, fragte ich ängstlich. Es waren dort nämlich viel mehr Angler als Fische.

»Die Männer kannst du alle alleine haben«, brüllte Nedim gönnerhaft.

Lieber Onkel Ömer, als ein großer Frauenkenner hatte ich natürlich sofort gemerkt, dass unsere Chancen bei den dortigen Frauen nicht schlecht standen. Denn die Männer dort liefen alle sehr ungepflegt rum: dreckige Motorradstiefel, zerrissene Jeans, mit Nieten dürftig reparierte Lederjacken, und beim Frisör waren sie auch schon lange nicht mehr! Wir beide hatten aber unsere schicken dunklen Nadelstreifenanzüge an und dazu gelbe und rote Seidenhemden, schwarze Lackschuhe und waren auch noch frisch rasiert und dufteten herrlich nach Rosenwasser.

Das einzige Problem war nur, dass ich schon so lange verheiratet bin. Ich hatte überhaupt keinen Schimmer mehr, was man neuerdings so alles macht, um eine Frau zu angeln?

Ich hatte mal gehört, mit Geld anzugeben würde sofort wirken. Ich holte schnell mein ganzes Bargeld heraus. Genau 13 Euro 40.

»Nedim, kannst du mir ein paar Euro leihen?«, flüsterte

ich ihm ins Ohr. »Ich werde versuchen, einen guten Eindruck zu machen.«

»Osman, bist du bescheuert? Die Männer hier sind doch nicht arm, nur weil sie in kaputten Klamotten rumlaufen. Die haben nur keine treusorgenden Ehefrauen wie wir. An deiner Stelle würde ich mit lauter Stimme erzählen, wie gut du mit Frauen umgehen kannst. Damit die Tussis hier merken, was für erfahrene Männer sie vor sich haben«, gab mir mein Kollege einen guten Rat.

Ich hustete zweimal kurz, einmal lang und brüllte los:

»Also, Nedim, das hättest du unbedingt erleben müssen. Gestern hat meine Frau sich doch tatsächlich geweigert, die Wohnung sauber zu machen. Da habe ich sie an den Haaren gepackt und …«

»Mensch, Osman, was erzählst du denn für einen Blödsinn, du Idiot«, unterbrach er mich neidisch.

»Ich erzähle, wie männlich ich bin. Das imponiert mächtig«, zwinkerte ich und erzählte stolz weiter:

»Also hab ich meine Frau an den Haaren gepackt und so lange nicht mehr losgelassen, bis sie die ganze Wohnung blitzblank sauber gemacht hatte!«

Das stimmte zwar nicht ganz, aber die hübschen Anglerinnen konnten das ja nicht wissen. In Wahrheit musste nämlich nicht meine Frau, sondern ich die ganze Wohnung sauber machen, weil Eminanim den ganzen Tag für die Gäste kochen musste. Aber an den Haaren konnte sie mich natürlich nicht ziehen, damit ich putze. Wohl deshalb hat der liebe Allah uns Männer mit einer Glatze beglückt.

Nedim, der Luuser, hat sofort gemerkt, dass er neben mir keinen Stich bei den Anglerinnen machen wird, und hat sich klammheimlich aus dem Staub gemacht.

Ich war verzweifelt! Aber nicht, weil der Luuser Nedim abgehauen ist, sondern weil nach zwei Stunden Angler-Party immer noch keine schöne Frau an meiner Angel zappelte.

Dabei war ich doch, wie gesagt, perfekt angezogen: frisch gebügelter Anzug, eine schöne grüne Krawatte mit großen roten Rosen drauf. Mein glattrasiertes Gesicht sah zugegebenermaßen mittlerweile nicht mehr ganz so perfekt aus, und wegen der vielen Pfützen bei den Hell-Anglern glänzten die Schuhe auch nicht mehr wie am Anfang.

Dafür hatte ich aber immer noch mein verführerischstes, einladendstes, männlichstes, sympathischstes und sexystes Lächeln auf den Lippen. So einfach ist das nämlich gar nicht, dieses Lächeln über Stunden so gut hinzubekommen – erst recht nicht mit zwei Lippen gleichzeitig! Dafür lief ich zwischendurch immer aufs Klo, um vor dem Spiegel zu üben.

»Hey, Ali, haste ma Feua für mich?«, bat mich plötzlich ein wunderschönes, blondgelocktes Mädchen um Feuer. Endlich, dieses Mädchen war meine erste Eroberung auf der Hell-Angler-Party.

»Sie verwechseln mich, Madame. Ich bin nicht Ali. Ich bin Osman. Für blonde, süße Mädchen wie Sie nur Osi«, stotterte ich aufgeregt und kramte nach meinem Feuerzeug.

»Hey, Alta, is mir egal, ey. Für mich heißen alle Türken Ali«, bestand sie unbedingt auf einen Partner mit dem Namen Ali.

Für dieses bezaubernde Wesen, für die schönste Frau von Deutschland, ja für die schönste Frau aller Industriestaaten war ich natürlich sofort bereit, meinen Namen zu wechseln. Wenn sie darauf bestand, auch meine Nationalität und die Religion. Außerdem ist Ali ja ein hübscher Name.

»Ey, Alta, biste taub oder was?«, zwitscherte sie sehr romantisch.

Hastig holte ich mein Feuerzeug raus. Nein, es war die Zahnstocherbüchse. Wo war bloß dieses blöde Feuerzeug? Ich suchte eifrig weiter und hatte plötzlich die Dose für meine dritten Zähne in der Hand. Nedim konnte ich auch nicht um Hilfe bitten. Der Hund hätte mir sofort meinen Fang weggeschnappt.

Die Blondine wurde langsam nervös:

»Schau doch ma in deina Unterhose nach, Opa«, brüllte sie aufgeregt.

Ich wusste es, sie wollte mir an die Wäsche! Das mit dem Feuer war doch nur eine Anmache. Ich war der Mann, den sie sich unter achthundert Hell-Anglern ausgesucht hatte! Ich war der Mann, der für sie ein Feuerzeug suchte, aber nicht fand.

»Na Alta, wird's bald?«, zwitscherte sie.

Doch dann hatte ich endlich das Feuerzeug in der Hand.

»Hier ist das Feuer. Nur für dich, ooh du meine Rose des Abendlandes«, schwärmte ich und küsste gefühlvoll die Nieten am Ärmel ihrer Lederjacke.

»Mach mich nich an. Geh in n' Puff, du Wichsa«, bedankte sie sich höflich.

Mit diesem herrlichen Satz, dem schönsten, den je eine Frau zu mir gesagt hatte, verabschiedete sich dieser blonde Engel leider von mir. Noch lange hörte ich in meinen Ohren das romantische Klirren ihrer Ketten, die überall an ihrer Lederjacke hingen.

»Geh in n' Puff, du Wichsa! Kling klang, ding dong, garc gurc!«

Mit halbem Auge bemerkte ich, wie Nedim mich total neidisch ansah.

Lieber Onkel Ömer, ich muss zugeben, dass ich mittlerweile sehr frustriert war. Das war das einzige Verhältnis, das ich dort nach fünf Stunden mit Frauen gehabt hatte. Ringsum lagen achthundert betrunkene Hell-Angler auf dem Boden und konnten überhaupt nicht mehr angeln, aber trotzdem hatte ich keinen Backfisch am Haken.

Ich verstand das alles nicht im Geringsten und war sehr verärgert! Ich war doch so vornehm angezogen, aber die Frauen gingen die ganze Zeit trotzdem zu den dreckigen Jungs mit kaputten Hosen und Lederjacken!

Aber dann geschah doch noch ein Wunder. Allah erhörte endlich mein Flehen und schickte mir eine wunderhübsche Frau! Auf einmal stürzte sich nämlich eine Hell-Anglerin mit einem Lederrock und Sicherheitsnadel im Ohr voller Elan auf mich und zerriss meinen schönen Anzug blitzschnell in tausend Stücke. Diese hübsche Frau konnte anscheinend keine Sekunde mehr warten, mich nackt zu sehen. Plötzlich eilte ihr auch noch ein männlicher Hell-Angler zu Hilfe, und die beiden machten meinen schönen Nadelstreifenanzug total kaputt. Nach einer Minute sah ich schlimmer aus als alle hellen Angler im Raum zusammen. So als hätte mich eine wilde Kamelherde zertrampelt. Wenn meine Frau Eminanim mich so gesehen hätte, hätte sie garantiert gedacht, dass ich einen längeren Dialog mit den lieben Skinhääds am Hauptbahnhof gehabt hätte.

Ich konnte mich nicht mal rächen, weil diese beiden Kreaturen sowieso schon wie Penner aussahen. Es war ein Ding der Unmöglichkeit, deren Fetzen noch mehr zu zerreißen.

Bevor ich fragen konnte, warum sie mich zur Sau gemacht hatten, was ich denn so Schlimmes verbrochen hätte, klopfte mir der männliche Hell-Angler auf die Schulter und knurrte:

»So, Alta, nun versuch doch mal dein Glück bei den Frauen. In dieser Aufmachung könnte es vielleicht klappen!«

Mit hängenden Schultern und hängender Brusttasche stotterte ich völlig verwirrt:

»Danke für deine Mühe, mein Junge. Das wäre doch wirklich nicht nötig gewesen. Wie heißt du denn?«

Während er und das Mädchen sich langsam wieder zu ihren Saufbrüdern in die Pfütze legten, lallte er auf Türkisch:

»Mustafa heiße ich, Opa, Mustafa. Hävy-Metäl-Mustafa!«

In dem Moment kam Nedim wieder und bekam einen Schock:

»Osman, wer hat dir das denn angetan? Wer hat dich so erbarmungslos zugerichtet?«, fragte er besorgt.

»Nedim, du Kulturbanause«, habe ich ihn ausgelacht. »Du hast ja wirklich von nichts 'ne Ahnung! Das ist ein ganz altes Ritual hier am Rhein. Im Karneval reißen die Frauen den Männern die Anzüge vom Leib, weil sie so wild auf sie sind. Was meinst du wohl, warum hier alle Männer nur in Lumpen rumlaufen.«

»Soviel ich weiß, schneiden die Elses beim Karneval den

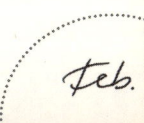

Männern nur ihre alten Schlipse ab, und das auch nur am Donnerstag«, stotterte er verwirrt.

»Das stimmt, aber das machen nur diejenigen Elses, die während des Karnevals mit mehreren Männern gleichzeitig in die Kiste gehüpft sind. Sie sammeln diese abgeschnittenen Krawatten und nehmen sie mit nach Hause, um anhand der DNA-Spuren später den Vater des Kindes ausfindig zu machen. So doof sind sie nämlich auch nicht!«, klärte ich Nedim über den Karneval auf.

»Hilft das denn wirklich?«, fragte Nedim erstaunt.

»Ja. Aber nur, wenn die Frau aus Versehen mit ihrem eigenen Ehemann in die Kiste gesprungen ist«, meinte ich.

Plötzlich hob mein neuer Freund Hävy-Metäl-Mustafa den Kopf und sagte:

»Moruks, ich will euch ja nicht enttäuschen, aber das hier ist nicht der Karneval, sondern ein Hävy-Metäl-Festival! Und ihr seid auch nicht in Köln, sondern fast in Dortmund!«

»Danke, mein Junge, ich hab mir schon fast gedacht, dass wir etwas zu weit gefahren sind und bei einem Hävy-Metäl-Festival gelandet sind, also so einem Karneval für Minderjährige«, sagte Nedim kopfschüttelnd, »ich frage mich nämlich seit Stunden, warum wir dieses Mal nicht ständig von besoffenen alten Omas abgeknutscht werden und woher die ganzen hässlichen Mannsweiber mit ihren billigen Tatuus kommen, die einem ihre ungewaschenen Haare ins Gesicht schleudern! Aber die Musik ist genauso bescheuert, nur noch lauter!«

Lieber Onkel Ömer, zu allem Überfluss habe ich dort auch noch meinen Ehering verloren. Ich hoffe, dass ich Dir nächstes Mal von meiner jährlichen Studienreise zum Karneval bessere Nachrichten übermitteln kann.

Ich küsse Dir, Tante Ülkü und allen Älteren in unserem schönen Dorf ganz herzlich mit großem Respekt die erfahrenen Hände und allen Jüngeren mit viel Liebe die hübschen, unschuldigen Augen.

Eminanim und die Kinder grüßen Euch selbstverständlich auch und küssen den Älteren mit viel Respekt die Hände und den Jüngeren mit viel Liebe die Augen.

Pass gut auf Dich auf, bleib gesund, iss genug Knoblauch und danke fünfmal am Tag Allah, dass bei Euch im Dorf ständig die Kühe, die Ziegen, die Köter – aber niemals die Narren los sind!

Dein Dich über alles liebender Neffe aus dem nasskalten Alamanya

Osman

PS: Lieber Onkel Ömer, mittlerweile wohnt diese fremde Frau Ümmüyanim seit über acht Wochen bei uns und ist natürlich nicht mehr ganz so fremd. Unter anderem deshalb hatte ich mich ja auch mit Nedim aus dem Staub gemacht. Ich hatte Dir ja im letzten Brief geschrieben, dass sie ohne mit der Wimper zu zucken zu mir sagte, dass sie mit Eminanim zusammen in Istanbul Medizin studiert hat. Daraufhin fragte ich sie verwirrt:
»Soll das etwa heißen, dass Sie jetzt so was Ähnliches wie ein Arzt sind?«
»Ja, ich bin Allgemeinmedizinerin, genauso wie Ihre Frau

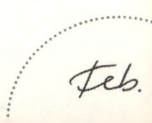

Eminanim«, sagte sie wie selbstverständlich. Und es schien für sie wirklich selbstverständlich zu sein. Für Eminanim sogar auch. Nur nicht für mich!

Ich muss wohl ein sehr dummes Gesicht gemacht haben. Denn Ümmüyanim sagte weiter:

»Herr Engin, Ihre Frau hat mich bereits vorgewarnt, dass Sie eine sehr spezielle Art von Humor haben und etwas begriffsstutzig sind. Klären Sie mich bitte auf, was jetzt Ihr Problem ist, was haben Sie denn nicht verstanden? Das mit Istanbul oder das mit der Medizin?«

»Also gut«, sagte ich und nahm meinen ganzen Mut zusammen, »wenn ich ehrlich sein soll, mein Problem ist, dass meine Frau vor unserer Heirat offenbar ein Doppelleben geführt hat, ohne mir irgendetwas zu sagen. Sie hat sich wohl im tausend Kilometer entfernten Istanbul mit wildfremden Männern rumgetrieben.«

Die Frau Medizinerin wurde daraufhin richtig sauer, so wie alle anderen Ärzte auch, wenn man deren Rat nicht befolgt und die Tabletten nicht regelmäßig schluckt.

»Herr Engin, sie war doch nicht zum Vergnügen dort. Ihre Frau Eminanim hat genauso wie ich Medizin studiert und hat zum Schluss ein erstklassiges Examen abgelegt! Sie müssten eigentlich stolz auf Ihre Frau sein«, rief sie ziemlich tadelnd und schüttelte verständnislos den Kopf.

»Also, Ümmüyanim, das kapiere ich jetzt noch weniger«, murmelte ich verlegen. »Bis wir damals geheiratet hatten, und gleich darauf bin ich ja nach Deutschland gefahren, hatte Eminanim angeblich noch keinen Tag ihr Dorf verlassen.«

Daraufhin sagte meine Frau, als wäre es völlig normal: »Osman, ich wollte doch mein Studium nicht an die große

Glocke hängen. Du weißt ja selber, wie schief man als ge-
bildete junge Frau damals in Anatolien angesehen wurde.«
Lieber Onkel Ömer, kannst Du Dich bitte drüben in Eminanims Dorf unauffällig umhören, ob das denn wahr sein
kann, dass sie studiert hat. Ich hoffe, Du kannst diese Frau
Ümmüyanim Lügen strafen. Gute Nacht!

Feb.

März

Frühlingsanfang

Mein lieber Onkel Ömer,

wie geht es Dir, und wie geht es meiner lieben Tante Ülkü? Wie geht's der hübschen Kuh Pembe, wie geht's der schwarz gepunkteten Ziege Fatima, wie geht's deinem störrischen Esel Tarzan, und wie geht's unserem guten alten Dorfvorsteher Hüsnü?

Lieber Onkel Ömer, Du weißt sicherlich, dass kalendertechnisch gesehen der Frühlingsanfang immer am 20. März ist. Was Du aber nicht weißt, ist, dass wir hier in Deutschland jedes Jahr auch ein paar Tage Frühling haben. Was Du noch weniger weißt, ist, dass am Frühlingsanfang alle armen Männer in Deutschland gezwungen werden, mit ihren Frauen im Park spazieren zu gehen. Sei froh, dass meine liebe Tante Ülkü von dieser albernen Sitte bis jetzt noch nie etwas gehört hat, und das wird hoffentlich auch so bleiben, solange die Türkei nicht in der EU ist. Aber zum Glück versucht die EU das sowieso mit allen Tricks zu verhindern. Nein, nicht den Frühlingsanfang in Deutschland, sondern den Beitritt der Türkei zur EU.

»Osman, bist du verrückt, dich bei diesem herrlichen Wetter ins Bett zu verkriechen? Los, hopp, hopp, zieh dich sofort an, wir gehen jetzt im Bürgerpark spazieren!«, schimpft meine Frau Eminanim dann immer und reißt mir, sobald sich ein paar läppische Sonnenstrahlen blicken lassen, energisch die Wolldecke weg.

Lieber Onkel Ömer, das müsstest Du sehen: Sobald die Menschen in Bremen diese 3,5 Sonnenstrahlen wahrnehmen, wirkt das auf die wie ein Startschuss für einen 1000-Meter-Lauf. Danach fahren sie mit ihren Kabrios oder Transits schnurstracks an die Weser oder in den Bürgerpark, um dort mit dicken Sonnenbrillen, billigen Sandalen, weißen Socken und lustigen Hemden umherzumarschieren.

»Eminanim, lass mich in Ruhe! Du weißt doch, was für'n Weichei die Sonne aus mir macht«, versuche ich mich dann jedes Mal zu wehren und ziehe mir die Decke wieder über den Kopf.

»Nix da, Osman! Jetzt wird spazieren gegangen! Hier, setz deine Sonnenbrille auf und zieh das rot geblümte Hawaii-Hemdchen an, dafür haben wir es doch extra gekauft«, brüllt sie mich daraufhin erfahrungsgemäß an.

Lieber Onkel Ömer, kaum stehe ich in der Sonne, bekomme ich sofort eine grässliche Sonnenallergie: Kribbeln im Bauch, Herzflattern, glänzende Augen, ein dämliches Grinsen und eine ganze Reihe anderer alberner chemischer Reaktionen sind die Folgen des schädlichen UV-Lichts.

Seitdem ich in der Zeitung gelesen habe, dass selbst die Mutterliebe nichts anderes ist als eine chemische Reaktion des Körpers, ohne die sogar die fürsorglichsten Mütter ihre Kinder gleich nach der Geburt reihenweise bei I-bäy meistbietend versteigern würden, bin ich auf Gefühle nicht besonders gut zu sprechen.

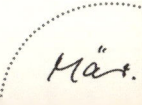

Abgesehen davon habe ich noch nie gerne über Gefühle gesprochen, was immer sehr laute Schimpftiraden meiner Frau nach sich zieht. Sie ist der Meinung, ich würde nur Gefühle zeigen und Freudentränen in den Augen haben, wenn mein Fußballverein Werder gewinnt.

Nach stundenlanger Meckerei zwingt mich Eminanim aber in jedem Frühjahr doch noch, in den Bürgerpark zu gehen, und strahlt bis über beide Ohren, sobald sie den ersten Vogel sieht:

»Osman, schau dir doch die beiden Turteltauben da oben auf dem Baum an, ist das nicht romantisch«, ruft sie begeistert und zeigt mir irgendwelche zweibeinigen Tiere.

»Hmmm«, murmle ich lustlos, was aber zum Glück im schrecklich lauten Vogelgezwitscher völlig untergeht.

»Oh mein Gott, schau mal, die beiden süßen Enten hier am Teich. Hast du gesehen, wie romantisch und glücklich sich die beiden unterhalten?«, sagt sie dann euphorisch.

»Eminanim, ich mag Enten wirklich auch sehr gern, insbesondere wenn sie schön knusprig gebraten worden sind. Abgesehen davon ist mein Entisch noch nicht gut genug, um zu verstehen, ob ihre Unterhaltung glücklich ist. Aber die unterhalten sich sowieso nicht, die sehen sich die ganze Zeit nur blöd an«, antworte ich wahrheitsgemäß.

»Osman, endlich ist Frühling, nicht wahr? Ist das hier nicht alles wunderschön? Und schau mal, wie fantastisch grün der Rasen schon ist«, trällert sie und hüpft wie ein junges Mädchen über die Wiesen.

»Frau, was meinst du, warum ich mir die ganze Zeit so gern Fußballspiele angucke; nur wegen des fantastisch grünen Rasens«, lasse ich mich von ihrer Freude schon ein bisschen anstecken.

Eminanim schwärmt ununterbrochen euphorisch über die schon seit Milliarden von Jahren existierende Natur, so als hätte sie davon gerade erst in diesem Moment und auf sehr überraschende Weise erfahren.

»Osman, mein Gott, schau dir diese roten Tulpen an und diese hübschen Gänseblümchen, ich drehe gleich durch!«, dreht sie im selben Moment durch.

»Frau, stell dich doch nicht so an! Das passiert doch schon seit Jahren und wird immer wieder passieren, ob wir hier vorbeigehen oder nicht. Das interessiert die Bäume überhaupt nicht, die finden es bestimmt total albern, wie du dich hier als erwachsene Frau wegen ein paar Blümchen aufführst«, versuche ich sie wieder zur Vernunft zu bringen.

Aber es bringt alles nichts, unser halbstündiger Spaziergang endet leider jedes Jahr so, wie auch der letzte geendet hat: mit einem großen Krach!

Sie beschuldigt mich, die jungen Joggerinnen in kurzen Hosen sabbernd angestiert zu haben. Ich werfe ihr vor, dass sie doch diejenige war, die mich hierhergeschleppt und brutal gezwungen hat, die Natur anzugucken. Dass es nun mal eine weltbekannte Tatsache ist, dass auch hübsche Joggerinnen ein Teil der Natur sind, will sie natürlich nicht einsehen.

Danach gehen wir mit fünf Meter Entfernung übelgelaunt nach Hause. Die Deutschen denken, meine Frau geht fünf Meter hinter mir her, weil sie als türkische Frau nichts zu sagen hat. In Wirklichkeit geht sie aber fünf Meter hinter mir her, weil sie zu viel gesagt hat und meine Antwort nicht hören will.

Ein paar Minuten später kommen wir wieder genau an der Stelle vorbei, wo sie mich vorhin auf die beiden angeblich total verliebten — und hoffentlich bald auch total knusprigen — Enten aufmerksam gemacht hatte. Jetzt schwimmen die beiden mit großem Abstand zueinander und haben sich den Rücken zugekehrt. Anscheinend können sie sich gegenseitig nicht mehr riechen, obwohl sie doch ständig baden.

»Siehst du, Eminanim, streiten ist auch ganz natürlich und gehört zum Leben dazu. Deine beiden Turtelenten schauen sich inzwischen nicht mal mehr mit dem Hintern an. Ich weiß nicht, was du hier noch machst, aber ich gehe jetzt wieder nach Hause und ziehe mir gemütlich meine Wolldecke über den Kopf! Von mir aus kannst du wegen ein paar alberner Blümchen weiter wie 'n Rumpelstilzchen rumhüpfen!«, sagte ich und lief schnurstracks nach Hause, in der Hoffnung, dass nie wieder ein Frühling kommen möge.

Aber der lässt sich doch nie gänzlich aufhalten und kommt alle Jahre wieder pünktlich wie die Post! Oder wie meine Schwiegermutter! Die hat sich leider auch wieder angekündigt.

Sie hat gestern angerufen und sich für heute angedroht. Die ganze Nacht habe ich mich hin und her gewälzt und unaufhörlich gegrübelt, wie ich dieser Begegnung am geschicktesten ausweichen kann.

Als mich heute Morgen die Sonne weckte, kam mir plötzlich die rettende Idee. Ich sagte zu meiner Frau:

»Eminanim, heute ist Frühling, ich muss sofort raus! Du sagst mir doch immer, ich soll unbedingt in die freie Natur und den ganzen Tag im Stadtpark picknicken, sobald ich nach dem grauen Winter endlich einen Sonnenstrahl entdecke. Leider kann ich deshalb heute meine heiß geliebte

Schwiegermama nicht sehen. Schade, dass sie schon heute Abend wieder zurückfahren muss.«

Lieber Onkel Ömer, Du kennst ja meine Schwiegermama, sie ist noch grässlicher, streitsüchtiger und nerviger als die von Nasreddin Hodca. Und Du weißt auch, was mit dem armen Mann passiert ist:

Eines Tages fiel seine Schwiegermutter, sie hatte gerade im Dorf ihren Waschtag, in den Fluss. Doch während die alarmierten Dorfbewohner alle in höchster Eile flussabwärts rannten, um die alte Frau zu retten, lief Nasreddin Hodca in die entgegengesetzte Richtung flussaufwärts. Verwundert blieben die Bewohner stehen und fragten ihn:

»Hochverehrter Hodca, deine Schwiegermutter ist in den Fluss gefallen! Aber du läufst flussaufwärts, anstatt sie zu retten.«

Doch Nasreddin Hodca lief atemlos weiter und stöhnte:

»Ihr kennt den Charakter meiner Schwiegermutter nicht! Die Frau ist grundsätzlich gegen alles und legt sich mit jedem an. Die treibt sogar flussaufwärts, wenn sie ertrinkt!«

So, lieber Onkel Ömer, jetzt kannst Du ungefähr abschätzen, wie meine Schwiegermutter drauf ist.

Ich habe also eine Thermoskanne Tee und meine Zeitung genommen und bin in den Bürgerpark gefahren. Selbst eine Sonnenallergie ist mir lieber!

Ich setzte mich im Park mitten auf die große Wiese, goss mir eine Tasse Tee ein und blinzelte in die warme Sonne. Genussvoll schlürfte ich meinen Tee und las Zeitung.

Ich war nicht bereit, mir meine gute Laune von meiner Frau oder von meiner Schwiegermutter verderben zu las-

sen. Denn die Vögel zwitscherten, die Osterglocken blüh-
ten, und die Erde stank nach Hundescheiße. Und da sah ich
auch schon den Übeltäter: Ich beobachtete, wie ein riesiger Deutscher Schäferhund einen kleinen weißen Pudel
bestieg. Und das mitten in der Öffentlichkeit!

»Schämen Sie sich eigentlich nicht?«, hörte ich plötzlich
unseren Nachbarn Opa Prizibilsky vom Gehweg aus brül-
len. Ich grüßte höflich zurück, erfreut, ein bekanntes Gesicht im Park zu treffen, und rief:

»Ja, das frage ich mich auch schon die ganze Zeit, Herr
Prizibilsky. Die tun geradeso, als hätten sie kein Zuhause.
Aber so sind nun mal die Hunde.«

»Davon rede ich nicht, Herr Engin! Ich meine Sie! Oder
können Sie dieses Verbotsschild hier nicht lesen? Betreten
des Rasens ist streng verboten! Setzen Sie sich gefälligst
woanders hin«, sagte er ziemlich unfreundlich.

Was weder die Schwiegermutter noch der Frühling geschafft haben, wird der auch nicht schaffen, dachte ich mir.
Ich wollte mir meine gute Laune auf keinen Fall vermiesen
lassen.

Lieber Onkel Ömer, auf den Rasen setzen darf man sich
in Deutschland nicht, aber was die Hunde dort so unverschämt getrieben haben, das hätte ich wohl gedurft. Dafür
gab's jedenfalls keine Verbotsschilder.

Ich bemühte mich, meinen Nachbarn einigermaßen ver-
ständnisvoll anzulächeln, und sagte freundlich, damit er
verschwindet:

»Ich danke Ihnen für den netten Hinweis, Herr Prizibilsky.«

Als ich dann aufstand, um mich woanders hinzusetzen,
musste ich zu meinem Entsetzen feststellen, dass ich die

ganze Zeit auf einem Haufen Hundescheiße gesessen hatte. Meine Hose war total versaut. Diese Köter dürfen aber auch alles!

Ich zog meine Hose aus und suchte mir etwas weiter weg auf der Wiese ein neues Plätzchen. Die Hunde haben sich dabei nicht stören lassen. Nur der Pudel schaute etwas panisch nach rechts und links, als ich meine Hose auszog.

Der Schäferhund war mittlerweile auf eine Dackeldame geklettert.

Das sind doch wahre Frühlingsgefühle! Wann schreibt dieser Köter wohl seine Memoiren, der ist ja schlimmer als Boris Becker und Franz Beckenbauer zusammen, ging es mir durch den Kopf.

Kurz danach bewölkte sich der Himmel, und es sah nach einem Gewitter aus. In Bremen kann man sich auf das Wetter halt immer noch verlassen.

Hastig, noch bevor der erste Hagelschauer niederprasselte, sprang ich in meinen Ford-Transit und warf die verschmierte Hose auf den Rücksitz.

Als ich dann auf der Uferstraße an der Weser nach Hause fuhr, sah ich plötzlich meine kleine Tochter Hatice am Fluss entlanglaufen. Meine Frau stand an der Böschung und raufte sich die Haare.

Ich parkte schnell meinen Ford-Transit und lief zum Wasser hinunter.

»Hatice, was ist denn hier los? Warum läufst du wie ein nasser Straßenköter durch die Gegend?«, fragte ich erschrocken.

»Papa, Papa, die Oma ist in die Weser gefallen. Sie ertrinkt bestimmt«, rief meine kleine Tochter völlig aufgelöst mit Tränen in den Augen.

Alle Menschen, Deutsche wie Türken, liefen im Regen hektisch flussabwärts, um meine Schwiegermutter zu retten.

Ich hetzte in meiner Unterhose die Weser flussaufwärts.

Und rettete kurz darauf den armen Kanufahrer, den meine Schwiegermutter mit einer schnellen Bewegung ins Wasser warf, um sein Boot in Beschlag zu nehmen.

Lieber Onkel Ömer, ich küsse Dir, Tante Ülkü und allen Älteren in unserem schöncn Dorf ganz herzlich mit großem Respekt die erfahrenen Hände und allen Jüngeren mit viel Liebe die hübschen, unschuldigen Augen.

Eminanim und die Kinder grüßen Euch selbstverständlich auch und küssen den Älteren mit viel Respekt die Hände und den Jüngeren mit viel Liebe die Augen.

Pass gut auf Dich auf, bleib gesund, iss genug Knoblauch und danke fünfmal am Tag Allah, dass weder die EU noch Deine Schwiegermutter sich bei Dir im Dorf blicken lassen, um Dich zu zwingen, zusammen mit Tante Ülkü Frühlingsgefühle auszuleben.

Dein Dich über alles liebender Neffe aus dem leider nicht mehr ganz so kalten Alamanya

Osman

PS: Lieber Onkel Ömer, Du hast mir geschrieben, dass Du keine Beweise hast, ob Eminanim studiert hat. Aber dass sie nicht studiert hat, dafür hast Du auch keine Beweise. Und Du fragst mich, warum sie dann nicht als Ärztin arbeitet, wo ich doch ständig pleite bin? Die Antwort ist, weil sie nämlich gar keine Ärztin, sondern bestenfalls Gärtnerin ist. Aber diese Frau Ümmüyanim behauptet immer noch hartnäckig das Gegenteil. Letztens sagte sie zu mir: »Herr Engin, ich bewundere Ihre Frau. Sie hat ihre Karriere aufgegeben und sich regelrecht für Sie und die gemeinsamen Kinder geopfert. So was hätte ich, ehrlich gesagt, nicht geschafft. Ich bin froh, dass ich mich für den Beruf entschieden habe. Sonst wäre ich nicht in den Genuss meiner gut gehenden Arztpraxis mit Bosporusblick gekommen. In einem Viertel, in dem es von Reichen und Schönen nur so wimmelt, die für die Behandlung harmloser Wehwehchen ohne mit der Wimper zu zucken ein halbes Vermögen zahlen!«

»Wenn ich das jetzt so höre, dann tut es mir im Nachhinein natürlich schon ein bisschen um meine Karriere leid und das, was ich alles versäumt habe. Aber was tut man nicht alles für die Familie«, sagte Eminanim daraufhin großzügig.

»Frau Doktor ... ich meine, Frau, bist du jetzt wirklich ein richtiger Arzt oder was?«, stotterte ich völlig vor den Kopf geschlagen.

»Osman, etwas leiser, du weckst sonst die Kinder«, zischte sie und hielt mir einen medizinischen Vortrag: »Meine Kollegin Ümmüyanim wird dir sicherlich bestätigen, dass der nächtliche Schlaf für den jungen Organismus von immenser Wichtigkeit ist. Der Schlaf dient dazu, das Gelernte zu speichern und die erschöpften Zellen zu regenerieren. Also tu was für deine Gesundheit und geh endlich schlafen!«

Tu Du auch was für Deine Gesundheit, lieber Onkel, gute Nacht!

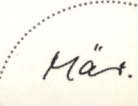

März

Internationaler Frauentag

Mein lieber Onkel Ömer,

wie geht es Dir, und wie geht es meiner lieben Tante Ülkü? Wie geht's der hübschen Kuh Pembe, wie geht's der schwarz gepunkteten Ziege Fatima, wie geht's Deinem störrischen Esel Tarzan, und wie geht's unserem guten alten Dorfvorsteher Hüsnü?

Lieber Onkel Ömer, vor zehn Tagen war hier in Alamanya wieder ein völlig unnötiger Tag: der Internationale Frauentag! Du weißt sicherlich nicht, wofür das gut sein soll. Sei froh darüber! Ich kann es Dir auch nicht genau erklären, ich weiß es nämlich selber nicht.

Wofür brauchen die Frauen eigentlich noch so einen bescheuerten Tag, an dem sie wieder nichts tun müssen?! Die Frauen mit Kindern haben doch schon jedes Jahr im Mai den Muttertag. Wenn der Internationale Frauentag aber für die Frauen ohne Kinder sein soll, dann sollte man ihn auch so nennen: Internationaler Frauentag der kinderlosen Mütter! Aber stattdessen schenkt man den Frauen mit Kindern so ungerechterweise zwei volle Tage zum Faulenzen. Sogar drei Tage, da kommt ja noch dieser grässliche Valentinstag dazu.

Meine Frau Eminanim feiert sogar vier solche Tage, weil sie ja auch noch einen Geburtstag hat. Aber das hindert die zweitgrößte Nervensäge des Mittleren Orients natürlich nicht daran, verwöhnt wie sie nun mal ist, auch am Frauentag etwas Unverschämtes von mir zu verlangen. Zum Beispiel soll ich ihr das Frühstück ans Bett bringen!

Lieber Onkel Ömer, da der Frauentag am 8. März in diesem Jahr auf einen Samstag fiel, habe ich einen Tag vorher Hatice zu meiner Schwiegermutter gebracht und meiner Frau Eminanim am Freitagabend gesagt:

»Eminanim, heute Nacht schlafen wir uns mal richtig aus, und wer morgen zuerst aufwacht, der soll das Frühstück machen.«

Dieser liebevoll geflüsterte Satz war für unser Eheleben gleichzusetzen mit der kommunistischen Oktoberrevolution in Russland, die das ganze Land und somit die gesamte Welt für siebzig Jahre ins Chaos stürzte. Oh, hätte ich doch bloß niemals diese Lawine losgetreten.

Die von mir in Aussicht gestellte Möglichkeit, dass ich unter Umständen, wenn ich in der Lage wäre, früh genug aufzustehen, Frühstück vorbereiten würde, sollte doch eigentlich am Internationalen Frauentag Geschenk genug sein für jede halbwegs vernünftige Ehefrau!

Aber weit gefehlt! Nicht für Eminanim!

Dabei wollte ich doch auch mal ein bisschen modern sein und einen Hauch von Zeitgeist in unser langweiliges Eheleben bringen. Aber man muss ja nicht alles wörtlich nehmen. Ich war mir absolut sicher, dass meine Frau – wie immer in den letzten dreißig Jahren – vor mir aufsteht und unser Frühstück vorbereitet.

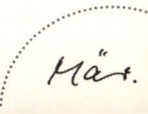

Es war schon 10:27 Uhr! Die zweitgrößte Nervensäge des Mittleren Orients machte ihrem Namen alle Ehre, denn sie sägte seit dem Morgen erbarmungslos an meinen Nerven.

Bei Allah, wieso stand sie nicht auf? Wollte sie mich etwa verhungern lassen? Mich? Ihren geliebten Ehemann! Den Mann, auf den sie zwei Jahre lang gewartet hat, als er beim Militär war. Den Mann, der ihr dabei behilflich war, gleich fünf intelligente Kinder auf die Welt zu bringen.

Lieber Onkel Ömer, wir hatten bereits 11:45 Uhr, und sie lag immer noch im Bett!

Was hatte diese Frau denn bloß gegen mich? Was? Was hatte ich ihr denn so Böses getan? Warum durfte ich nicht auch mal wie ein moderner Mann reden, ohne gleich dafür bestraft zu werden? Welches scheußliche Verbrechen hatte ich begangen?

Aber im Nachhinein würde ich sagen, ich war selbst schuld. Warum konnte ich nicht den Mund halten? Warum musste gerade ich den modernen Ehemann spielen?

Mittlerweile hatten wir 13:24 Uhr, und meine Frau lag immer noch neben mir im Bett. Ich schielte zu ihr, ob sie wirklich immer noch schlief oder nur so tat. Ich konnte sie ja nicht wecken. Das würde bedeuten, ich wäre früher wach gewesen als sie und müsste ihr das Frühstück machen.

Ich schrie ganz laut auf, so als ob ich Albträume hätte. Aber Eminanim bewegte sich keinen Millimeter.

Lieber Onkel Ömer, jedes Jahr zerbricht sich doch ganz Hollywud den Kopf, wem sie den Oscar geben sollen:

»Läydies änd Dschentelmän, the winner is: Eminanim Engin.«

Es war mittlerweile 14:37 Uhr, ich hatte einen riesigen Kohldampf, und die schamlose Person lag immer noch im Bett. In der Zeit hatte sie sich ein paar Mal bewegt. Was wohl heißen sollte:

»Osman, mach endlich Frühstück. Ich bin nicht tot. Ich werde mitfrühstücken.«

Dann war es 15:29 Uhr. Lieber Onkel Ömer, rate doch mal, was meine Frau so spät am Samstagnachmittag gemacht hat? Nein, falsch geraten, sie schlief nicht. Sie lag nur im Bett und tat so. Kein Mensch kann von 22 Uhr abends bis 15:29 Uhr am nächsten Tag durchschlafen. Als wenn sie wüsste, was ich dachte, hatte sie zwischenzeitlich reichlich laut geschnarcht, um mich vom Gegenteil zu überzeugen.

Die Lautstärke ihres Schnarchens nahm sogar zu, und zwar immer dann, wenn es an unserer Haustür klingelte. Gut, dass sie beim ersten Klingeln nicht aufstand, das sehe ich noch ein. Der Postbote konnte die Mahnungen ja auch am nächsten Montag zustellen. Dass sie das zweite Klingeln überhörte, war auch verständlich.

Das war unsere Nachbarin Erkek Fatma von gegenüber, die jeden Tag bei uns klingelt, um sich etwas türkisches Olivenöl auszuleihen. Dann musste sie eben an diesem Internationalen Frauentag mal mit deutscher Margarine kochen. Andere Frauen haben an diesem Tag also sogar gekocht, sogar Erkek Fatma, aber meine Frau Eminanim wollte nicht mal Frühstück vorbereiten!

Aber als meine Frau nicht mal Hatice die Tür öffnete,

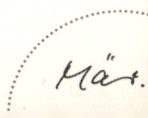

obwohl sie eine Ewigkeit ununterbrochen laut gebimmelt und mit ihren Stiefeln gegen die Tür gehämmert hatte, ging sie ganz klar einen Schritt zu weit.

Wie konnte sie denn so was ihrem eigenen Fleisch und Blut antun? Ihrem geliebten Kind, das sie fast einen Tag nicht gesehen hatte! Wegen eines lumpigen Frühstücks ließ sie es auf der Straße sitzen! Was sollte jetzt aus dem armen Kind werden? Ich hoffte insgeheim, dass Hatice wieder zu meiner Schwiegermutter zurückgehen und nicht auf die schiefe Bahn geraten würde – fragt sich allerdings, was von beidem schlimmer ist.

Mittlerweile war es sogar 17:43 Uhr! Ich lag schweißüberströmt im Bett und versuchte, die Zähne und Beine zusammenzukneifen. Ich überlegte die ganze Zeit, wie man wohl einen Schlafwandler spielen könnte, der zum Klo geht.

In meiner Verzweiflung fing ich an, Kampfträume zu simulieren. Mehrere Male sprang ich bis an die Decke und habe mich dann laut schreiend aufs Bett fallen lassen. Bruce Lii war nichts dagegen. Aber von Eminanim kam immer noch keine einzige Reaktion. Der Internationale Frauentag schien aus meiner Frau nicht nur eine brutale Rabenmutter, sondern auch eine taube Nuss gemacht zu haben.

Dann wurde es dunkel und 20:13 Uhr abends!

Meine Frau hatte ihren Winterschlaf immer noch nicht beendet. Mittlerweile waren wir so weit, dass wir in unseren Träumen miteinander sprechen konnten.

Ich tat so, als ob ich im Traum mit mir selbst redete und dabei gleichzeitig ganz fest schlief. Ich ließ nichts unversucht, um meine Frau zum Aufgeben zu zwingen.

Ich sagte mit ernster Stimme zu mir:

»Oh, Osman, es ist bereits nach 20 Uhr. Wenn du jetzt aufstehst, brauchst du kein Frühstück mehr zu machen.«

Meine Frau antwortete, während sie gleichzeitig ganz schön laut schnarchte:

»Das macht nichts, Osman, ich wäre auch mit einem Abendessen einverstanden.«

Mir war unverständlich, wie sie gleichzeitig reden und schnarchen konnte.

Aber ich war besser als sie. Ich konnte reden, während mir gleichzeitig der Magen knurrte. Ich sagte ziemlich wütend:

»Frau, da kannst du lange drauf warten! Ich werde wohl kaum vor morgen Früh aufstehen!«

»Das trifft sich gut, Osman. Wir hatten ja auch Frühstück abgemacht«, antwortete sie, ohne ihr Schnarchen zu vergessen.

Bei Allah, sie musste ja nicht gleich in einen Generalstreik treten, nur weil an diesem Tag Internationaler Frauentag war!

Eminanim war auf dem besten Wege, ihren Weltranglistenplatz als die zweitgrößte Nervensäge des Mittleren Orients aufzugeben und einen Platz höher zu steigen.

Lieber Onkel Ömer, nach fast zwei Tagen haben Hatice, Mehmet und meine Schwiegermutter unser Schlafzimmer gestürmt. Mit vereinter Kraft haben sie es geschafft, uns zwei Halbverhungerte aus dem Bett zu zerren. Entkräftet, aber zugleich triumphierend rief Eminanim mir zu:

»Du hast verloren, Osman. Du musst das Frühstück machen! Meine Mutter hat dich zuerst aus dem Bett gezogen!«

War ja wieder klar, dass Mutter und Tochter wie immer zusammenhalten.

Siehst Du, lieber Onkel Ömer, solche schwachsinnigen Tage nützen niemandem, weder den Frauen noch ihren Männern oder ihren Kindern. Fast wäre ich jämmerlich mitten in Europa verhungert! Deshalb bin ich unbedingt dafür, dass dieser völlig unnötige und gemeingefährliche Internationale Frauentag abgeschafft wird.

Dieser bescheuerte Tag soll angeblich, wie sollte es auch anders sein, eine kommunistische Erfindung sein.

Lieber Onkel Ömer, ich küsse Dir, Tante Ülkü und allen Älteren in unserem schönen Dorf ganz herzlich mit gro-ßem Respekt die erfahrenen Hände und allen Jüngeren mit viel Liebe die hübschen, unschuldigen Augen.

Eminanim und die Kinder grüßen Euch selbstverständlich auch und küssen den Älteren mit viel Respekt die Hände und den Jüngeren mit viel Liebe die Augen.

Pass gut auf Dich auf, bleib gesund, iss genug Knoblauch, frühstücke jeden Tag gemütlich im Garten und danke fünf-mal am Tag Allah, dass Eminanim meine liebe Tante Ülkü noch nicht mit solchen kommunistischen Ideen infiziert hat!

Dein Dich über alles liebender Neffe aus dem schon wie-der sehr kalten Alamanya

Osman

PS: Lieber Onkel Ömer, Du weißt, dass Eminanim das letzte Mal meiner Frage, ob sie denn nun wirklich Ärztin sei, ausgewichen ist und mich mitten in der Diskussion schlafen geschickt hat, was mir auch ausgesprochen gelegen kam. Am nächsten Abend fragte ich sie neben ihrer Freundin Ümmüyanim – sie wohnt leider immer noch bei uns – mit einem sehr ironischen Unterton in der Stimme:

»Eminanim, du hast gestern betont, wie wichtig der Schlaf für mich ist! Und wenn du das die ganze Zeit wusstest, warum hast du mich dann jahrelang nie ausschlafen lassen, bitteschön?«

»Osman, wir hatten gestern vom jungen Organismus gesprochen. Für einen alten Knacker wie dich reichen ein paar Stunden in der Nacht völlig aus. Meine Kollegin Ümmüyanim wird das sicherlich bestätigen«, sagte sie wie bei einem Ärzte-Kongress und gab das Wort mit einer wohlwollenden Geste an ihre Kollegin ... öhm, an Ümmüyanim weiter.

»Ich schlage vor, dass wir jetzt alle schlafen gehen. Dann hat Herr Engin die Gelegenheit, das eben Gelernte zu speichern und den Schock emotional zu verarbeiten«, rief sie und zog sich mit freundlichen Gutenacht-Wünschen in Hatices Zimmer zurück.

Lieber Onkel Ömer, mir blieb nichts anderes übrig, als mich auch in mein Bettchen zurückzuziehen. Ich hoffe, dass dieser Albtraum bald aufhört! Gute Nacht.

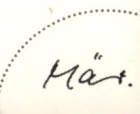

April

Autoinspektion

Mein lieber Onkel Ömer,

wie geht es Dir, und wie geht es meiner lieben Tante Ülkü? Wie geht's der hübschen Kuh Pembe, wie geht's der schwarz gepunkteten Ziege Fatima, wie geht's Deinem störrischen Esel Tarzan, und wie geht's unserem guten alten Dorfvorsteher Hüsnü?

Lieber Onkel Ömer, ich hoffe, Du weißt es zu schätzen, dass Du einen bescheidenen grauen Esel hast, der von alleine fröhlich über Felder und Wiesen hüpft, und keinen Vielfraß von einem grasgrünen Ford-Transit, der literweise teures Benzin schluckt und sich trotzdem weigert, über Felder und Wiesen zu laufen, und selbst bei harmlosen Schlaglöchern auf schönen Straßen schon zu knurren anfängt! Dein Esel Tarzan war ja zum Beispiel auch noch nie bei einem Tierarzt und wird trotzdem immer wieder gesund. Aber mein verwöhnter Franz-Josef verlangt jedes Jahr eine teure Autoinspektion von mir!

Lieber Onkel Ömer, was für Unkosten Steuern, Versicherungen und Benzin verursachen, das weißt Du ja. In unserem Dorf wimmelt es ja nur so von geplagten Autobesitzern, die ihren Schatz nur zur Zierde haben. In der Hinsicht wird man in der Türkei nicht weniger ausgeraubt als hier. Aber was eine alljährliche Autoinspektion ist, das kannst Du gar nicht wissen, sei froh darüber. Das ist für die älteren Autos genau das Gleiche, wie diese Vorsorge-Tschek-aps beim Arzt für uns reifere Männer, zu denen man hier ab einem gewissen Alter in regelmäßigen Abständen gehen muss. Stell Dir vor, da kriegt man bei der Darmspiegelung einen langen Schlauch in den Po, bei der Magenspiegelung ein dickes Rohr in den Hals und bei der Hämorrhoidenuntersuchung den Mittelfinger des Arztes bis zum Anschlag in den Hintern gesteckt. Aber hab keine Angst, auch wenn die Türken fast alles von Europa übernehmen, dagegen werden sie sich bestimmt mit Haut und Haaren wehren. So ein übertriebenes Sicherheitsdenken gibt es nur in Alamanya! Hier geht man zum Arzt, bevor man krank ist, bringt den Wagen zur Reparatur, bevor er kaputt ist, und schenkt der Ehefrau Blumen, bevor sie von der Existenz der Geliebten erfährt.

In der Türkei gibt es nur eine einzige Vorbeugemaßnahme, die bei allen Sorgen und Problemen, die eventuell auftreten könnten, sofort und für immer hilft: nämlich ein fettes Schaf zu schlachten!

Soll der neugeborene Sohn kein Versager werden – schlachte ein Schaf! Soll die Ehe lange halten – schlachte ein Schaf! Soll die Geliebte nicht zicken – schlachte ein Schaf! Soll der neue Wagen nicht kaputtgehen – schlachte ein Schaf!

Weißt Du noch, wie letzten Sommer im Dorf meine Tochter Hatice erschrocken und ängstlich den stolzen Autobesitzer Hamdi mit dem langen Messer fragte:

»Onkel, warum willst du denn das arme Schaf totmachen?«

»Damit mein neuer Wagen heil bleibt, mein Kind. Das geht nicht anders«, sagte der Hamdi wahrheitsgemäß.

»Wenn du Angst hast, dass das Schaf heimlich dein Auto kaputtmacht, dann können wir das Schäfchen doch mit nach Deutschland nehmen«, bettelte sie. Und hat danach einen Heulanfall gekriegt, weil Hamdi mit dem strömenden Blut des Tieres alle vier Reifen beschmierte, damit sein Auto keinen Unfall baut.

»Aber das arme Schaf hat doch noch gar nichts getan!«, schluchzte Hatice.

»Es wird jetzt meinen Wagen schützen«, lächelte Hamdi.

Noch tagelang hat Hatice davon geträumt und wie ein Rohrspatz geschimpft:

»Wie soll denn ein totes Tierchen ein Auto schützen, verdammt noch mal? Sind denn hier alle bescheuert?«

Lieber Onkel Ömer, in den guten alten 70er- und 80er-Jahren ging man auch in Deutschland mit dem Auto schön unverkrampft um. Selbstverständlich schlachtete keiner von uns Schafe gegen eventuelle Unfälle, wir hatten doch alle eine Vollkasko-Versicherung. Aber die obligatorische Autoinspektion konnten wir direkt vor der Tür selber erledigen, die teuren Werkstattpreise konnte niemand bezahlen. Damals in dieser glücklichen Zeit erneuerten wir die komplette Hinterachse oder den Auspuff auf dem Bürgersteig vor unserer Haustür. Beim Bremsbeläge-Wechseln war ich damals Rekordhalter bei uns im Karnickelweg. In nur achtundsiebzig Minuten habe ich sie ausgewechselt – wohlgemerkt an allen vier Rädern!

Nach der Reparatur durften wir jeden Samstag mit eimerweise Wasser, literweise Schampuu und massenweise

Schaum so lange unsere Autos waschen, wie wir wollten. Der Samstagnachmittag war damals für mich wie Weihnachten, Ramadan, Silvester, Sommerschlussverkauf und Sperrmülltag in einem. Ich habe stundenlang mit meinem Ford-Transit zusammen gebadet, ihn getrocknet, poliert und mit Watte abgerieben. Danach alle Teppiche gesaugt, sauber gewischt und die neu gehäkelten Gardinen im Innenraum aufgehängt.

Mein Nachbar Nedim, der damals noch so ein alter Kommunist war wie mein Sohn Mehmet, lag jeden Samstag stundenlang unter seinem roten Lada, um zum x-ten Mal das Getriebe auszuwechseln.

»Dieses verdammte Getriebe ist die einzige Schwachstelle am ruhmreichen sowjetischen Lada. Schade, dass Karl Marx im Kapital nicht erwähnt hat, wie man es besser machen kann«, schimpfte er immer wieder, ölverschmiert am ganzen Körper.

Ich hab es nie übers Herz gebracht, ihm die bittere Wahrheit zu sagen, nämlich dass der Fehler nur bedingt bei den Kommunisten lag, sondern zum Großteil an seinem Fahrstil! Er ist sein ganzes Leben lang mit der Schaltung nicht klargekommen. Er fuhr immer im zweiten Gang los, und bei 95 km/h (wenn es bergab ging und es dazu starken Rückenwind gab, ist sein klappriger Lada ab und zu schon mal so schnell gefahren) hat er vom vierten in den zweiten Gang zurückgeschaltet – einfach so, aus purer Langeweile!

Dann gab's in unserer Straße noch den Norbert, der ständig mit mürrischem Gesicht, ohne jemals mit jemandem ein Wort zu wechseln, seinen kackbraunen Opel-Admiral gewienert hat. Jeden Tag! Mit meinem einmaligen Wasch-

gang pro Woche kam ich mir ganz schön schäbig und dreckig vor, bis er in einem seiner schwachen und gesprächigen Momente den wahren Grund seines Sauberkeitswahns preisgegeben hat: Immer wenn er sich mit seiner Frau Hannelore verkracht hatte, sagte er, ist er mit mehreren Putzeimern bewaffnet die vier Stockwerke runtergepoltert, um seinen riesigen Opel-Admiral zu waschen und dabei seinen Ärger loszuwerden. Damals gab's leider diese schicke und robuste Metallic-Lackierung noch nicht. Nach der einmillionsten Wäsche stand Norberts Opel-Admiral zum Schluss so nackt da, wie General Motors ihn im Montagewerk geschaffen hatte.

Nachdem dann Nedim, Norbert und ich am Samstag unsere Autos richtig schön gewaschen, poliert, tiefergelegt, aufgemotzt und mit den lautesten Lautsprechern ausgestattet hatten, fuhren wir zusammen im Konvoi in die Innenstadt, um es krachen zu lassen und bei den Mädels mächtig anzugeben. Aber das war früher!

Lieber Onkel Ömer, das Glück des Autoliebhabers währte nicht lange!

Ein paar Spinner, getarnt als Umweltschützer, gesponsert vor der Autowasch-Mafia, haben die Regierung gezwungen, unmenschliche Gesetze zu erlassen. Nun dürfen wir unser bestes Stück nicht mehr vor der eigenen, vertrauten Haustür waschen, sondern nur noch in anonymen Ford-Transit-feindlichen Waschcentern, wie es sie ja neuerdings auch überall in der Türkei gibt. Mein armer Franz-Josef bricht sich in diesen finsteren Duschtunnels jedes Mal was ab. Aber ich bin schon froh, dass er sich überhaupt reintraut, meine Frau flüchtet nämlich sofort aus dem Wagen, wenn sie so eine Horrordusche auch nur von Weitem sieht.

Lieber Onkel Ömer, ich hatte noch Glück im Unglück! Ich fand in dieser schwierigen Zeit meinen türkischen Automechaniker Necati. Bei dem kostete das Autowaschen die Hälfte und eine Inspektion fünf Mal weniger Geld als in einer deutschen Fachwerkstatt. Und als Gratiszugabe bekomme ich dort noch so viel lauwarmen schwarzen Tee zu trinken, bis ich grün werde. Der einzige Nachteil ist, dass nach der Inspektion immer irgendein Teil vom Wagen fehlt. Letztens war es der Motor.

»Necati, was habt ihr mit meinem schönen Motor gemacht? Ihr solltet doch nur den Kotflügel ausbeulen«, brüllte ich ihn an.

»Ehrenwerter Osman Bey, wir haben nicht mal die Motorhaube von Ihrem guten Auto aufgemacht«, schwor Necati beim Leben seiner Frau, seiner Schwiegereltern und seiner fünf Hilfsarbeiter.

Ich war mir ganz sicher, dass mein Franz-Josef einen gemütlich knurrenden Motor hatte, als ich zur Werkstatt gefahren bin. Deshalb rief ich sauer:

»Necati, so ein Motor kann sich doch nicht von alleine aus dem Staub machen, verdammt!«

»Osman Bey, bei diesen älteren Transit-Modellen ist alles möglich. Ist alles schon mal dagewesen. Wie viel Stück Zucker möchten Sie in Ihrem Tee haben?«, lächelte er fachmännisch.

»Aber Necati Bey, Sie wissen doch, dass ich hier gestern ohne Abschleppwagen angekommen bin. Mein schöner grasgrüner Ford-Transit ist auf seinen eigenen vier Rädern hier reingefahren«, bestand ich auf meiner Meinung.

»Ehrenwerter Osman Bey, ich will Ihnen nichts unterstellen, aber wer weiß, wer von hinten geschoben hat«, sagte er schlitzohrig und zeigte seine gelben Zähne, »so ein Ford-Transit ist riesig. Da können sich leicht mehrere Leute dahinter versteckt und geschoben haben. Erst letzte Woche kam hier einer mit nur einem Rad an und behauptete hinterher, mit vier Rädern gekommen zu sein. Zum Glück hatte ich im Lager die drei passenden Originalreifen für ihn vorrätig. Sogar mit dem gleichen Profil«, erklärte er weiter.

Der Necati hatte zum Glück für mich auch den passenden Originalmotor vorrätig. Der neue Ford-Transit-Motor verlor sogar an der gleichen Stelle Öl wie mein alter Motor.

Deshalb habe ich gestern einen unbezahlten Urlaubstag genommen, als ich meinen Franz-Josef zu ihm zur Inspektion fuhr, und habe den Wagen keine Sekunde aus den Augen gelassen, bis er es überstanden hatte. Diesmal hat er es dank meiner stundenlangen Wache in Necatis Werkstatt ohne größere Verluste heil überlebt. Was ich von mir nicht behaupten kann. Ich habe immer noch heftige Magenkrämpfe von den einundzwanzig Gläsern des abgestandenen schwarzen Tees.

Aber das ist doch egal, Hauptsache, meinem Ford-Transit geht es gut, und weder aus dem Motor noch aus der Karosserie ist ein einziges wichtiges Teil verschwunden. Nur meine Sonnenbrille aus dem Handschuhfach. Aber die war sowieso ziemlich zerkratzt.

Lieber Onkel Ömer, ich küsse Dir, Tante Ülkü und allen Älteren in unserem schönen Dorf ganz herzlich mit großem Respekt die erfahrenen Hände und allen Jüngeren mit viel Liebe die hübschen, unschuldigen Augen.

Eminanim und die Kinder grüßen Euch selbstverständlich auch und küssen den Älteren mit viel Respekt die Hände und den Jüngeren mit viel Liebe die Augen.

Pass gut auf Dich auf, bleib gesund, iss genug Knoblauch und danke fünfmal am Tag Allah, dass weder Du noch Dein Esel Tarzan jedes Jahr zur Inspektion müssen, bei der Euch irgendwelche dicken Schläuche irgendwo reingeschoben werden.

Dein Dich über alles liebender Neffe aus dem verregneten Alamanya

Osman

PS: Lieber Onkel Ömer, mein Albtraum will einfach kein Ende nehmen, mehr noch, diese schreckliche Horrorvision geht unaufhörlich weiter!
Als ich von Necatis Werkstatt nach Hause kam, sah ich die ganzen Weiber aus unserer Straße in der Küche Schlange stehen, und Eminanim schaute unserer Nachbarin von der dritten Etage, Oma Fischkopf, in den Mund.
»Ich kann seit Tagen nicht gut schlucken«, röchelte die alte Dame wie in einer Arztpraxis.
»Das haben wir gleich, Frau Fischkopf, ich verschreibe Ihnen etwas Salbeitee, und in zwei Tagen ist die Schwellung ganz bestimmt wieder weg«, sagte meine Frau Eminanim und kritzelte etwas auf ein Stück Papier.
»Danke, Frau Doktor, vielen herzlichen Dank«, sagte Oma

Fischkopf und meinte damit tatsächlich Eminanim. »Ich finde es toll, dass wir endlich eine Ärztin im Haus haben. Sogar zwei Ärztinnen. In meinem Alter ist es eine große Qual, stundenlang in Arztpraxen zu warten«, rief sie weiter.

Meine Frau hatte ihren normalen grünen Kittel, also den mit den roten und gelben Rosen drauf, gegen einen blütenweißen ausgetauscht. Ihre Studienkollegin Ümmüyanim saß am Küchentisch und frühstückte in aller Ruhe meine Brötchen.

Ich konnte mich nicht mehr beherrschen und hab rumgebrüllt:

»Eminanim, das kann doch nicht wahr sein, bist nun wirklich eine Ärztin oder was?«

»Osman, wie oft sollen wir es dir denn noch sagen?«, hat sie geantwortet. »Du weißt doch schon alles Wesentliche über mein Studium, die Stadt, meine Uni und meinen Professor«, sagte sie weiter.

In dem Moment bin ich völlig ausgeflippt:

»Frau, du meinst, ich hab jahrelang im Bett neben einer Ärztin gelegen und habe trotzdem ständig ein Vermögen an Praxisgebühr für fremde Ärzte bezahlt? Du hast dich nicht mal um meine schreckliche Männergrippe gekümmert, sondern seelenruhig zugesehen, wie ich einen bakterienverseuchten Notarzt gerufen habe«, schimpfte ich.

Lieber Onkel Ömer, schließe mich bitte in Dein Nachtgebet ein, damit diese Qual möglichst bald aufhören möge. Aber mach bitte schnell! Schlaf gut!

Ostern

Mein lieber Onkel Ömer,

wie geht es Dir, und wie geht es meiner lieben Tante Ülkü? Wie geht's der hübschen Kuh Pembe, wie geht's der schwarz gepunkteten Ziege Fatima, wie geht's Deinem störrischen Esel Tarzan, und wie geht's unserem guten alten Dorfvorsteher Hüsnü?

Lieber Onkel Ömer, was Weihnachten ist, das weiß ja jeder auf der Welt – sogar Du! Da wurde der Prophet Jesus geboren. Und an seinem Geburtstag wurden damals sofort alle Uhren und Kalender auf der gesamten Welt auf null gestellt.

Aber was Ostern ist, das wissen nicht so viele Leute – Du erst recht nicht. Da wurde der Prophet Jesus geboren … ich meine natürlich, da wurde er wiedergeboren. Genauer gesagt am Ostersonntag. Zwei Tage vorher, am Karfreitag, wurde er nämlich auf bestialische Weise an einen Holzpfosten genagelt. Er war also nur zwei Tage tot.

Eigentlich hätte man am Ostersonntag den Kalender und die Uhren auf null stellen sollen. Ich finde, dass Wiedergeborenwerden eine viel größere Leistung ist, als einfach nur geboren zu werden. Das haben Du und ich und jeder Hans und Franz auch mindestens einmal im Leben geschafft, ohne uns dafür groß anzustrengen. Nun gut, bei Jesus mag die Geburt schon ein bisschen schwerer gewesen sein, da seine Mutter nicht nur bei seiner Zeugung, sondern sogar nach seiner Geburt immer noch Jungfrau war. Die Hebamme hat das damals jedenfalls bestätigt – Jesus auch!

Ich sehe Dich jetzt förmlich vor mir, wie Du Dich völlig verwirrt und ziemlich stark am Kopf kratzt, als hätten die ganzen Läuse im Dorf Dein Haupt als Basar ausgesucht. Du denkst jetzt bestimmt, was ist denn dabei, wenn dieser Prophet damals auferstanden ist! Alle Toten stehen im Jenseits wieder auf und landen entweder im Paradies oder in der Hölle. Du hast recht, aber Jesus war schon was Besonderes, er ist halt viel früher auferstanden, und zwar in Jerusalem und nicht erst im Jenseits, und das macht den großen Unterschied zwischen ihm und uns Normalsterblichen aus.

Ostern wird überall in der christlichen Welt und natürlich auch in Alamanya groß gefeiert. Ich freue mich darüber ganz besonders – denn das sind zwei zusätzliche Urlaubstage, an denen ich nicht arbeiten muss.

Also Ostern feiert man so: Am Freitag beten die Menschen gemeinsam und essen Fisch, am Sonntag schütten sie in der Kirche kleinen Bäbys Wasser über den Kopf und gehen danach Eier suchen. So gesehen feierst Du ja schon seit sechzig Jahren jede Woche Ostern. Freitags betest Du auch immer, sonntags wäschst Du mit dem Brunnenwasser Dein Gesicht und suchst dann im Hühnerstall nach frischen Eiern zum Frühstück.

Das ist der beste Beweis, dass alle Religionen Brüder sind!

Aber nur weil zu Ostern die Uhren nicht auf null gestellt wurden, heißt das noch lange nicht, dass Ostern weniger wichtig ist als Weihnachten. Durch das Osterfest wurde eines der größten Rätsel der Menschheit gelöst, nämlich die Frage, ob das Ei vom Huhn oder das Huhn vom Ei abstammt?

Keins von beiden! Es war der Osterhase, der das Ei auf die Erde geschleppt hat! Und der bringt die Eier immer noch jedes Ostern fleißig mit und versteckt sie im Stadtpark hinter den Bäumen oder in der Wohnung unter dem Sofa, anstatt die Eier den Kindern sofort in die Hand zu drücken.

Lieber Onkel Ömer, jetzt bist Du sicherlich völlig durcheinander. Dein Gehirn rattert wie der Dieselmotor von Deinem Traktor, und Du fragst Dich, wieso ist Jesus auferstanden, wenn er später doch sowieso wieder im Jenseits landet, wieso bringt ein Hase die Eier und kein Huhn, und warum versteckt in Alamanya ein Hase die Hühnereier genau an dem Tag, an dem Jesus wiederauferstanden ist? Hat der Hase etwa Angst, dass Jesus die Eier klaut? War der Jesus ein Eierdieb oder was?! Ich glaube, die spinnen, die Hasen!

Auf die meisten dieser Fragen weiß ich auch keine Antwort. Ostern ist eine ziemlich komplizierte Angelegenheit. Aber es ist offensichtlich, dass der kluge Hase mit dem Eier-Verstecken-Trick nur versucht, die ganzen frechen Kinder zu beschäftigen, damit sie wenigstens an diesem heiligen Tag ihren armen Eltern nicht den letzten Nerv töten. Denn die Nervenzellen können nämlich nicht so einfach wieder auferstehen – wenn sie tot sind, sind sie tot!

Verglichen mit unserem Ramadanfest ist Ostern toll! Diesen tapferen Hasen, der jedes Jahr zu Ostern tonnenweise Hühnereier anschleppt, sie mit den schönsten verschiedenen Farben auch noch aufwendig bemalt und im Stadtpark versteckt, würde ich mir auch in der Türkei wünschen. Uns werden am Ramadanfest von wildfremden Kindern die Hände geküsst, denen wir dafür auch noch Geld geben müssen, und zusätzlich müssen wir für die eigenen Kinder noch viele Geschenke kaufen!

Dagegen ist Ostern wirklich klasse! Man geht mit den Kindern in den Park, und während sie stundenlang hinter jedem Baum und unter jedem Stein nach bunten Eiern suchen, kann man in Ruhe türkischen Tee trinken und Sucuk grillen. Das Schöne dabei ist, noch zwei Wochen danach ernähren wir uns ausschließlich von diesen Eiern. Vierzehn Tage lang gibt's dann Eier-Salat, Eier-Brot, Eier-Toast und Eier-Eier. Da freut sich auch das Cholesterin über das Osterfest.

An Ostern kann ich wirklich nachvollziehen, warum es einige Moslems gibt, die zum Christentum konvertieren.

Ich mach das nämlich auch so! Nein, nein, keine Angst, ich konvertiere nicht zum Christentum, sondern lasse meine Kinder im Bürgerpark stundenlang nach hübsch bemalten Eiern suchen und picknicke dabei gemütlich.

Lieber Onkel Ömer, gestern bin ich wie jedes Jahr an Ostern mit meinen Kindern in den Bürgerpark gegangen, um unser Essen für die nächsten vierzehn Tage zu holen.

Auf dem Weg dahin kam uns unser Nachbar Nöllemeier mit seiner Frau und seinen Kindern entgegen, dem Mann gehört der Kiosk bei uns an der Ecke.

»Herr Engin, das ist gut, dass Sie in diesem Jahr so spät kommen. Unsere Kinder haben alle Eier schon eingesammelt«, sagte er erleichtert.

Ohne anzuhalten, sagte ich zu ihm:

»Das macht doch nichts. Der gute Osterhase hat für meine Kinder bestimmt auch viele schöne Eier versteckt. Er versucht jedes Jahr auch die strapazierten Nerven von muslimischen Eltern zu schonen, müssen Sie wissen!«

Aber er wusste es nicht und rief verärgert:

»Nein, Herr Engin, das war nicht der Osterhase! Das waren immer unsere Eier! Wir haben jedes Jahr die ganzen Eier für viel Geld gekauft, meine Frau hat sie tagelang mit großer Mühe angemalt, und ich habe sie frühmorgens hier im Park versteckt. Und noch bevor ich mit meinen Kindern wieder hierherkommen konnte, waren Sie jedes Mal mit Ihren Blagen schon da und haben alle unsere Eier eingesammelt. Kurz danach haben Sie die Dinger sofort mit Salz und Pfeffer runtergewürgt, während Sie mit Ihren Freunden Bäckgämmen gespielt und an der Hammelkeule geknabbert haben.«

»Aber Herr Nöllemeier, was erzählen Sie denn da?«, sagte ich entsetzt. »Jedes Kind weiß doch, dass diese bunten Eier vom Osterhasen gebracht werden!«

»Nein, Herr Engin, die habe ich immer selber hier im Park versteckt«, rief er aufgebracht und war sich nicht mal bewusst, was für eine große Sünde er sich damit aufgeladen hatte.

Damit er nicht ausgerechnet am Tag der Auferstehung das Ticket in die Hölle bekam, habe ich ihn beschwichtigt und gerufen:

»Machen Sie sich nichts daraus, Herr Nöllemeier, ich

denke, Sie sind nur einem kleinen Irrtum verfallen. Unsere Eier waren bestimmt nicht von Ihnen, das kommt Ihnen jetzt nur so vor. Was meinen Sie wohl, woher der Spruch ›wie ein Ei dem andern ähneln‹ kommt?«

»Ich wünsche Ihren Kindern lustiges Suchen und Ihnen frohe Ostern«, rief er spöttisch und verschwand mit seinen Blagen, die viele schöne, bunte Ostereier in ihren Körben mit sich trugen.

»Herr Nöllemeier, erzählen Sie das bloß nicht weiter, dass Sie sich höchstpersönlich für den Osterhasen halten«, habe ich ihm hinterhergerufen. »Welcher Mensch würde denn von einem geisteskranken Menschen noch Zigaretten oder Zeitungen kaufen? Auch wenn Sie sich dafür halten und manchmal auch so aussehen – der Osterhase sind Sie bestimmt nicht!«

Ich weiß nicht, ob es ein böser Zufall war, aber gestern haben meine Kinder tatsächlich trotz intensivster Suche bis tief in die Nacht kein einziges Ei gefunden. Nicht mal eine Eierschale. Diese Diebe von Nachbarn haben sogar unsere Eier mitgenommen! Und damit natürlich auch unser Essen für die nächsten vierzehn Tage! So entstehen Glaubenskriege!

Lieber Onkel Ömer, ich küsse Dir, Tante Ülkü und allen Älteren in unserem schönen Dorf ganz herzlich mit großem Respekt die erfahrenen Hände und allen Jüngeren mit viel Liebe die hübschen, unschuldigen Augen.

Eminanim und die Kinder grüßen Euch selbstverständlich auch und küssen den Älteren mit viel Respekt die Hände und den Jüngeren mit viel Liebe die Augen.

Pass gut auf Dich auf, bleib gesund, iss genug Knoblauch und danke fünfmal am Tag Allah, dass es bei Euch im Dorf nur vierbeinige Eierdiebe gibt.

Dein Dich über alles liebender Neffe aus dem kalten Alamanya

Osman

PS: Lieber Onkel Ömer, gestern gab Eminanim meiner hartnäckigen Fragerei endlich nach und erzählte mir auf dem Rückweg von unserer vergeblichen Eiersuche, warum sie bisher nie ihr Studium erwähnt hatte. Sie sagte wortwörtlich: »Osman, als du vor dreißig Jahren in mein Leben getreten bist, hattest du noch schrecklichere Minderwertigkeitskomplexe als heute. Du hast dir ständig Vorwürfe gemacht, dass du bis dahin nichts auf die Reihe gekriegt hast, und du hast permanent gestöhnt, dass du ein totaler Versager bist und dass selbst der Esel Tarzan von deinem Onkel Ömer auf mehr Erfolge zurückschauen kann als du. Du hast deshalb Tag und Nacht davon geträumt, endlich nach Deutschland zu fahren, um dort reich und berühmt zu werden. Du hattest vor, dann das ganze Dorf aufzukaufen und die dämlichen ›Parasiten‹, wie du sie genannt hast, die dich permanent verarschten, zu verjagen. Was sollte ich denn machen? Wenn ich dir erzählt hätte, dass deine zukünftige Ehefrau Doktor der Medizin ist, hättest du dich oder mich am nächsten Baum aufgehängt. Damals hätte ich beides nicht so toll gefunden! Heute könnte ich mich mit einer dieser Varianten durchaus anfreunden! Zwing mich bitte nicht, zu offenbaren mit welcher!«
So, lieber Onkel Ömer, schlaf gut, wenn Du noch kannst!

Mai

Tag der Arbeit

Mein lieber Onkel Ömer,

wie geht es Dir, und wie geht es meiner lieben Tante Ülkü? Wie geht's der hübschen Kuh Pembe, wie geht's der schwarz gepunkteten Ziege Fatima, wie geht's Deinem störrischen Esel Tarzan, und wie geht's unserem guten alten Dorfvorsteher Hüsnü?

Lieber Onkel Ömer, was Arbeit ist, das weißt Du ja zur Genüge, schließlich schaust Du seit Jahren den ganzen Tag genau zu, wie meine Tante Ülkü von morgens bis abends im Haus und auf dem Feld schuftet. Gut, gut, Du arbeitest natürlich auch sehr viel und sehr hart. Dass meine Tante Ülkü das nicht entsprechend würdigt, ist natürlich sehr tragisch, aber in der Hinsicht geht es vielen Ehemännern so. Welche Frau ist schon mit der Arbeit ihres Mannes restlos zufrieden, frage ich Dich?

Diese undankbaren Frauen bezweifeln tatsächlich, dass Kartenspielen ernsthafte Arbeit sein soll. Aber das ist natürlich nur Frauengeschwätz, ich bin nach wie vor genau wie Du der Ansicht, dass wir schlichtweg etwas Übermenschliches leisten, indem wir jeden Tag über zehn Stunden im Männercafé unseren Mann stehen – ich kann leider nur am Wochenende!

Was Arbeit ist, das weißt Du also, aber was »Tag der Arbeit« ist, das weißt Du nicht. So was gibt es in der Türkei nämlich gar nicht. Es gibt ihn schon ein bisschen, aber in leicht veränderter Form. Ein bisschen orientalischer halt. Erstens heißt es in der Türkei nicht »Tag der Arbeit«, sondern »Tag des Polizeiknüppels«. Zweitens ist es in der Türkei kein Feiertag, sondern ein ganz normaler Arbeitstag. Somit kein Tag für die Arbeiter, sondern für Arbeitslose. »Tag der Arbeitslosen« könnte man auch sagen. Ab und zu nehmen schon ein paar Arbeiter am »Fest der Polizei und der Arbeitslosen« teil, aber das sind Leute, die von ihren Chefs extra freibekommen haben, damit sie dabei verprügelt, verkrüppelt oder am besten getötet werden, damit der Arbeitgeber keine Strafe zahlen muss, wenn er sie selber verprügelt oder fertigmacht. Obwohl die Polizei sich jedes Jahr richtig Mühe gibt, ist der Rekord vom 1. Mai 1977 in Istanbul immer noch nicht gebrochen worden, nämlich genau sechsunddreißig Tote und einhundertdreißig Schwerverletzte. Aber in der Türkei gibt man die Hoffnung nicht auf, und die Kollegen von der Polizei arbeiten hart daran.

Dass an diesem »Tag der Polizei und der Arbeitslosen« in der Türkei trotzdem sehr viele Menschen teilnehmen, ist doch logisch. Es gibt Millionen von Arbeitslosen, und der Staat stellt pro Demonstrant drei Polizisten bereit, die auf ihn einprügeln sollen. Also die Arbeiterklasse ist nicht dabei, aber dafür ist die Polizeiklasse vollzählig versammelt – mit allen Klassen sogar. Und sie nutzt diesen Tag sehr gewissenhaft für praktische Weiterbildungsmaßnahmen. Die fortgeschrittenen Polizeiklassen zeigen den Anfängerkollegen aufopferungsvoll und mit Hunderten von praktischen

Beispielen, wie man friedliche Demonstranten mit Hingabe windelweich prügelt.

Also, Onkel Ömer, die Vorgehensweise der türkischen Regierung, den 1. Mai nicht zum Feiertag zu erklären und alle Demonstrationen zu verbieten, macht schon Sinn. Schließlich heißt dieser Tag doch »Tag der Arbeit« und nicht »Tag der Demonstration«. Man muss an diesem Tag arbeiten. Am Muttertag besucht man ja auch die Mutter und nicht den Schwippschwager.

Aber hier in Alamanya ist alles ein bisschen anders. Hier gehen die degenerierten Arbeiter am »Tag der Arbeit« lieber picknicken als zur Arbeit und der desinteressierte Staat findet das auch noch vollkommen okäy. Und so was soll ein Sozialstaat sein, dass ich nicht lache!

Wie Du ja weißt, bin ich erwiesenermaßen der einzige echter Arbeiter bei uns in der Familie, trotzdem sind alle anderen immer viel aufgeregter als ich und bereiten sich stundenlang fröhlich auf den 1. Mai vor – so wie gestern! Was mich natürlich immer sehr ärgert; ich klaue meiner Frau ja auch nicht den Muttertag!

Eminanim packte die gefüllten Paprikas, die weißen Bohnen, Reis und die Köfte-Bällchen in mehrere Tüten und wollte mit ihren Freundinnen zusammen wie jedes Jahr am 1. Mai im Park ausgiebig picknicken und grillen.

»Frau, Frau, es heißt ›Tag der Arbeit‹ und nicht ›Tag der Hausfrau‹, der war doch gestern und vorgestern und vorvorgestern und wird noch den ganzen Monat und dann auch noch bis Ende des Jahres sein«, kritisierte ich ihr respektloses Vorgehen höchst ironisch. Aber meine ironische

Kritik interessierte sie nicht die Bohne, sondern nur die Bohnen in Tomatensoße.

Meine feministische Tochter Nermin nahm sich an dem Tag vor, mit noch feministischeren Frauen gemeinsam irgendwo am Stadtrand viele Bäume zu pflanzen, und packte Spaten und Hacke zusammen.

Mein kommunistischer Sohn Mehmet, der sich in Alamanya noch nicht so richtig integriert hat, pflegt die türkische Kultur und wollte am 1. Mai mit einigen anderen Chaoten zusammen demonstrieren und die Schaufensterscheiben »kapitalistischer Banken« kaputt schlagen. Er hatte sich einen riesigen Rucksack voll Steine besorgt und probierte vor dem Spiegel seine tolle Maske, die er sich aus Eminanims alter fleischfarbener Strumpfhose gebastelt hatte. Er ist halt immer noch ein durch und durch unverbesserlicher Betonkommunist. Dabei hatten Eminanim und ich uns vor zwei Monaten unglaublich gefreut und gedacht, dass er endlich angefangen hat, aus seinem erbärmlichen Leben doch noch etwas Vernünftiges zu machen.

Ich weiß es noch, als wäre es gestern gewesen. Meine Frau kam völlig aufgeregt mit einer sensationellen Nachricht zu mir ins Wohnzimmer gerannt:

»Osman, Osman, ich freue mich wahnsinnig! Unser kleiner Mehmet wird bald so weltberühmt wie meine heißgeliebten Wildecker Herzbuben sein«, rief sie und war total aus dem Häuschen.

»Wie soll das denn gehen?«, wunderte ich mich. »Kommt der etwa ins Guinnessbuch der Rekorde als der ewigste Student aller Zeiten?«

»Nein, was viel Besseres! Unser Sohn übt für ›Deutschland sucht den Süperstar‹. Mein Mehmet geht endlich in die Welt der Reichen und Schönen hinaus«, schrie sie gut gelaunt und bis über beide Ohren strahlend.

»Wohin er geht, ist mir völlig egal! Hauptsache, er zieht hier endlich aus!«, sagte ich nicht minder gut gelaunt. Ich hatte nämlich die Hoffnung, dass der Kerl irgendwann doch noch auszieht, schon längst aufgegeben.

Lieber Onkel Ömer, ›Deutschland sucht den Süperstar‹ ist eine Sendung im Fernsehen, bei der irgendwelche nichtsnutzigen Jugendlichen auf die Bühne gestellt und von nicht weniger nichtsnutzigen Jurymitgliedern benotet werden, wobei sie von noch nichtsnutzigeren Menschen mehrere Stunden lang angeglotzt werden. Diese Schow war also genau das Richtige für Mehmet.

»Eminanim, sag Mehmet, dass ich ihm mit meiner langjährigen Erfahrung als großer Künstler erzählen will, worauf er im Rampenlicht achten soll«, sagte ich dann als fürsorglicher Vater, damit er nicht sofort scheitert und wieder angedackelt kommt.

»Osman, lass das! Denkst du, mein Junge rackert sich ab, um irgendwann mal Schlosser in Halle 4 zu werden?«, rief Eminanim wie immer undankbar bis zum Anschlag.

»Frau, Frau, ich meine doch meine gefeierten Auftritte bei allen türkischen Hochzeiten hier in der Gegend. Jedes Mal gegen Ende der Feier werde ich auf die Bühne gebeten, weil alle Gäste meine Lieder hören wollen«, sagte ich mit einer gehörigen Portion Stolz in der Stimme.

»Osman, du kletterst doch immer selber rauf, und die Leute sind schon so sturzbesoffen, dass sie es nicht mehr schaffen, dich von der Bühne runterzuschmeißen«, sagte die Kulturbanausin mir unverschämt ins Gesicht und beobachtete mit strahlenden Augen durch die halboffene Tür, wie ihr nichtsnutziger kommunistischer Sohn in seinem Zimmer vor dem großen Spiegel ständig auf und ab ging und irgendwelche schwachsinnigen Lieder trällerte.

Mit meinem geschulten Auge und Ohr erkannte ich sofort, dass mit dem Lied keine Blumenerde zu gewinnen war, geschweige denn ein ganzer Blumentopf. Daraufhin habe ich Mehmet gleich aus dem Stand ein wirklich tolles türkisches Lied vorgesungen:

»Mehmet, hör mal zu, mein Junge, jetzt singt der Meister:

Meine Leber brennt,
Mein Herz blutet,
Du hast mir ins Gehirn geschossen!«

»Vater, was soll denn dieser blöder Spruch aus heiterem Himmel? ›Leber brennt, Herz blutet, ins Gehirn geschissen?‹«, fragte der ahnungslose dämliche Hund. Ich verbesserte ihn:

»›Ins Gehirn geschossen‹ heißt das, mein Sohn, nicht geschissen! Kennst du etwa dieses tolle türkische Lied denn nicht:

Ciğerim yanıyor,
Yüreğim kanıyor,
Beynimden vurdun beni!

Du musst unbedingt so was Gefühlvolles singen, wenn du ein Süperstar werden willst.«

»Vater, ich hab wirklich keine Ahnung, was du jetzt von mir willst!«, jammerte er.

»Mehmet, ich will dir doch nur helfen. Aus meinem reichhaltigen Repertoire als Bühnenkünstler kann ich dir sofort aus dem Handgelenk ein paar Hits anbieten, um bei

der Sendung als Sieger hervorzugehen. Was hältst du zum
Beispiel von Müslüm Baba:

Of oof oooff,
Hasta ettin sen beni, seni kansız seni,
Senin de vicdanın yokmuş, seni imansız seni,
Kan kusturdun sen bana,
Ölsen acımam sana!«, sang ich ihm noch ein tolles Lied
vor.

»Vater, ich verstehe die ganze Zeit nur Bahnhof! Was
für'n Baba? Wer ist tot? Muss ich den Toten etwa kennen?«,
schaute er erneut doof aus der Wäsche.

»Müslüm Baba, heißt er, mein Sohn, Müslüm Baba! Im
deutschen Fernsehen musst du sein Lied natürlich auf
Deutsch singen:

Of oof ooff,
Du hast mich krank gemacht, du Blutloser du,
Du hast kein Gewissen, du Ungläubiger du,
Du hast mich Blut kotzen lassen,
Wenn du stirbst, wird es mich kaltlassen!
Mehmet, bei Müslüm Babas Konzerten mit solch gefühl-
vollen Liedern werden die jungen Menschen in der Türkei
reihenweise ohnmächtig«, sagte ich ihm.

»Vater, bist du krank oder was? So was Perverses nennst
du gefühlvoll? Nicht mal die krassesten Hip-Hopper trauen
sich, solche sadistischen Texte zu räppen«, schüttelte er
den Kopf.

»Mehmet, mein Sohn, Affen können auch nicht singen,
aber die fangen erst gar nicht damit an! Und bewegen tust
du dich auch wie ein angeschossenes Wildschwein!«, sagte
ich daraufhin zu ihm.

Meine Frau hielt mir sofort entsetzt den Mund zu.

»Osman, bist du verrückt geworden? Wie redest du denn mit unserem Sohn?«, schimpfte sie mit mir.

»Eminanim, mit diesen Sprüchen bereite ich ihn nur auf die harten Bühnenbedingungen vor. Das Leben dort ist hart! Ich hab sogar noch mehr Dieter-Bohlen-Sprüche für ihn auf Lager. Hör dir das mal an: Mehmet, unser Bulle in Anatolien gab auch solche megapeinlichen Töne von sich, als wir ihn damals kastriert haben«, sagte ich zu ihm.

Lieber Onkel Ömer, Du musst nämlich wissen, dass bei dieser Veranstaltung die Leute genauso beschimpft werden wie bei der Grundausbildung in der Armee. Das liegt wahrscheinlich daran, dass diese beiden Institutionen für die Menschheit ungefähr gleichermaßen sinnvoll sind.

»Mamaaa, hilf mir doch! Vater ist heute voll auf Frontalangriff gegen mich. Er will mich hier unbedingt rausekeln«, meckerte Mehmet.

»Nein, mein Sohn, mach dir darüber keine Sorgen. Ich will doch nur dein Bestes«, versuchte ich ihn zu beschwichtigen.

»Ich weiß, du willst mein Zimmer«, sagte der Undankbare.

»Nein, ich versuche doch hier für dich die gleichen Bedingungen zu schaffen wie bei der Süperstarsendung im Fernsehen«, erklärte ich ihm geduldig die Situation.

»Aber Vater, was hab ich denn mit dieser schwachsinnigen Fernsehsendung am Hut? Den Blödsinn schaue ich mir ja nicht mal an. So was ziehen sich doch nur zwölfjährige Kinder rein«, sagte er plötzlich.

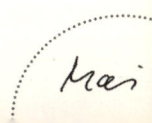

»Aber Junge, wofür übst du denn dann seit Tagen vor dem Spiegel?«, fragten meine Frau und ich gemeinsam ganz schön verwirrt und ziemlich enttäuscht.

»Ich übe doch nicht für ›Deutschland sucht den Süperstar‹! Ich bereite mich auf meinen großen Auftritt am ›Tag der Arbeit‹, am 1. Mai, im Zelt der Marxisten, Leninisten, Trotzkisten und anderen linken Kisten vor«, sagte er und sang wieder mit großer Geste vor dem Spiegel sein blödes Lied:

»Völker, hört die Signale!
Auf zum letzten Gefecht!
Die Internationale
erkämpft das Menschenrecht.«

Lieber Onkel Ömer, dieses blöde Lied sang er gestern auch den ganzen Morgen. Er hatte überhaupt nicht vor, hier auszuziehen. Mit anderen Worten: Es war alles ganz normal bei uns zu Hause – halt wie immer am 1. Mai.

Ich wollte mich mit meinen Kumpels bei Ahmet treffen. Wir wollten uns die gesammelten Sportschau-Sendungen der Rückrunde reinziehen und die spannende Bundesliga-Saison gemütlich Revue passieren lassen. Keiner von uns hatte wegen der vielen Überstunden die Zeit gehabt, sich alle Spiele in Ruhe anzugucken. Ich hatte die Sendungen von Februar bis März auf Video aufgenommen, mein Kumpel Hasan den Rest.

Also stiegen alle Kommunisten, Feministen und die Grillisten in meinen Ford-Transit, und ich lieferte sie an ihren Einsatzgebieten ab – zurück mussten sie aber selber kommen.

Nach fünf Stunden Fußballglotzen stellten wir bei Ahmet

gemeinsam todtraurig fest, dass Werder dieses Jahr wieder nicht Meister werden kann. Sogar der Chämpiänsliig-Platz war in höchster Gefahr! Nicht mal sechs Flaschen eiskaltes Bier waren in der Lage, meinen großen Schmerz einigermaßen zu lindern.

Danach warfen wir uns alle auf den seit Stunden dämlich grinsenden Nedim drauf – der ist der einzige Bayern-Fän in unserer sonst sehr harmonischen Gruppe – und rasierten dem Verräter zur Strafe ein großes W wie Werder auf seinen blöden Schädel und warfen ihn hinaus vor die Tür.

Als ich wieder zu Hause ankam, waren die anderen auch schon da.

Nermin hatte mit ihren Bäumen »die Erde ein klein bisschen erträglicher« gemacht. Mehmet pflegte die dicke Beule auf seinem Kopf, sein Kumpel hatte aus Versehen nicht das Schaufenster, sondern ihn getroffen. Und Eminanim hatte wie immer zwei Kilo zugenommen.

Kurz danach klingelte es an der Tür, und ich wurde von drei Polizisten abgeholt.

»Jungs, ich hab Nedims Kopf nicht abrasiert! Ich hab wirklich nichts gegen Bayern München. Hier, schauen Sie, ich hab sogar immer ein Uli-Hoeneß-Autogramm bei mir in der Geldbörse«, jammerte ich im Polizeirevier.

Der Kommissar brüllte mich an:

»Herr Engin, wir haben eindeutige Videobeweise und Dutzende Zeugenaussagen, dass der vermummte Täter, der die Scheiben bei der Deutschen Bank eingeschlagen hat, aus Ihrem Wagen ausstieg. Auch die radikale Umweltschützerin, die in dem neuen Industriegebiet gesetzeswidrig versucht hat, Bäume zu pflanzen, stieg aus Ihrem Ford-Transit. Sogar eine der fetten türkischen Frauen, die

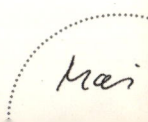

verbotenerweise mitten im Naturschutzgebiet gegrillt haben, wurde von Ihnen dort abgesetzt. So was nennt man
hierzulande ›Organisiertes Verbrechen‹!«

»Aber Herr Kommissar, das sehen Sie völlig falsch. Das
war unser Beitrag gegen den Stellenabbau bei Ihrer Behör-
de. Also die ›1.-Mai-Solidaritäts-Aktion der Familie Engin
für die Arbeiterklasse innerhalb der Polizei‹. So macht man
das in der Türkei immer«, grinste ich und versuchte meinen Kopf aus der Schlinge zu ziehen.

Was mir aber leider nicht gelang. Ich muss für diese gesamte »1.-Mai-Solidaritäts-Aktion der Familie Engin«
3650 Euro Strafe zahlen. In fünf Monatsraten. Ich gehe
jetzt mal schweren Herzens die erste Rate überweisen.

Lieber Onkel Ömer, ich küsse Dir, Tante Ülkü und allen
Älteren in unserem schönen Dorf ganz herzlich mit großem Respekt die erfahrenen Hände und allen Jüngeren mit
viel Liebe die hübschen, unschuldigen Augen.

Eminanim und die Kinder grüßen Euch selbstverständlich auch und küssen den Älteren mit viel Respekt die
Hände und den Jüngeren mit viel Liebe die Augen.

Pass gut auf Dich auf, bleib gesund, iss genug Knoblauch
und danke fünfmal am Tag Allah und der weisen türkischen
Regierung, dass bei Euch in der Türkei der 1. Mai verboten
ist und dass Du an diesem Tag weiterhin im Männercafé
Deiner ehrlichen Arbeit nachgehen darfst.

Dein Dich über alles liebender Neffe aus dem kalten, un-
gerechten Alamanya

Osman

PS: Lieber Onkel Ömer, vor einigen Tagen fiel es mir wie Schuppen von den Augen, dass diese Frau Ümmüyanim, schon rein optisch, Eminanims Tochter sein könnte. Daraufhin habe ich mir sofort meine Frau geschnappt und gefragt:

»Eminanim, die Ümmüyanim sieht aber viel jünger aus als du. Entweder du bist zwanzig Jahre hintereinander sitzengeblieben, oder sie war ein Genie und hat im Alter von zwei Jahren mit dem Studium angefangen.«

»Erstens ist sie, wie gesagt, eine Antiäidsching-Expertin und pflegt sich richtig, und zweitens ist sie bisher von Ehemännern verschont geblieben! Erst recht von solchen, die Osman heißen!«, meinte sie trocken.

Lieber Onkel Ömer, eine gewisse Logik steckte schon in dieser Antwort, obwohl ich dabei nicht so gut wegkam und danach nicht gut schlafen konnte.

Ich wünsche Dir aber eine angenehme Nacht! Schlaf gut!

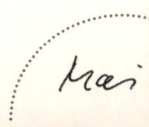

Mai

Muttertag

Mein lieber Onkel Ömer,

wie geht es Dir, und wie geht es meiner lieben Tante Ülkü? Wie geht's der hübschen Kuh Pembe, wie geht's der schwarz gepunkteten Ziege Fatima, wie geht's Deinem störrischen Esel Tarzan, und wie geht's unserem guten alten Dorfvorsteher Hüsnü?

Lieber Onkel Ömer, was ein Muttertag ist, weißt Du ja, denke ich mal. Schließlich hast Du ja auch irgendwann mal eine Mutter gehabt. Ich bin mir deshalb so sicher, weil das meine liebe Oma war. Ich musste für sie damals nichts tun, denn den Omatag hatte man früher noch nicht erfunden. Den Muttertag aber schon. Das ist jedes Jahr immer der zweite Sonntag im Mai. Und wie sollte es anders sein, natürlich haben ihn amerikanische Geschäftemacher erfunden. Gestern las ich in der Zeitung, dass auch in Deutschland schon 1928 ein erbitterter Kampf unter den Muttertagsgeschenkeverkäufern getobt hat. Die Blumenverkäufer, die Porzellanhändler, Süßwaren- und Bekleidungsgeschäfte sowie die Parfümerien machten sich gegenseitig fertig. Der Verband der Blumenhändler schaltete zum Beispiel große Zeitungsanzeigen mit tollen Sprüchen wie: »Denk heute an deiner Mutter Güte, bring ihr eine frische Blüte!« Die Süßwarenhändler konterten: »Was soll deine Mutter mit einer Blüte. Kauf ihr lieber Süßes in der Tüte!«

Lieber Onkel Ömer, am Muttertag ist das Prozedere in Alamanya genau das Gleiche wie in der Türkei. An diesem Tag müssen die Kinder zur Abwechslung mal an ihre Mutter denken und was Nettes tun, um sich bei ihr einzuschleimen, damit sie an den restlichen dreihundertvierundsechzig Tagen des Jahres von ihr noch mehr verwöhnt werden.

An diesem Tag sind die Mütter also die absoluten Königinnen in der Familie. Es soll sogar einige geben, die drehen dann völlig durch und wollen allen Ernstes an dem Tag auch noch die Fernbedienung haben.

Damit diese himmelschreiende Ungerechtigkeit nicht allzu sehr auffällt, haben die deutschen Weiber, schlau wie sie sind, den sogenannten Vatertag erfunden. Der existiert natürlich nur auf dem Papier! Und hat weder ein festes Datum noch verpflichtet dieser »Ehrentag« irgendjemanden zu irgendetwas. Ich weiß auch nie, wann er stattfindet. Der ist manchmal im Mai, manchmal im Juni, manchmal findet er gar nicht statt, zumindest bei uns. Ich merke es meistens nur daran, wenn mich meine Frau zum Brötchenholen vor die Tür jagt und ich schon frühmorgens auf der Straße ein paar besoffene Kerle mit dicker roter Nase laut grölend rumtorkeln sehe, die einen Kinderwagen voll mit Alkoholflaschen hinter sich herzerren!

Aber was bleibt diesen armen Männern denn sonst übrig, als aus ihren Heimen zu flüchten und sich bis zum Kragen volllaufen zu lassen? Alle trampeln auf ihren Gefühlen rum, niemand schätzt sie, niemand würdigt sie, nicht ein einziges Mal im Jahr!

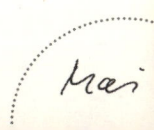

Mai

Lieber Onkel Ömer, obwohl wir armen Väter also nie verwöhnt werden, habe ich persönlich trotzdem nichts gegen den Muttertag. Ist mir doch egal, sollen die Kinder doch mit ihrer Mutter machen, was sie wollen, da mische ich mich nicht ein!

Aber wofür ich überhaupt kein Verständnis habe, ist, dass meine Frau Eminanim am Muttertag von mir verwöhnt werden will! Ja, Du hast richtig gelesen: von *mir*! Von ihrem Ehemann! So eine unglaubliche Unverschämtheit!

»Frau, das ist doch Unsinn, du bist nicht meine Mutter. Du bist nicht mal meine Tante«, habe ich ihr die traurige Wahrheit knallhart ins Gesicht geknallt.

»Osman, ich weiß, dass ich nicht deine Mutter bin, und bin auch sehr froh darüber. Deine arme Mutter ist mit diesem grauenhaften Schicksalsschlag auch schon mehr als genug bestraft. Aber du musst mich trotzdem schick ausführen, weil ich schließlich die Mutter deiner Kinder bin, das ist doch ganz logisch!«, schimpfte sie daraufhin.

»Eminanim, das ist die Aufgabe deiner leiblichen Kinder, und dazu zähle ich nicht! Auch wenn du mich ständig so behandelst! Wenn diese Parasiten fürs Restaurant kein Geld haben, müssen sie dir entweder zwei Spiegeleier braten oder aus dem Nachbargarten ein paar hübsche Blumen klauen! Die Hauptsache ist, dass sie damit zeigen, dass sie an dich gedacht haben. So steht es jedenfalls im offiziellen Ami-Muttertagsgesetz geschrieben.«

Onkel Ömer! Die Frau hat mindestens fünf Kinder, und ausgerechnet *ich* soll sie am Muttertag zum Essen ausführen! So einen Zirkus mache ich ja nicht mal mit meiner eigenen Mutter. Meine Mama ist schon zufrieden, wenn ich einmal im Jahr bei ihr in Anatolien kurz anrufe.

Aber Du kennst ja Eminanim, alles Lamentieren und Diskutieren nützte nichts. Sie wollte unbedingt von mir zum Essen ausgeführt werden – noch dazu zum Franzosen. Spaghetti dö la France oder so!

Wir verabschiedeten uns also gestern von unseren Kindern so herzzerreißend, als würden wir nicht in die Bremer Innenstadt fahren, um französisch essen zu gehen, sondern gleich nach Paris!

Im französischen Restaurant brachte der französische Kellner die französische Speisekarte. Der Mensch war natürlich kein gewöhnlicher Kellner wie unsere türkischen oder deutschen Kellner. Zumindest tat er so.

Ich las gespannt sofort die Speisekarte. Der erste Schock war: In dem Laden gab es keinen Döner! Der zweite Schock war: Wir konnten kein Französisch! Falls denn dieses Kauderwelsch Französisch war!

Wir buchstabierten die Speisekarte Wort für Wort:

»Gigot d'agneau, pommes mousseline«,

»Quiche Lorraine«,

»Soupe d'haricôts blancs«,

»Crêpes Suzette«.

»Wenn ich so was Kompliziertes essen muss, bekomme ich bestimmt Magenkrämpfe«, flüsterte ich ganz leise.

»Ein Glück, dass die feinen Menschen hier dein primitives Türkisch nicht verstehen können«, knurrte die zweitgrößte Nervensäge des Mittleren Orients lauter als mein Magen quer über den Tisch. »Osman, dass du einen aber auch überall mit deiner Blödheit blamieren musst«, zischte sie weiter.

»Was kann denn mein armer Magen dafür? Der ist doch seit fünfundzwanzig Jahren nichts anderes gewöhnt als

deine angebrannte Bohnensuppe«, verteidigte ich meinen hungrigen Magen.

»Halt bitte die Klappe!«, zeterte sie leise und fügte ganz laut und reizend hinzu: »Merci!«

Um nicht wie ein Bauer dazustehen, antwortete ich auch auf Französisch und höchst vornehm:

»Orravuar, Mädäm!«

Unsere grandiosen Französischkenntnisse zeigten sofort Wirkung: Der Deutsche mit dem Schnurrbart vom Nebentisch bat mich höflich um Feuer. Ich zündete sehr vornehm seine Zigarette an. Bald darf man das ja auch nicht mehr. Ich meine, das Zigarettenanzünden der Nachbarn in Restaurants. Die Regierung tut alles, um eine erfolgreiche Integration zu verhindern.

»Ich danke Ihnen sehr«, lächelte er.

»Merci, merci«, sagte ich und schaute triumphierend zu meiner Frau.

»Eminanim, ein Glück, dass die alten Osmanen Tausende von Wörtern bei den alten Franzosen geklaut haben, nicht wahr?«

»Ja, es ist aber sehr peinlich, dass du von diesen Tausenden von Wörtern offensichtlich nur ›merci‹ behalten hast«, machte sie mich wieder zur Sau.

»Mein Herr, Sie sind wohl Franzose«, rief der Deutsche mit dem Schnurrbart zu uns rüber.

»Yes, Mösyö!«, bestätigte ich sofort.

»Die Franzosen sind die einzigen Ausländer, die wir lieben«, ließ uns die Frau des schnurrbärtigen Deutschen mit glänzenden Augen wissen.

»Ihr Franzosen habt den Eiffelturm, Napoleon und Paris«, sagte ihr Mann anerkennend.

»Wir haben auch Istanbul, Börek und Döner-Kebab«, sagte ich aus Versehen spontan und stammelte weiter, »in Deutschland, meine ich.«

Und als Beweis meiner französischen Abstammung fragte ich dann die Frau:

»Mädäm, können Sie denn kein bisschen Französisch?«

Da schimpfte meine Frau leise mit mir:

»Schämst du dich nicht, eine fremde Frau in aller Öffentlichkeit zu fragen, ob sie Französisch kann! Dazu auch noch eine verheiratete Dame!«

»Aber ich meinte doch wirklich die französische Sprache«, wehrte ich mich auf Türkisch.

»Oh Mann, wie wunderschön sich Ihre Sprache doch anhört, ich liebe sie«, offenbarte der Mann vom Nebentisch seine Liebe für Türkisch. Das war für Eminanim das schönste Muttertagsgeschenk, sie war völlig aus dem Häuschen und erwiderte:

»Lö vu Madam Mösyö, parle vu France, Alaman de la Merci.«

Ich übersetzte den Schwachsinn gekonnt unseren deutschen Nachbarn:

»Meine Frau sagt, dass wir Franzosen die Deutschen auch sehr lieben, obwohl sie keinen Eiffelturm haben und noch nicht mal Döner.«

»Doch, Döner haben wir leider, wie Sie ja eben auch gesagt haben. Aber weder mit diesem primitiven Essen noch mit dem Ausländerpack selber wollen wir etwas zu tun haben«, schmatzte die Frau.

»Wir wollen mit denen auch nichts zu tun haben«, antwortete ich ihr in hyperverständnisvollem Ton, um den Leuten nicht den Appetit zu verderben. »Aber wegen un-

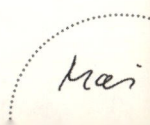

serer schwarzen Haare hält man uns seltsamerweise ständig für Türken.«

»Das kann doch nicht wahr sein«, sagte der Mann. »Ihnen sieht man doch gleich an, dass Sie Franzose sind. Sie haben kein bisschen Ähnlichkeit mit diesem Gesindel!«

»Aber nicht jeder in Ihrem Vaterland hat eine so gute Menschenkenntnis wie Sie, mein Herr«, gab ich ihm das Kompliment höflich zurück und fügte hinzu: »Merci Mösyö, Jon Mari Lö Pen!«

Danach winkte ich lässig und elegant dem Kellner zu und säuselte:

»Garçon, zweimal soupe d'haricôts blancs, ziwuble!«

»Osman, weißt du denn überhaupt, was du bestellt hast?«, flüsterte meine Frau besorgt.

»Nein, weiß ich nicht, aber es klang so gut«, lächelte ich ertappt.

»Es soll nicht gut klingen, sondern gut schmecken«, meinte sie wie immer ganz nüchtern.

»Lassen wir uns überraschen. Diese Spannung ist mein zusätzliches Muttertagsgeschenk für dich.«

»Sie haben ja sicher keine Kinder«, meinte plötzlich die Dame vom Nebentisch, und ihr Mann vollendete den Satz:

»Im Gegensatz zu diesen Türken. Die haben alle drei oder vier Blagen.«

»Einige haben sogar fünf«, verbesserte ich ihn wahrheitsgemäß aus eigener Erfahrung.

»Kennen Sie denn etwa einen Türken persönlich?«, fragte der Mann verdutzt.

»Ja, ich habe eine türkische Haushälterin. Sie kocht jeden Tag für uns, wäscht, macht die Wohnung sauber. Würde ich Ihnen auch sehr empfehlen«, lachte ich.

»Ich habe auch einen Türken zu Hause«, konterte meine Frau sofort. »Er geht für mich in Halle 4 arbeiten, kauft ein und fährt unseren Transit! Aber den würde ich Ihnen doch nicht empfehlen.«

»Ach, wie interessant, Sie haben einen türkischen Batler«, sagte die Frau überrascht. »Waldemar, so was will ich auch haben.«

In dem Moment brachte der Kellner, pardon, der Garçon, unser Essen.

»Mein Gott, das ist ja Bohnensuppe! Da hätte ich ja gleich zu Hause bleiben können«, rief Eminanim und konnte sich vor Lachen nicht mehr einkriegen.

Sie hatte recht. Es war wirklich Bohnensuppe, so wie ich sie seit fünfzig Jahren aß und kannte. Nur diesmal nicht angebrannt.

»Keine Bohnensuppe«, verbesserte ich sie, »sondern Soupe d'haricôts blancs. Und somit wäre auch bewiesen, dass Bohnensuppe das feinste Essen der Welt ist.«

Lieber Onkel Ömer, meine Frau konnte aber die türkenfeindlichen Sprüche vom Nachbartisch anscheinend noch schwerer verdauen als die französische Bohnensuppe. Sie fragte den Schnurrbart neugierig:

»Was bitte sind denn Ihre Gründe, dass Sie überhaupt keine Türken mögen? Haben die Ihnen persönlich was angetan?«

»Zum Glück haben wir noch nie Türken persönlich kennengelernt. Wir leben nämlich erst seit einem Jahr hier in Deutschland, wissen Sie«, antwortete anstelle des Schnurrbartes seine Begleiterin, die, obwohl sie Deutsche war, fast noch schlechter Deutsch sprach als wir Französisch.

Hastig sprach der Schnurrbart weiter:

»Wir sind aus Sibirien ins deutsche Reich übersiedelt, weil wir als Deutsche endlich unter Deutschen leben wollten. Aber was ist passiert? Jetzt leben wir hier unter lauter Polacken und dreckigen Türken.«

Lieber Onkel Ömer, in dem Moment war Eminanim zum ersten Mal in ihrem Leben sprachlos. Nach einer Weile des Wütendseins zischte sie mir ins Ohr:

»Osman, sag doch endlich was! Willst du das etwa auf dir sitzen lassen?«, und stand auf, um dem Mann eine zu kleben.

Hastig nahm ich noch einen letzten Löffel von meiner Bohnensuppe, die plötzlich doch nicht mehr so lecker schmeckte, zerrte meine Frau nach draußen und rief zum Nachbartisch:

»Wir wünschen Ihnen ebenfalls einen schönen Muttertag«, und lächelte zum Abschied mein ironisches Ausländerhasserversteher-Lächeln.

Im Nachhinein war ich aber den beiden Russen ziemlich dankbar. Erstens hatte ich im Eifer des Gefechts doch glatt vergessen zu zahlen und zweitens wird meine Frau nach dieser Erfahrung mit Sicherheit nie wieder von mir verlangen, am Muttertag groß ausgeführt zu werden.

Lieber Onkel Ömer, ich küsse Dir, Tante Ülkü und allen Älteren in unserem schönen Dorf ganz herzlich mit großem Respekt die erfahrenen Hände und allen Jüngeren mit viel Liebe die hübschen, unschuldigen Augen.

Eminanim und die Kinder grüßen Euch selbstverständlich auch und küssen den Älteren mit viel Respekt die Hände und den Jüngeren mit viel Liebe die Augen.

Pass gut auf Dich auf, bleib gesund, iss genug Knoblauch und danke fünfmal am Tag Allah, dass bei Dir im Dorf jeder Tag ein offizieller Vatertag ist. Und dass Du an keinem dieser schönen Vatertage beim Bohnensuppe-Löffeln von blöden Import-Faschos angemacht wirst!

Dein Dich über alles liebender Neffe aus dem immer noch sehr kalten Alamanya

Osman

PS: Lieber Onkel Ömer, wir haben uns an Ümmüyanim richtig gewöhnt. Ich meine, ich habe mich an sie gewöhnt. Eminanim kannte sie ja sowieso schon von früher.
Wenn sie ihre gemeinsame Sprechstunde in unserer Küche hinter sich haben, klappern sie auch noch alle Frauen- und Asylantenheime in der Stadt ab, um die Leute dort auch gesund zu machen.
Falls sie dann noch ein bisschen Zeit haben, gehen wir alle zusammen in der Stadt spazieren.
Sogar Eminanims Zeitverständnis hat sich seit Ümmüyanims Ankunft verändert. Früher fingen ihre Sätze so an:
»Damals, als die schwarze Kuh mit den weißen Punkten in unserem Dorf zur Welt kam ...«, oder:
»Als Onkel Ahmet vom Baum fiel und sich den rechten Arm brach ...«, oder:
»Als damals mein intelligenter und hübscher Sohn Mehmet mit der Schule anfing ...«

Aber jetzt fangen ihre Sätze so an:

»Damals in Istanbul, noch bevor ich mein Medizinstudium beendet hatte ...«, oder:

»Als ich mit meinem Prof. an einem lauen Frühlingsabend am Bosporus spazieren ging ...«, oder:

»Osman, du Faulpelz, keine Müdigkeit vorschützen! Ich musste damals in Istanbul in den Semesterferien auch immer hart arbeiten!«

Lieber Onkel Ömer, ich weiß nicht, womit ich das verdient habe?

Sag Du es mir, damit ich endlich wieder ruhig schlafen kann! Gute Nacht!

Juni

Hochzeitssaison

Mein lieber Onkel Ömer,

wie geht es Dir, und wie geht es meiner lieben Tante Ülkü? Wie geht's der hübschen Kuh Pembe, wie geht's der schwarz gepunkteten Ziege Fatima, wie geht's Deinem störrischen Esel Tarzan, und wie geht's unserem guten alten Dorfvorsteher Hüsnü?

Lieber Onkel Ömer, Du weißt besser als ich, wie fröhlich und enthusiastisch in der Türkei die Hochzeits- und Beschneidungsfeste gefeiert werden. Du selbst bist doch das beste Beispiel. Jedes Mal kletterst Du sofort auf den Brauttisch, fängst mit Deinem berühmten Bauchtanz an und kommst nicht wieder runter, bevor der Bräutigam Dir nicht einen nagelneuen 100-Lira-Schein auf die Stirn geklebt hat.

Hinsichtlich dieser Feste unterscheiden wir uns sehr von den Deutschen. Hier in Alamanya laufen solche Feiern fast unter Ausschluss der Öffentlichkeit und sehr diskret ab. Kein Mensch kommt auf die Idee, zu seiner Hochzeit tausend Leute einzuladen, und erst recht führt hier niemand vor den Augen von Tausenden wildfremden Menschen einen ekstatischen Bauchtanz auf dem Tisch des Brautpaares vor.

Wenn ein Mann in Deutschland überhaupt seine Hoch-

Juni.

zeit feierlich begeht, dann lädt er dazu ganz wenige Leute ein, höchstens die Braut und, wenn's hoch kommt, noch die Schwiegereltern. Wenn er seine Beschneidung feiert, dann nicht mal die. Vielleicht nicht mal sich selber! Viele Deutsche lassen sich nämlich überhaupt nicht beschneiden! Und heiraten tun sie noch weniger. Aber welche Frau möchte schon einen unbeschnittenen Mann heiraten?

Und falls einige deutsche Männer es doch noch tun wollen, heiraten meine ich, dann fahren sie nicht mit der gesamten Sippschaft zum Brautvater, um ihn offiziell um die Hand seiner Tochter zu bitten. Die armen Onkels und Tanten erfahren nämlich überhaupt nichts davon! Ja, nicht mal die eigenen Eltern! Einige wenige schon, aber meistens viel später, wenn sie zur Scheidungsparty eingeladen werden.

Lieber Onkel Ömer, Alamanya steckt in einem sehr großen Dilemma, wie Du siehst. Die deutschen Männer lassen sich nicht beschneiden, deshalb will sie keine Frau heiraten, und dadurch werden auch keine Kinder geboren, die beschnitten werden können. Ein Teufelskreis! Deutschland stirbt dadurch regelrecht aus!

Und was passiert immer, wenn die Deutschen sich auf einem Gebiet als unfähig oder als unwillig erweisen? Wir Ausländer müssen ran! Wir müssen die ganze schwere Arbeit übernehmen! Wir müssen ständig Kinder machen, wir müssen uns beschneiden lassen, wir müssen heiraten, und das Schlimmste ist, wir müssen diese ganzen Hochzeits- und Beschneidungsfeste von diesen Ausländern auch noch alle persönlich besuchen! Nicht mit leeren Händen natürlich! Bei uns auf dem Wohnzimmertisch stapeln sich bereits massenweise Einladungskarten für all diese Feste und auf der Kommode passend dazu die ganzen hübsch verpackten Geschenke.

Alle unsere Wochenenden im Juni und Juli sind seit Wochen ausgebucht. An einigen Tagen müssen wir sogar doppelt und dreifach ran.

Die türkischen Hochzeiten finden hier immer kurz vor den Sommerferien statt, damit man in der Heimat die neue Braut, den neuen Wagen oder den gestutzten Pimmel stolz der ganzen Verwandtschaft vorführen kann. Aber es wird natürlich erst dann in Alamanya geheiratet, wenn die Familie für den Sohn ein Mädchen in Deutschland finden kann, das aus der gleichen Gegend der Türkei stammt wie er selber. Wenn man aber eine Braut oder einen Bräutigam aus der Türkei importieren muss, dann findet die Hochzeit logischerweise einen Monat später während des Urlaubs in Anatolien statt.

Aber es gibt noch einen weiteren Grund für diese Ballung von Sommerhochzeiten in Deutschland, und das ist die unmögliche Lage der meisten türkischen Hochzeitssäle hier. Das sind alles riesige Hallen, die abgebrühte türkische Geschäftemacher aus pleitegegangenen Lagerräumen irgendwo im Industriegebiet zu sogenannten Ivent-Lokäischins umfunktioniert haben. Die Dinger stehen in der Pampa, und so was wie Wege, Straßen und Bürgersteige gibt es da nicht. Im Winter bleiben die sämtlichen türkischen Damen mit ihren feinen Stöckelschuhen und die ganzen frisch polierten Mercedes-Limousinen im Schlamm stecken.

Die armen Eltern! So ein Hochzeitsfest macht natürlich wahnsinnig viel Arbeit und kostet unheimlich viel Geld

und Nerven, selbst ohne den lästigen Schlamm an den Schuhen.

Andererseits freuen sich die Eltern aber auch sehr darüber, denn in türkischen Familien starten ja normalerweise bereits einen Tag nach der Geburt des Kindes sofort die Hochzeitsvorbereitungen.

Die ganzen Jahre über wird Mitgift herangeschafft und die Einladungsliste durchgearbeitet, und es wird verzweifelt gegrübelt und gestritten, wen man von den Bekannten, Freunden, Nachbarn und Verwandten einladen sollte und wen nicht. Diese Listen werden ständig aktualisiert und ergänzt. Die im Laufe der Jahre in Ungnade gefallenen Bekannten werden aussortiert, und neue Auserwählte schaffen den Sprung auf die Liste. Wenn die Eltern mal überhaupt keinen Grund mehr zum Streiten finden, dann kramen sie halt sofort die Einladungsliste für die Hochzeit ihres Sohnes in sechzehn Jahren aus der Schublade. Deshalb kommt es öfter mal vor, dass eben wegen dieser Listen viele Eltern bei der Trauung ihres Kindes bereits geschiedene Leute sind.

Da die Deutschen ja nicht heiraten, brauchen sie auch niemanden zur Hochzeit einzuladen, und dadurch entfällt auch die hochexplosive Gästeliste. Ein sehr risikoscheues Volk, diese Deutschen, wie wir wissen!

Lieber Onkel Ömer, Du fragst Dich bestimmt die ganze Zeit, wie um Allahs willen ich es geschafft habe, ein so großer und international anerkannter Hochzeitsexperte zu werden. Nach all den Jahren kann ich Dir jetzt endlich den wahren Grund verraten, den ich die ganze Zeit geheim halten musste. Jetzt, wo unser geliebter Opa leider nicht mehr unter uns weilt, kann ich mit der ganzen Wahrheit rausrücken.

Du kannst Dich doch bestimmt noch daran erinnern, wie mein ältester Sohn Recep vor vier Jahren geheiratet hat.

Die Familie des Mädchens war streng religiös und ist es immer noch. Aber nicht dass Du denkst, die Familie besteht aus fanatischen Moslems. Nein! Die Familie des Mädchens besteht aus fanatischen Katholiken. Meine Schwiegertochter heißt Helga und kommt aus Ostfriesland. Wenn der Vater von Helga in ein fremdes Land fliegt, dann küsst er bei der Ankunft sofort den Boden. Nein, nein, jetzt denkst Du wieder was Falsches! Helga ist nicht die Tochter vom Papst, obwohl ihr Vater genauso viel in Urlaub fährt wie der.

Ich fasse also alles noch mal kurz zusammen: Recep wollte vor vier Jahren ein Mädchen aus Ostfriesland heiraten. Die Unglückliche heißt Helga, aber sie ist nicht die Tochter vom Papst, obwohl ihr Vater kirchlich anerkannter Bodenküsser ist.

Ich hatte im Prinzip eigentlich nichts dagegen, dass mein Sohn eine Christin heiraten wollte. Religion, Rasse und Nationalität spielen ja bei einem gebildeten Menschen wie mir selbstverständlich überhaupt keine Rolle. Ich bin der geborene Weltmann. Ich lege keinen Wert auf Äußerlichkeiten bei meinen Mitmenschen. Hauptsache, sie haben genug Geld.

Herr Schulz, der Vater von Helga, hatte auch nichts dagegen, dass seine Tochter meinen Sohn Recep heiratet. Auch bei ihm spielten Religion, Nationalität und Rasse logischerweise keine Rolle. Sein einziger Wunsch war, dass mein Sohn Recep auf der Stelle Christ wird, seinen türkischen Namen gegen einen germanischen tauscht und sich seinen Schnurrbart gelb färbt! Wenn es weiter nichts ist, das war doch alles überhaupt kein Problem.

Herr und Frau Schulz waren ganz schön verwirrt, als ich damals mit allen meinen dreiundvierzig Kumpels in insgesamt zwölf frisch gewaschenen Ford-Transits zu denen nach Emden gefahren bin, um ordnungsgemäß um die Hand meiner Schwiegertochter Helga anzuhalten. Es könnte auch sein, dass sie es etwas ungewöhnlich fanden, dass der zukünftige Bräutigam bei dieser Invasion nicht mit dabei war. Mein Ältester war sehr aufgeregt, hat die ganze Zeit unglaublich stark gezittert, so, als hätte er einen Malariaanfall, und wollte lieber in der Pommesbude um die Ecke eine Bratwurst verdrücken und auf unsere hoffentlich gute Nachricht warten. Am Ende wurden einundzwanzig Bratwürste daraus, aber für die tolle Nachricht, dass er seine Angebetete heiraten durfte, hatte es sich doch gelohnt.

Drei Tage später wurde er mit seinem frisch lackierten Schnurrbart zum Christen ernannt. Mit allem, was dazugehört. Er musste lateinische Sätze nachsprechen, die wir nicht verstanden. Weil Recep sich verzweifelt wehrte, waren gleich fünf Priester im Einsatz, um seinen Kopf in das Taufbecken zu stecken.

Natürlich bekam Recep auch einen neuen Namen: Rudi.

Danach wurde er mit Kruzifix um den Hals, nassen Haaren und neuem Namen kirchlich getraut.

Am drauffolgenden Samstag sollte die Hochzeitsfeier »im kleinen Kreis« stattfinden. Aber Helgas Eltern haben sich total zerstritten! Sie konnten sich über die Gästeliste nicht einigen, obwohl dort nur die Namen von zwei Leuten standen. Den Schwippschwager, den Frau Schulz einladen wollte, wollte Herr Schulz auf gar keinen Fall dabeihaben, und die Rosemarie, die Herr Schulz einladen wollte, fand Frau Schulz schon seit ihrer Kindheit unerträglich. Eminanim fuhr damals jeden zweiten Tag nach Emden, damit Frau Schulz ihren Scheidungsantrag wenigstens bis zur Hochzeitsfeier zurückziehen würde. Aber es hat nichts genützt, diese Ostfriesen sind sturer als Dein Esel Tarzan.

Ich tröstete das frisch vermählte Paar damit, dass wir in zwei Monaten in der Türkei sowieso eine richtige Hochzeit feiern würden, denn mein Vater und Eminanim wollten das unbedingt so haben.

Kaum waren Recep und Rudi verheiratet ... ich meine, Rudi und Helga verheiratet, kam der berühmte Brief aus der Türkei. Mein Vater hatte selbstverständlich nichts gegen eine Heirat seines Enkels mit einer deutschen Frau. Sie musste lediglich den islamischen Glauben annehmen, einen türkischen Namen bekommen und Kopftücher tragen. Und heiraten sollten sie natürlich nur in der Türkei, mit allen religiösen Ritualen, so wie es sich gehört.

Ich konnte Vater natürlich nicht sagen, dass die beiden längst verheiratet waren. Und erst recht nicht, dass mein Sohn Recep Christ geworden war. Ein ganz moderner Christ! Mit schwarzen Haaren, gelbem Schnurrbart und chronischer Erkältung. Mein Vater würde Recep-Rudi sofort verstoßen und mich gleich hinterher. Als kostenlose Zugabe auch noch die zweitgrößte Nervensäge des Mittleren Orients!

Deshalb fuhren wir in den Sommerferien mit der gesamten Familie, einschließlich der neuen deutschen Schwie-

gertochter, in die Türkei. Noch am Abend unserer Ankunft bekam Helga von einem echten Hodca den wahren Glauben verpasst. Meine Mutter band ihr ein großes Kopftuch um, mit großen, roten Rosen drauf. Die neue Schwiegertochter musste arabische Wörter nachsprechen, die weder sie noch wir verstanden. Aus ihrem Namen Helga machten sie Hülya. Aber im Gegensatz zu Recep hat man sie nicht gezwungen ihren Schnurrbart umzufärben! In der Hinsicht ist die Türkei viel liberaler.

Früher war der eine Moslem, die andere Christ. Plötzlich wurde alles anders. Die Verhältnisse hatten sich total geändert. Jetzt war der eine Christ und die andere Moslem. Am Anfang hießen sie noch Recep und Helga. Danach hießen sie Rudi und Hülya!

Nach der religiösen Trauung in unserem Dorf musste natürlich standesgemäß die Hochzeit gefeiert werden. Wir hatten den großen Hochzeitssaal in der Kreisstadt angemietet.

Eminanim war mit den Nerven fix und fertig. Fünf Tage lang machte sie nichts anderes, als zusammen mit den anderen Frauen aus unserem Dorf Bohnen und Reis in riesigen Waschbottichen zu kochen und Hunderte Dönerspieße zu organisieren.

Einen Tag vor der Hochzeit fand im Haus meiner Eltern das Fest für die Frauen statt, wobei meine Schwiegertochter Helga und mein Sohn Recep traditionsgemäß Henna in die Hände geschmiert bekamen, damit sie am Hochzeitstag schöne rote Hände hätten. Mein praktischer Verbesserungsvorschlag, anstelle des altmodischen Hennas lieber eine Dose schnelltrocknenden Acrylux-Doraflex-Hochglanzlack zu verwenden, wurde leider mehrheitlich von den Frauen abgelehnt. In Halle 4 hatten wir nur gute Erfahrungen mit dem Produkt gemacht.

Wie Du Dich ja sicher noch erinnern kannst, sind wir dann am nächsten Tag mit allen Traktoren, die wir im Dorf hatten, und genau dreihundertsiebzig Leuten auf den Anhängern mitsamt dem ganzen Essen die dreißig Kilometer bis in die Kreisstadt getuckert, um Receps Hochzeit zu feiern. Aber kaum waren Recep und Helga aus meinem als Hochzeitswagen hübsch geschmückten Ford-Transit ausgestiegen, hielt ein riesiger blauer Mercedes-600 vor dem Saal. Und der Hallenmänäger sagte mir verschämt, dass sie den Saal leider mehrfach vermietet hätten und dass das Mercedes-600-Paar seine Hochzeit zuerst feiern müsste. Er bitte um Verzeihung, aber das sei ganz normal und komme in den Sommermonaten sehr oft vor. Die 600 Gäste des Mercedes-600-Paares sitzen auch bereits im Saal.

Eminanim bekam einen Tobsuchtsanfall, ich hatte sowieso einen Sonnenstich und Du hast die Mütze vom Vermieter auf den Boden geworfen und draufrumgetrampelt.

Das Mercedes-600-Paar war aber auch nicht restlos glücklich. Die Braut brüllte den Bräutigam an, dass er nicht so abfällig über ihren kleinen Bruder reden dürfe – so nicht! Ihre Mutter kreischte, sie lasse ihre hübsche Tochter mit so einem blöden Kerl nicht verheiraten, der so unverschämt über ihren Lieblingssohn lästere. Die Mutter von dem Bräutigam brüllte, sie würde nie im Leben erlauben, dass ihr kluger Sohn die Tochter von so einer billigen Schlampe heirate. Die Braut jammerte, dass sie aber unbedingt heiraten wolle, weil sie nicht zu Hause als alte Jungfer enden wolle. In dem Moment kam der besoffene Bruder der Braut angerauscht und scheuerte dem Bräutigam

eine. Eminanim und ich gingen rechtzeitig dazwischen und haben einen Massenmord verhindert. Alle stiegen dann getrennt in ihre Autos und zischten ab.

»Eminanim, das ging ja noch mal gut, jetzt können wir endlich feiern«, rief ich gut gelaunt. In dem Moment hielt ein langer Konvoi, angeführt von einem silbernen BMW-740, neben uns auf dem Parkplatz.

»Entschuldigung, aber ich sagte ja bereits, wir haben aus Versehen mehrfach vermietet, nach dem Mercedes-600-Paar ist eigentlich dieses BMW-740-Paar dran und erst dann das Ford-Transit-Paar«, entschuldigte sich der Vermieter erneut.

Die ganzen sechshundert Mercedes-600-Gäste mussten den Saal räumen, dafür quetschten sich dann die siebenhundertvierzig BMW-740-Gäste rein.

»Wird in der Türkei nach Schönheit der Automarken geheiratet?«, fragte mich Helga unglaublich enttäuscht.

»Nein, wenn es so wäre, dann müssten wir doch mit unserem Ford-Transit zuerst dran sein«, tröstete ich sie.

In Deutschland mussten wir die Hochzeit wegen Gästemangel, in der Türkei wegen Platzmangel absagen.

Es ist wirklich wie ein Wunder! Selbst mit neuen Namen, vertauschten Religionen und zwei geplatzten Hochzeiten wurden die beiden glücklich!

Aber die spontane Ersatzhochzeit auf dem Parkplatz vor der Halle war eigentlich auch ganz nett, findest Du nicht?

Lieber Onkel Ömer, ich küsse Dir, Tante Ülkü und allen Älteren in unserem schönen Dorf ganz herzlich mit großem Respekt die erfahrenen Hände und allen Jüngeren mit viel Liebe die hübschen, unschuldigen Augen.

Eminanim und die Kinder grüßen Euch selbstverständlich auch und küssen den Älteren mit viel Respekt die Hände und den Jüngeren mit viel Liebe die Augen.

Pass gut auf Dich auf, bleib gesund, iss genug Knoblauch und danke fünfmal am Tag Allah, dass bei allen Deinen fünf Söhnen die Hochzeitsfeiern schon beim ersten Mal geklappt haben!

Dein Dich über alles liebender Neffe aus dem langsam etwas wärmer werdenden Alamanya

Osman

PS: Lieber Onkel Ömer, die Frau Ümmüyanim ist mittlerweile sage und schreibe seit fast sechs Monaten bei uns zu Gast! Ich kann sie natürlich langsam nicht mehr als Gast bezeichnen, sondern eher als »Mitbewohnerin mit Migrationshintergrund«.
»Ümmüyanim, Ihre armen Patienten in Istanbul machen sich bestimmt schreckliche Sorgen. Vielleicht sind einige von denen ja richtig krank geworden«, appellierte ich letztens zaghaft an ihr Gewissen, um sie zum Gehen zu bewegen. Mehr habe ich nicht zustande gebracht, Du weißt ja, diese verdammte türkische Gastfreundschaft! Man darf nicht mal die Einbrecher rauswerfen!
»Herr Engin, ich habe selbstverständlich alles organisiert. Eine gute Kollegin hat meine Vertretung übernommen«, sagte sie voller Zufriedenheit.
Lieber Onkel Ömer, ich bin mir sicher, diese Frau versteckt etwas! Die hat bestimmt etwas ausgefressen. Wieso sollte

sonst eine Ärztin bei uns wohnen? Ich schaue schon seit Monaten eifrig in die Zeitung, aber keiner der Verbrecher hat mit ihr eine gewisse Ähnlichkeit. Aber ich bleibe an dem Fall dran. Das ist auch nicht so schwer, sie hängt sowieso wie eine Klette an uns. Mach Dir keine Sorgen, ich mach das schon. Machs Du auch gut, gute Nacht!

Der Tag des Schrebergartens

Mein lieber Onkel Ömer,

wie geht es Dir, und wie geht es meiner lieben Tante Ülkü? Wie geht's der hübschen Kuh Pembe, wie geht's der schwarz gepunkteten Ziege Fatima, wie geht's Deinem störrischen Esel Tarzan, und wie geht es unserem guten alten Dorfvorsteher Hüsnü?

Lieber Onkel Ömer, Du weißt im Vergleich zu mir natürlich viel besser, was ein Garten ist. Schließlich wohnst Du ja in einem großen Haus umzingelt von unzähligen Gärten. Und um von der Straße zum Haus zu gelangen, musst Du Dir den Weg durch einen richtigen Dschungel bahnen.

Ich wohne hier in Alamanya mitten in der Stadt, in einem Mehrfamilienhaus in der zweiten Etage. Um zu meiner Wohnung zu gelangen, muss ich zweiunddreißig Betonstufen erklimmen, und um die nächste Grünfläche zu sehen, muss ich zuerst sechs Haltestellen mit der Straßenbahn, danach acht Haltestellen mit dem Bus fahren und dann drei Kilometer laufen. Manchmal kriege ich aber nicht mal nach dieser Strapaze etwas Grünes zu sehen, aber das liegt offenbar an meiner Dusseligkeit. Eminanim ist nämlich der Meinung, dass man im tiefsten Winter, nachdem es stundenlang geschneit hat, nirgendwo in dieser Stadt etwas

Grünes sehen könnte, sondern halt nur Weiß! Das aber auch nur am ersten Schneetag – am zweiten gibt's nur matschiges Braun!

»Wenn es erst mal matschiges Braun ist, dann kannst du warten bis du schwarz wirst, bis es grün wird!«, sagte sie. Ich hoffe, wenigstens Du kannst das verstehen – ich konnte es nicht!

Du hast ja, wie gesagt, mehrere Gärten, einmal den großen vor dem Haus, dann den etwas kleineren hinter dem Haus und je einen Olivenhain rechts und links neben dem Haus. Von Deinen vielen riesigen Feldern mal ganz abgesehen. In Alamanya wird so ein Garten, wie Du ihn hinter dem Haus hast, »Kleingarten« genannt. Aber es ist nicht etwa so, dass die Besitzer dieser Gärten in der Hinterhand noch viele andere größere Gärten hätten – nein, das heißt nur so! Das ist nämlich ein ganz »lustiges Völkchen«, diese Kleingärtner, musst Du wissen!

Lieber Onkel Ömer, wenn Du diesen Brief jetzt gerade im Männercafé Deinen Kumpels vorliest, bitte sag denen, dass ich »lustiges Völkchen« in Anführungszeichen gesetzt habe. Das ist höchst ironisch gemeint. Die sind nämlich überhaupt nicht lustig, diese Kleingärtner, sondern die radikalste Sekte, die unter Allahs Sonne existiert!

Die deutsche Kleingärtner-Sekte, auch bekannt unter dem Namen »Natur-Fetischisten«, hat sich selber die strengsten Regeln auferlegt, damit sie jeden armen, naiven Eindringling, der, ahnungslos wie er ist, ihr Reich betreten möchte, sofort wie unerwünschtes Unkraut an der Wurzel packen, ihm den Boden unter den Füßen wegziehen und ihn brutal eliminieren können. Danach werden mit riesigen Feuerwerfern die Restwurzeln unter der Erde abgebrannt.

Aber ich glaube, diese Form der Wurzelbehandlung machen sie nur mit pflanzlichem Unkraut. Die menschlichen Eindringlinge werden nicht verbrannt – jedenfalls nicht öffentlich.

Die unbarmherzigen Gesetze der Kleingärtner sind hart, sehr hart, sowohl gegen sich selbst als auch gegen Fremde. Die strengen deutschen Asylgesetze sind wirklich ein Witz dagegen! Die Überwachungsmethoden der Kleingarten-Mafia sind so brutal, dass die ehemalige DDR-Stasi daneben wie eine Kindergartengruppe aussieht. Ihre Selbstschutz-mechanismen sind ausgetüftelter als das Sicherheitssystem der Schweizer Nationalbank!

Wenn man es aber schafft, mit letzter Kraft all diese unzähligen Barrikaden zu überwinden, den tiefen Schützen-graben irgendwie zu überqueren und die andere Seite der hohen Festungsmauern zu erreichen, dann ist man endgültig im Paradies!

Dann ist man ein für alle Mal auf der Sonnenseite des Lebens angekommen und darf es sich in diesem elitären grünen Reich gemütlich machen und seinerseits anfangen, von den hohen Mauern kübelweise kochendes Fett auf die Köpfe der vielen Parasiten runterzuschütten, die einem doch nur die Butter vom Brot oder die reifen Tomaten vom Strauch nehmen wollen. Während dieser spaßigen Fami-lienunterhaltung kann man mit Kind und Kegel die köst-lichen gegrillten Bratwürste und die herrlich saftigen Gur-ken aus der eigenen Produktion genießen.

Wie Du siehst, sind das wirklich traumhafte Aussichten,

aber natürlich nur unter der Bedingung, dass man während des ungemein strapaziösen Kreuzzuges gegen diesen grüner Bunker nicht selber am Fuße der Festungsmauer frittiert wird!

Unter diesen Umständen kannst Du Dir ja wohl denken, wie begeistert und gleichzeitig erschrocken ich war, als meine Frau Eminanim mir letzte Woche vorschlug, dass wir uns auch einen hübschen, gemütlichen »Kleingarten« zulegen könnten. Auch bekannt unter dem Künstlernamen »Schrebergarten«. »Schreber« ist im Deutschen also ein anderes Wort für »klein«. Ich werde Hatice ab jetzt immer »Schreber-Streber« nennen. Reimt sich doch viel besser als »kleiner Streber«.

Aber genau genommen kam Eminanims Vorschlag gerade zur rechten Zeit! Ich war nämlich langsam aber sicher am Verzweifeln. Wie Du weißt, war ich schon auf Mallorca und Gran Canaria, ich habe mir einen frechen Langhaardackel gekauft, ich feiere schon seit vielen Jahren feucht-fröhlich Weihnachten, manchmal sogar zweimal hintereinander, falls ich von unserem Schreber-Streber trotz meiner tollen roten Weihnachtsmann-Kostümierung doch als Papa enttarnt werde und mein Töchterchen dann die ganze teure Veranstaltung für ungültig erklärt.

Aber all diese Bemühungen brachten bisher leider noch nicht den gewünschten Effekt! Mir fehlt immer noch der entscheidende Schritt, um von meiner türkischen Parallelgesellschaft rüber in die deutsche Leitkultur-Gesellschaft zu hüpfen. Dieser Schrebergarten würde mich mit Sicherheit ohne Umschweife auf der Stelle direkt in das Herz der deutschen Leitkultur-Gesellschaft hineinkatapultieren.

Selbstverständlich waren wir uns alle der schier unüber-
windbaren Größe dieser Herausforderung durchaus bewusst und nahmen sie nicht auf die leichte Schulter. Wir
wollten uns akribisch vorbereiten, um im entscheidenden
Augenblick kraftvoll zuzupacken. Deshalb machte Familie
Engin sofort eine angemessene Aufgabenteilung: Eminanim ging in mehrere Kleingartengebiete, um die aktuellen
Preise zu erforschen. Mehmet ging ins Internet, um die
strengen Kleingarten-Gesetze zu studieren, und ich ging
ins türkische Männercafé, um mit meinem zukünftigen
Schrebergarten – und dem damit verbundenen sozialen
Aufstieg – bei meinen Kumpels anzugeben und Schulden
einzutreiben! Denn es war ja vollkommen klar, dass ich
mich, falls mir dieses Unternehmen »Mondlandung«
wirklich gelingen sollte, in solch minderwertigen Eta-
blissements nicht mehr blicken lassen durfte, konnte, sollte, wollte und würde!

Dieser Umstand tat mir natürlich schon ein bisschen leid
für meine lieben alten Freunde, aber wenn man von Hans
und Frank gerufen wird, können einem Hasan und Faruk
wirklich egal sein!

Lieber Onkel Ömer, die Aufgabenverteilung hatte absolut
perfekt funktioniert. Schon wenige Stunden später kamen
alle mit sehr guten Nachrichten zurück.

Eminanim hatte den »schönsten, putzigsten und ge-
mütlichsten« Kleingarten Bremens, des Nordens, ja ganz
Deutschlands entdeckt, sich sofort in ihn verliebt und alle
Verträge auf der Stelle unterschrieben – ich bräuchte nur
noch zu bezahlen. Ich war völlig erstaunt, wie schnell sie
das geschafft hatte!

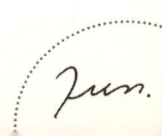

Mehmet hatte aus dem Internet das BKleingG (Bundes-kleingartengesetz), auch bekannt unter dem Namen »Deutsche Kleingarten-Leitkultur«, runtergeladen und dazu noch die Bremischen und die Niedersächsischen Kleingarten-Gesetze. Unser toller Garten war leider fünf Meter außerhalb vom Bremischen Stadtgebiet, und somit mussten wir uns den Niedersächsischen Kleingarten-Ge-setzen beugen. Das hatte wiederum zur Folge, dass wir die für die ganzen Prüfungen notwendigen Sachverständigen, wie zum Beispiel den »Rasenlängenbeauftragten« oder den »Heckenhöhenspezialisten«, extra für viel Geld aus Han-nover kommen lassen mussten.

Wie gesagt, alle hatten ihre Aufgaben sehr gut erledigt, nur ich war nicht ganz so erfolgreich gewesen. Die gan-zen Gauner, die mir noch Geld schuldeten, sind sofort ver-duftet, sobald sie mich gesehen haben, und meinen Kum-pels war es total egal, ob mein großer Sprung in die Mitte der deutschen Gesellschaft gelingen würde oder nicht. Denen war es völlig wurscht, ob ich bei dieser lebens-gefährlichen Expedition – bei hochgezogener Zugbrücke und sehr tiefem Burggraben, in dem blutrünstige weiße Haie schwammen, die Festung zu stürmen – draufgehen könnte oder nicht. Und das sollen Freunde sein? Sie bedau-erten die ganze Zeit nur sich selbst und jammerten mir die Ohren voll, dass sie sich bei diesem Kartenspiel ohne zwei anständige Joker keine großen Sprünge leisten könnten. Dabei wurden sie weder von heißem Fett noch von hungri-gen Haien und Piranhas bedroht – nur von abgestandenem türkischem Tee!

Euphorisch wie wir waren, haben wir an dem Tag gleich nach dem Abendessen angefangen, die Niedersächsischen Kleingarten-Gesetze auswendig zu lernen.

Mehmet hatte die ersten Paragrafen unter den Familienmitgliedern verteilt, und ich bekam den Paragrafen 2.2.

Sobald wir sie ohne Textvorlage fehlerfrei runterrattern konnten, würden wir wieder neue Paragrafen zugeteilt bekommen.

Mein Paragraf 2.2. mit der Überschrift »Anpflanzungen« aus den Niedersächsischen Kleingarten-Gesetzen vom 8.4.2007 lautete:

»Bei der Anpflanzung von Sträuchern sind nur solche Arten zu wählen, die durch Rückschnitt und normale Pflege auf einer Höhe von 3,50 m gehalten werden können.

Bei Bäumen, Sträuchern und hochwachsenden Gräsern sind die Mindestabstände von den Nachbargrundstücken bzw. Nachbargärten, Wegen und Gemeinschaftsflächen nach Paragraf 150 des Niedersächsischen Nachbarrechtsgesetzes einzuhalten. Sie betragen:

a)	bis zu	1,20 m Höhe	0,25 m,
b)	bis zu	2,00 m Höhe	0,50 m,
c)	bis zu	3,00 m Höhe	0,75 m,
d)	bis zu	5,00 m Höhe	1,25 m,
e)	bis zu	15,00 m Höhe	3,00 m,
f)	bis zu	20,00 m Höhe	8,00 m,
g)	bis zu	25,00 m Höhe	8,00 m,
h)	bis zu	30,00 m Höhe	8,00 m,
i)	über	30,00 m Höhe	8,00 m.

Lieber Onkel Ömer, Du bist bestimmt schockiert, wie ernst die deutschen Naturfreunde es mit der Natur meinen. Besonders die Punkte f), g), h) und i) haben Dich garantiert sehr beeindruckt. Ich musste zwei Tage ununterbrochen üben, um das korrekt hinzukriegen, aber verstanden habe ich es nicht!

Unseren Schreber-Streber Hatice hatten wir bewusst mit einer kleinen Aufgabe betraut. Sie bekam die Regeln über die Gartenzwerge zugeteilt, damit sie ihre Ansprüche jetzt schon ein bisschen zügeln kann. Sie rennt nämlich die ganze Zeit wie durchgedreht durch die Wohnung und kreischt:

»Ich will einen Gartenzwerg als Speidermän, einen Barbie-Gartenzwerg, einen H.-P.-Gartenzwerg (zu Deiner Erklärung: H. P. ist Härry Potter) und einen Gartenzwerg, der aussieht wie Mehmet.«

»Aber dein Bruder Mehmet wird doch sowieso leibhaftig da sein«, reklamierte ich, um die Kosten zu senken.

»Ja, aber den echten Mehmet darf ich doch nicht treten, wenn ich Lust dazu habe«, sagte sie giftig und fügte grinsend hinzu: »noch nicht!«

Lieber Onkel Ömer, wir wollten unseren Kleingarten sehr symbolträchtig extra am zweiten Sonntag im Juni übernehmen, um der riesigen Bedeutung des Tages gerecht zu werden. Das ist nämlich der Tag des Schrebergartens in Alamanya! Und er wird genauso euphorisch gefeiert wie der Tag der Wiedervereinigung. Die alte DDR ist nämlich mittlerweile auch ein einziger leerer Garten, nur ganz schön verseucht!

In der Nacht vor der Übergabe konnte ich vor Aufregung kaum schlafen. Was mir aber überhaupt nichts ausgemacht hat. Ich war sogar sehr froh darüber, könnte ich doch schon bald in meinem Schrebergarten unter freiem Himmel an der frischen Luft und in absoluter Ruhe so viel schlafen, wie ich nur wollte.

Am nächsten Tag sind wir sofort zu unserem tollen Schrebergarten gefahren.

Und wie ich vermutet hatte, war er eine echte Oase der Ruhe und Besinnung! Für fast vier Minuten. Alle vier Minuten donnerte nämlich ein Güterzug an unserer Nase vorbei! Diese unglaublich schöne »Vier-Minuten-Ruhe« war natürlich nur auf der Vorderseite unseres Kleingartens zu genießen. Die Hinterseite grenzte an eine sechsspurige Stadtautobahn, über die pro Sekunde sechs Autos gleichzeitig bretterten. Dieser Anblick brachte uns vor Freude noch mehr aus dem Häuschen. Unsere sinnlosen und langweiligen Tage waren für immer gezählt: Spannende gemeinsame Familienspiele in Form von Autokennzeichenraten wartete auf uns.

Stell Dir vor, wir hatten sogar Kiwi-, Oliven- und Feigenbäume für unseren ruhigen Kleingarten besorgt. Selbstverständlich dürfen wir erst mal noch keine Früchte von denen erwarten, aber allein die Aussicht darauf, dass wir bald unsere eigenen Kiwis, Oliven und Feigen ernten werden, wenn das mit der globalen Erderwärmung hoffentlich so schön weitergeht, das sind doch unglaublich erfreuliche Aussichten!

Ich fing an, vor lauter Freude wie ein kleines Kind kreischend hin und her zu rennen und rumzuhüpfen. Ich schlug sogar drei Purzelbäume hintereinander und kam zum Glück kurz vor den meterhohen Brennnesseln zum Stehen.

»Osman, bist du verrückt geworden, sei endlich etwas leiser, benimm dich doch, du störst die ganzen Nachbarn«, schimpfte meine Frau.

Aber es war schon zu spät, die ganzen besagten Nachbarn hatten sich bereits alle um unseren Gartenzaun versammelt und glotzten mich sehr neugierig an. Die waren mir auf Anhieb total sympathisch. Die strahlend warme Sonne in unserer herrlich ruhigen Oase hatte denen eine hübsche, knackigbraune Gesichtsfarbe verpasst. Die sahen überhaupt nicht mehr so aus, als gehörten sie der Crème de la Crème der deutschen Gesellschaft an. Wegen der dunklen Hautfarbe sahen meine neuen deutschen Nachbarn eher wie Türken aus.

Dann stellten sie sich uns alle höflich der Reihe nach vor:

»Ich heiße Tosun, willkommen bei uns, Nachbar«, schmatzte der Erste mit einer Riesenportion Döner in der Hand und betrat umgehend und ungebeten meinen Garten. Die herrliche Sonne und die himmlische Ruhe hatte sie wie Südländer auch noch völlig zwanglos gemacht.

»Ich heiße Şükrü, Prost, Nachbar«, rief der Nächste und drückte mir eine Flasche eiskaltes Bier in die Hand.

Mevlüt, Ismail, Keçici, Rüstem, Mustafa, Gülnur, Rukiye, Dudu, Parmaksiz, Şakir, Rüştü, Cemile, Hayriye, Türkan, Cemal, Faruk usw. hießen die anderen.

Aber war das denn die Möglichkeit? Konnte denn die herrliche Sonne und die himmlische Ruhe auch deren Namen türken, ich meine, türkisch klingen lassen? Eine richtig brennende, knallheiße, mehrere Monate scheinende Sonne könnte mit viel Mühe vielleicht aus einem Hans schon einen Hasan machen, aber woraus sollten denn Rüştü und Parmaksiz entstanden sein, bitte schön?

Die herrliche Sonne und die himmlische Ruhe hatte nur bei zwei von meinen neuen Nachbarn keine Wirkung gezeigt. Die beiden hießen immer noch Wladimir und Igor!

»Osman, siehst du, wie tolerant unsere neuen türkischen Nachbarn sind? Die haben sogar zwei Russen aufgenommen«, zwitscherte meine Frau höchst vergnügt.

»Wie? Was soll das heißen, unsere neuen türkischen Nachbarn haben Russen aufgenommen? Ist das etwa keine deutsche Kleingartenkolonie?«, fragte ich total schockiert.

»Natürlich nicht! Hast du schon mal einen Deutschen gesehen, der mit der einen Hand Wasserpfeife raucht, mit der anderen Hand Kürbiskerne knabbert und die Schalen einfach auf den Boden spuckt?«, lachte Eminanim fröhlich.

»Frau, du hast recht! Das sind wirklich alles Türken, verdammt! Aber wie soll ich denn so jemals in die Mitte der deutschen Gesellschaft springen, kannst du mir das mal erklären? Was soll ich denn mit türkischen Nachbarn, davon habe ich im Karnickelweg 7b schon genügend«, jammerte ich. In meinem Kopf drehte sich alles, als hätte ich einen hübschen Sonnenstich bekommen.

»Osman, bist du bescheuert«, rief sie verständnislos, »natürlich sind das Türken. Was sollen die denn sonst sein, Neandertaler etwa? Denkst du, die Deutschen würden dir erlauben, dich ihrer Kleingartenanlage auch nur zu nähern, geschweige denn da eine Parzelle zu pachten?«

»Aber wir hätten sie doch den ganzen Sommer bestimmt nicht mal gesehen! Im Gegensatz dazu trampeln mir die Türken gleich am ersten Tag meinen Rasen kaputt und werden dabei auch noch von Russen unterstützt«, heulte ich weiter.

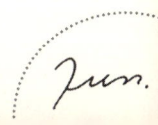

»Osman, ich bin nicht mal auf die Idee gekommen, in einer deutschen Kleingartenanlage auch nur anzufragen. Was soll ich denn da? Bei den Deutschen dürfen wir nicht grillen, die Kinder dürfen nicht spielen, man darf nicht laut lachen, geschweige denn Hochzeiten und Beschneidungsfeste von Freunden feiern. Du müsstest jeden Tag den Rasen auf die vorgeschriebene Länge rasieren und, was das Schlimmste für dich wäre, du dürftest auf der Parzelle nicht mal deinen Ford-Transit waschen! Aber wenn du dich hier weiterhin wie ein Irrer benimmst, werden uns die Türken auch noch aus unserem neuen Garten werfen!«, schimpfte Eminanim.

Lieber Onkel Ömer, vor lauter Trauer sitze ich seit Tagen nur auf der hinteren Seite unseres Kleingartens und versuche mich durch Kennzeichenmerken von dieser herben Enttäuschung abzulenken. Ab und zu sehe ich auch vorbeifahrende Ford-Transits, die auf meine tief verletzte Seele wie heilender Balsam wirken. Ich befürchte, dass ich in unserer Kleingartenkolonie »Grün-Glückliches-Klein-Istanbul« nie glücklich werden kann. Grün bin ich aber schon seit unserer Ankunft – vor Wut!

Ich küsse Dir, Tante Ülkü und allen Älteren in unserem schönen Dorf ganz herzlich mit großem Respekt die erfahrenen Hände und allen Jüngeren mit viel Liebe die hübschen, unschuldigen Augen.

Eminanim und die Kinder grüßen Euch selbstverständlich auch und küssen den Älteren mit viel Respekt die Hände und den Jüngeren mit viel Liebe die Augen.

Pass gut auf Dich auf, bleib gesund, iss genug Knoblauch und danke fünfmal am Tag Allah, dass durch Deinen Garten nicht alle vier Minuten vollgeladene Güterzüge donnern!

Dein Dich über alles liebender Neffe aus dem sonnigen, nicht ganz grün-glücklichen Alamanya

Osman

PS: Lieber Onkel Ömer, meine deutschen Nachbarn tuscheln langsam über mich, ob ich mir denn wohl noch eine zweite Ehefrau zugelegt hätte. Die türkischen tuscheln nicht mal mehr – sie sprechen es offen aus! Die im Schrebergarten sogar auch schon. Kein Mensch glaubt, dass sie ein Gast ist. In Deutschland besuchen einen nicht mal die eigenen Eltern länger als drei Tage. Und wenn doch, dann übernachten sie im Hotel.

»Ist sie für ein O-Pär-Mädchen nicht etwas zu alt?«, fragen die Nachbarn zweideutig.

»Sie ist ja auch kein O-Pär-Mädchen, sie ist eine Ärztin«, sage ich wahrheitsgemäß.

»Deine Frau ist ja plötzlich auch Ärztin. Brauchst du etwa zwei Ärztinnen?«, kichern sie dann.

Ich glaube, ich bin doch kein Türke, lieber Onkel Ömer, zumindest kein richtiger. Ich kann nicht mal den Gedanken ertragen, dass die Menschen denken könnten, dass ich zwei Frauen hätte! Wie wohl meine Vorfahren mit vier richtigen Ehefrauen klargekommen sind?

Aber die sind ja auch nicht mit ihren ganzen Frauen, wie ich, in der Bremer Innenstadt spazieren gegangen, sondern diese armen Weiber hockten Tag und Nacht im Harem rum

und machten sich aus Langeweile gegenseitig das Leben zur Hölle. Was man von Eminanim und Ümmüyanim wirklich nicht behaupten kann. Die verstehen sich super! Eigentlich müssten die Nachbarn glauben, dass die beiden miteinander verheiratet sind. Für mich interessiert sich nämlich keine von beiden!

Wenn das so weitergeht, muss ich noch mal heiraten! Für die Nachbarn wäre die Neue meine dritte Frau, für mich aber die einzige. Kannst Du bitte meine liebe Tante Ülkü fragen, ob sie etwas Passendes für mich im Dorf finden kann? Sie kennt sich doch auf dem Heiratsmarkt bestens aus. Sag ihr, dass es sehr dringend ist. Gute Nacht!

Juli

Zeugnisvergabe

Mein lieber Onkel Ömer,

wie geht es Dir, und wie geht es meiner lieben Tante Ülkü? Wie geht's der hübschen Kuh Pembe, wie geht's der schwarz gepunkteten Ziege Fatima, wie geht's Deinem störrischen Esel Tarzan, und wie geht's unserem guten alten Dorfvorsteher Hüsnü?

Lieber Onkel Ömer, gestern war in Deutschland der Tag der Zeugnisvergabe. Das ist der Tag, an dem Du früher wegen schlechter Noten immer einen oder alle Deine Söhne verprügelt hast, wozu Du ja bei meinen fünf Cousins auch genug Gelegenheit hattest.

Hier in Deutschland ist das gesetzlich verboten, man darf die eigenen Kinder nicht verprügeln – fremde Kinder erst recht nicht –, selbst dann nicht, wenn sie total schlechte Zeugnisse mit nach Hause bringen.

Wenn sie mal aus Versehen oder aus welchen Gründen auch immer gute Noten haben, wollen sie gleich ein neues Fahrrad, aber bei schlechten Noten bekomme ich von denen keinen neuen Ford-Transit. Ich bin schon froh, dass ich nicht auch noch vom deutschen Staat gezwungen werde, Geschenke zu kaufen.

Aber das ist nicht der einzige Unterschied zwischen der Türkei und Alamanya, was den Zeugnistag betrifft. In der

Türkei bekommen ja im ganzen Land alle Kinder am selben Tag ihre Zeugnisse. In Deutschland ist es anders. In allen Bundesländern bekommen die Kinder die Dinger an einem anderen Datum. Du weißt, dass die Deutschen früher Reiseweltmeister waren. Die Verantwortlichen hatten damals Angst, dass bei zeitgleicher Zeugnisvergabe das Land am nächsten Tag komplett leer wäre und problemlos von der DDR, Polen und Russland überrannt werden könnte.

Aber jetzt könnte man eigentlich die Zeugnisvergabe endlich wieder vereinheitlichen. Der ganze Ostblock ist sowieso schon hier. Die Leute, mit denen man uns jahrzehntelang Angst gemacht hat, wohnen jetzt einen Häuserblock weiter. Außerdem hat inzwischen niemand mehr Geld zum Verreisen.

Lieber Onkel Ömer, als verantwortungsvoller Vater überlasse ich natürlich nicht die ganze Ausbildung den armen überforderten Lehrern, sondern ich versuche selber, meine Kinder auf alle Eventualitäten des Lebens vorzubereiten.

Am Anfang des Schuljahres habe ich mit Hatice die Sache mit den Bienen und den Blumen durchgenommen, und vor drei Monaten war das Thema Ausländerfeindlichkeit dran.

Ich wollte meiner kleinen Tochter beibringen, wie sie souverän, selbstbewusst und angemessen reagiert, wenn ihr mal in der Schule jemand »Scheiß-Ausländer« hinterherruft.

Schließlich muss sie doch ihr Leben jetzt selber meistern. Mehmet kann ja nicht überall dabei sein, um jedem Nazi eins aufs Maul zu hauen.

Ich sagte zu meiner frechen Tochter:

»Hatice, mein Kind, in Deutschland sind achtzig Prozent der Leute Deutsche und nur zwanzig Prozent Ausländer. Ich weiß ehrlich gesagt nicht, wie die Deutschen auf Dauer diese achtzig Prozent halten können, ohne Kinder zu machen. Ich schätze mal, momentan funktioniert das nur deshalb, weil die Omas sich ihren Dackeln zuliebe hartnäckig weigern zu sterben. Nicht nur die Langhaardackel sollten diesen tapferen, zählebigen Omas dankbar sein, sondern auch wir. Denn sie sorgen dafür, dass der Ausländeranteil nicht explodiert, was automatisch noch schlimmere Schimpftiraden einiger Politiker nach sich ziehen würde – mit noch dämlicheren Lösungsvorschlägen. Zur Abwechslung schimpfen sie jetzt auch mal über die leeren Rentenkassen, was uns eine kleine Verschnaufpause verschafft.«

»Vater, hör doch endlich auf mit dem Quatsch! Du bringst das arme Kind ja völlig durcheinander mit deiner Gesellschaftsanalyse, die sowieso hinten und vorne nicht stimmt«, rief Mehmet damals dazwischen und sagte zu Hatice: »Wenn dich jemand als ›Scheiß-Ausländer‹ bezeichnet, dann holst du sofort meinen Bäysbollschläger und ziehst dem Idioten eins über den Schädel, ist das klar? Glaub mir, ich kenn mich aus, danach wird er nie wieder so was sagen.«

»Ihr seid wirklich unmöglich«, schimpfte daraufhin meine ältere Tochter Nermin, »wie könnt ihr denn ein so kleines Mädchen mit solchem Schwachsinn vollquatschen? Hatice, meine Süße, hör bloß nicht auf die. Wenn dich jemand als ›Scheiß-Ausländerin‹ beschimpft, musst du ihn sofort fragen, wie du ihm helfen kannst. Das ist bestimmt ein ganz armes Schwein voller psychosozialer Probleme,

das in dieser Gesellschaft total versagt hat und nur seinen Frust ablassen will.«

Daraufhin krümmte sich Mehmet theatralisch vor Lachen und rief:

»Nermin, ich möchte wirklich sehen, wie du mit so einem über seine psychosozialen Probleme reden willst. Er wird dieses Wort nicht mal kennen! Glaubst du allen Ernstes, dieser Idiot macht sich Sorgen, dass die Leute ihren Müll nicht richtig trennen, dass der Wald stirbt, dass die Pharmaindustrie nicht auf ihre Tierversuche verzichten will, dass die Studiengebühren zu hoch sind, dass die rote Paprika aus Spanien und die grüne Paprika aus der Türkei mit schrecklichen Pestiziden belastet sind ...«

Aber Nermin unterbrach ihn sofort:

»Mehmet, hör doch endlich auf! Ich bin nicht blöd, ich kann mir sehr wohl vorstellen, dass meine Agenda und die Agenda eines Skinhääds nicht ganz kompatibel sind. Aber ich bin mir auch sicher, dass kein Mensch als Nazi auf die Welt kommt.«

»Und was ist mit den Kommunisten?«, fragte ich neugierig. »Werden die etwa so geboren?«

»Natürlich nicht«, sagte Nermin.

»Allah sei Dank«, atmete ich erleichtert auf, »da fallen mir ja riesengroße Steine vom Herzen. Dann kann mich ja keiner für diesen Idioten hier verantwortlich machen.«

»Danke, Familie, ihr habt mich wirklich sehr schön aufgeklärt«, meinte Hatice spöttisch und versuchte aus dem Irrenhaus zu flüchten.

»Hatice, halt, warte, mein Kind. Ich muss dich doch irgendwie aufklären«, rief ich ihr hinterher.

An der Stelle mischte sich meine Frau Eminanim ein:

»Hatice, meine schöne Tochter, mach dir keine Sorgen, zu dir wird niemand in der Schule ›Scheiß-Ausländer‹ sagen. Das ist völlig ausgeschlossen! Nicht umsonst habe ich für dich eine Schule mit hundert Prozent Ausländeranteil ausgesucht!«

Das war natürlich ein sehr guter Trick von meiner Frau, um gegen diesen schlimmen Spruch anzugehen. Wenn doch jemand in der Schule »Scheiß-Ausländer« zu ihr sagen sollte, könnte sie einfach antworten: »Selber Kanake!«

Aber zurück zu den Zeugnissen. Ich war gestern gar nicht mehr so aufgeregt, als ich gewartet habe, dass Hatice endlich mit sehr gute Laune und hoffentlich noch besserem Zeugnis nach Hause kommt, denn als verantwortungsvolle Eltern hatten wir unsere Aufgaben ja auf jeden Fall bestens erledigt. Wenn ich daran denke, was für panische Angst ich immer früher hatte, als ich voller Ungeduld und mit klopfendem Herzen auf Mehmet und seine Zeugnisse warten musste, wird mir jetzt noch schlecht.

Lieber Onkel Ömer, Du weißt sicherlich noch, dass mein fauler, kommunistischer Sohn Mehmet, als er vor fünfzehn Jahren noch zur Hauptschule ging, kein fauler Kommunist war wie heute, sondern er war nur faul!

Wie alle fürsorglichen Väter hatte ich damals den dringenden Wunsch, dass mein Sohn es später mal besser haben sollte als ich. Ja, dass er mich bildungsmäßig sogar übertreffen müsste. Unser Mehmet sollte wenigstens die Hauptschule beenden!

Also kniete ich mich rein, erklärte Mehmets Schulnoten zu meiner ganz persönlichen Ehrensache und startete eine beispiellose Bildungsoffensive.

Jeden Tag, wenn ich von Halle 4 zurück war, bin ich so lange nicht zum Kartenspielen gegangen, bis ich Mehmets Hausaufgaben erledigt hatte.

Dann endlich kam der große Tag, an dem ich meine erste Schulnote in Deutschland bekommen sollte. Mehmet, beziehungsweise wir, mussten nämlich unsere erste Klassenarbeit im Fach Mathematik schreiben. Ich war total aufgeregt! Aus dem Grund nahm ich in Halle 4 eine Woche Urlaub und ging mit Mehmet ins Träningslager. Er musste dabei aufmerksam zugucken und sich merken, wie ich seine Hausaufgaben erledigte.

Meinen Eilantrag, als Tiimschef von Mehmet zusammen mit ihm die Schulbank drücken zu dürfen, hat der Bildungssenator in zweiter Instanz zurückgewiesen. Ich wurde als Träner regelrecht auf die Tribüne verbannt. Ich durfte nicht mal irgendwo im Klassenzimmer in der Ecke rumhocken.

Ich verstand den Sinn dieser Entscheidung nicht, Mehmets Hausaufgaben machen durfte ich, aber seine Klassenarbeit schreiben durfte ich nicht! Aber so sind halt die bescheuerten Schulgesetze in Deutschland. Pisa lässt grüßen!

An dem Tag, als Mehmet seine erste Schulnote nach Hause bringen sollte, waren wir alle völlig aus dem Häuschen. Das war unsere erste Mathematik-Arbeit in diesem neuen Land. Ich hatte auch meine Arbeitskollegen, Hasan, Nedim und Ahmet, eingeladen, dabei zu sein, wenn Geschichte geschrieben wird.

Dann kam Mehmet angerollt und wunderte sich über den roten Teppich, den ich für ihn ausgerollt hatte. Und ich wunderte mich über die erbärmliche Note, die er sich traute, über diesen Teppich nach Hause zu bringen. Ich wurde roter als der dunkelrote Teppich! Ich kochte vor Wut!

»Mehmet, du Idiot! Das kann doch nicht wahr sein! Wie kannst du es wagen, mir mit der schlechtesten Note aller Zeiten unter die Augen zu treten und dabei so blöd zu grinsen?«, brüllte ich schockiert.

»Papa, was hast du denn, ich habe alle Aufgaben gelöst«, stotterte er.

Hasan, Nedim, Ahmet und ich haben seine Klassenarbeit sofort kontrolliert. Als Erster erfasste Nedim die unfassbare Situation:

»Osman, der Junge hat wirklich alle fünf Fragen richtig beantwortet! Das ist ein klarer Fall von Ausländerfeindlichkeit!«, schrie er stinksauer. Sogar Nedim konnte damals bis fünf zählen.

Total wütend sind wir alle gemeinsam zu Mehmets Schule gelaufen, um dem Mathematiklehrer zu zeigen, wo der Hammer hängt.

»Schön, dass Sie da sind, Herr Engin. Ich gratuliere Ihnen, Ihr Sohn hat die beste Arbeit in seiner Klasse geschrieben«, begrüßte uns der Lehrer gut gelaunt.

»Aber er hat die schlechteste Note bekommen, was soll der Blödsinn?«, brüllte ich.

»Wieso schlechteste Note? Ich hab Ihrem Sohn doch eine Eins plus gegeben!«, grinste er hinterhältig.

»Eben! So eine Frechheit! Noch eine schlechtere Note gibt's doch nicht mehr! Da hätten Sie ja gleich eine Null minus geben können!«, konterte ich.

»Papa, du hast ja wirklich von nichts 'ne Ahnung! In Deutschland ist die Eins die beste Note. Nur in der Türkei ist es umgekehrt«, lachte sich Mehmet über meine Unwissenheit kaputt und blamierte mich restlos vor dem Lehrer.

»Wieso hast du mir das nicht schon zu Hause gesagt?«, rief ich total böse.

Lieber Onkel Ömer, an dem Tag erlebten Mehmet und Deutschland eine echte Premiere: nämlich eine satte Tracht Prügel für eine Eins plus. Die Lektion hat er aber gut gelernt! Der ewige Student hat in seinem Leben nie wieder eine Eins geschrieben! Eine Zwei und Drei auch nicht, wahrscheinlich, um kein Risiko einzugehen.

Hatice hat aber gestern auch keine guten Noten mit nach Hause gebracht – allerdings auch keine schlechten. Sie wurde mit einem blitzblanken Zeugnis wieder zurückgeschickt. Ich hab sofort in der Schule angerufen und gefragt, warum sie sich nicht mal die Mühe gemacht haben, meiner Tochter ein paar schäbige Noten zu geben. Das wäre ja wirklich nicht zu viel verlangt, sagte ich, wenn sie sich schon von meinen Steuern so ein schönes Leben machten.

Die ersten Klassen werden noch nicht benotet, sagte mir ihre Lehrerin Frau Ingeborg Lehrknecht-Ziegenbart, angeblich, weil sie noch zu klein sind.

Bei Allah, wie kann ein Mensch – insbesondere ein Türke – unter diesen Bedingungen lernen, sich anzustrengen, wenn er dafür weder Zuckerbrot noch Peitsche bekommt, frage ich Dich?!

Lieber Onkel Ömer, ich küsse Dir, Tante Ülkü und allen Älteren in unserem schönen Dorf ganz herzlich mit großem Respekt die erfahrenen Hände und allen Jüngeren mit viel Liebe die hübschen, unschuldigen Augen.

Eminanim und die Kinder grüßen Euch selbstverständlich auch und küssen den Älteren mit viel Respekt die Hände und den Jüngeren mit viel Liebe die Augen.

Pass gut auf Dich auf, bleib gesund, iss genug Knoblauch und danke fünfmal am Tag Allah, dass unser Dorffrisör Ibrahim Dir Lesen und Schreiben beigebracht hat. Aber jemand sollte ihm endlich Haareschneiden beibringen. Vor lauter Schafescheren hat er vergessen, wie man Menschen frisiert. Er sagt immer, keines von unseren Schafen hätte sich jemals beschwert. Das mag sein, aber ich beschwere mich hiermit offiziell! Ich sehe nämlich immer noch wie Deine schwarz gepunktete Ziege Fatima aus!

Dein Dich über alles liebender Neffe aus dem schwülen Alamanya

Osman

PS: Lieber Onkel Ömer, das Wichtigste zuerst: Meine Frau Eminanim und diese Frau Ümmüyanim sind noch beide hier bei mir im Karnickelweg 7b. Bevor Du mir also noch eine dritte Frau schickst, müssen wir einiges dringend klären:
Wer von den dreien wird in Zukunft kochen?
Wer wird morgens mein Frühstück vorbereiten?
Wer wird sich um die Kinder kümmern?
Wer wird im Ford-Transit neben mir vorne sitzen?
Wer wird mit mir schlafen ... öhm ... schlaf gut! Gute Nacht!

Juli

Urlaubssaison

Mein lieber Onkel Ömer,

wie geht es Dir, und wie geht es meiner lieben Tante Ülkü? Wie geht's der hübschen Kuh Pembe, wie geht's der schwarz gepunkteten Ziege Fatima, wie geht's Deinem störrischen Esel Tarzan, und wie geht's unserem guten alten Dorfvorsteher Hüsnü?

Lieber Onkel Ömer, was Urlaub ist, das weißt Du ja. Urlaubmachen bedeutet auf Türkisch »Gurkensammeln«. Deshalb kommen wir jedes Jahr im Sommer mit unserem Ford-Transit und vielen Koffern mit Geschenken zu Euch ins Dorf, um von meiner Tante Ülkü zum Gurkensammeln auf dem Feld verdonnert zu werden.

Nach vier Wochen Gurkenernte schießen mir natürlich die Tränen in die Augen, wenn wir wieder wegfahren müssen. Einige böse Zungen behaupten zwar, dass dies Freudentränen wären, weil wir endlich die bescheuerten Sisyphos-Gurken (wir sammeln, wir sammeln, wir sammeln vier Wochen lang, und wenn wir nach einem Jahr wiederkommen, sind die ganzen Millionen Gurken auch schon wieder da) los sind, aber in Wirklichkeit sind es Trauertränen, weil wir unser Dorf und Euch wieder für ein Jahr verlassen müssen – ich schwör's Dir!

In Alamanya ist aber alles anders; hier sammelt man im

Urlaub nicht, wie jeder normale Mensch, Gurken auf dem Feld von Tante oder Onkel, sondern fährt an die Nordsee und stapft stundenlang durch den ekelhaft kalten Schlamm, den die unhöfliche Nordsee am Strand als Souvenir für die Touristen zurückgelassen hat.

Die Nordsee ist nämlich kein Meer wie jedes andere. Sie haut alle paar Stunden ab und lässt die armen Menschen, die sie besuchen wollen, auf dreckigem Matsch sitzen. Du kennst das ja mit der deutschen Gastfreundlichkeit. Der respektlose Mehmet meint, es wäre nicht schlecht, wenn die ganzen Gurken bei uns im Dorf auch weniger gast-freundlich wären und immer von alleine verschwinden würden, wenn wir im Sommer zu Besuch kommen.

Lieber Onkel Ömer, bitte versteh mich nicht falsch: nicht etwa, um mich vor der Arbeit auf Deinen Gurken-feldern zu drücken, sondern einzig und allein aus dem Grund, dass ich Dir berichten will, wie die Deutschen Urlaub machen, sind wir dieses Jahr an die Nordsee ge-fahren – und kauften uns dort angekommen sofort große Regenschirme.

Regenschirme sind der Verkaufsschlager an der Nord-see. In der Türkei kauft man im Sommer Sonnencreme, Ba-dehosen, Eis und Mückenspray, an der Nordsee kauft man Regenschirme, Gummistiefel, heißen Tee und Ferngläser, um das Wasser wenigstens von Weitem zu sehen.

Von Bremen aus hat es zwei Stunden gedauert, bis wir mit meinem vollgepackten Ford-Transit die Nordseeküste erreichten. Aber wir konnten keinen Kämpingplatz finden. Mal gefielen meiner Frau die Toiletten nicht, mal gefiel mir der Preis nicht. Bis zum Einbruch der Dunkelheit haben wir dieses Spielchen munter fortgesetzt: Da, wo Emina-

nim ihre Zelte aufschlagen wollte, wollte ich nicht bleiben, und dort, wo es mir richtig gut gefiel, suchte sie mit angewidertem Gesicht und zugehaltener Nase sofort das Weite. Nach drei weiteren Stunden, mitten in der Nacht, kamen wir an einer grünen Wiese vorbei.

»Osman, ich bin total kaputt! Lass uns bitte hierbleiben«, jammerte Eminanim völlig erschöpft.

Über einen steinigen Feldweg rumpelten wir zu dem hübschen, mitten in einem kleinen Wald und sehr idyllisch gelegen Plätzchen. Es war herrlich, keine Menschenseele war weit und breit und somit auch kein Halsabschneider, der Geld kassieren wollte.

Da meine Frau am Ende ihrer Kräfte war, übernahm ich den Bau unserer Behausung. Dabei kam mir erheblich zugute, dass meine Vorfahren ein echtes Nomadenvolk waren. Viele tausend Jahre lang haben die Türken doch ihre Zelte ständig woanders aufgeschlagen, bis sie irgendwann endlich in Anatolien landeten. Die heutige Türkei erklärten sie dann zu ihrem Basislager und zogen von dort in kleinen Gruppen mit ihren transportablen Häusern auf dem Pferderücken weiter. Aber ich bin felsenfest davon überzeugt, dass die Zelte der alten Osmanen nicht so kompliziert waren. Denn sonst hätten die Türken es nicht mal bis nach Istanbul geschafft – geschweige denn bis nach Wien!

Selbst mein guter alter Franz-Josef konnte nicht mehr mit ansehen, wie ich um Mitternacht völlig kaputt und unglaublich genervt mit den ganzen Rohren, Seilen und Plastikplanen rumhantierte. Immer, wenn ich das eine Rohr drinhatte, rutschte das andere wieder raus! Die Lichter meines Ford-Transit erhellten meine erfolglosen Aktivitäten mittlerweile noch weniger als die Sterne des Großen

Bären aus dem Universum. Aber die großen Bären auf der Erde machten mir inzwischen wesentlich mehr Sorgen. Insbesondere die, die sich nachts hinter den vielen dicken Bäumen verstecken.

Völlig entnervt habe ich die ganzen Haken, Ösen, Plastik- und Metallrohre hingeschmissen und ging weg, um die umliegenden Bäume zu begießen. Als ich nach fünf Minuten wieder zurückkam, bekam ich einen Riesenschock!

Unser Zelt stand wie 'ne Eins! Hatte sich dieses verdammte Zelt denn von alleine aufgestellt? Oder war das Dävid Kopperfild, der gerade durch Ostfriesland tourte?

»Osman, du warst nicht da, deshalb habe ich mich schon ein bisschen nützlich gemacht und das Zelt aufgebaut. Kannst du bitte die Luftmatratze aufpusten, ich trage inzwischen die Wolldecken ins Zelt«, murmelte meine Frau in dem Moment schläfrig.

»Das ist mal wieder typisch, Eminanim, die schwierigen Aufgaben landen immer bei mir. Wo soll ich denn um diese Uhrzeit so viel Puste hernehmen?«, meckerte ich und machte mich über die Luftmatratze her.

»Eminanim, diese Luftmatratze ist kaputt«, schimpfte ich kurz darauf.

»Osman, versuch es bitte noch einmal, aber diesmal ohne mit deinem dicken Hintern darauf zu sitzen. Ich nehme an, dann wird's einfacher gehen«, sagte sie.

Um zwei Uhr waren wir fertig und lagen endlich in unserem Zelt, aber diese verdammte, unbequeme Luftmatratze war höchstens einen Meter breit! Und davon brauchte Eminanim 99 Zentimeter für sich alleine.

Ich zog den langen Reißverschluss an unserem kleinen Einmannzelt bis nach unten zu, damit uns weder Einbre-

cher oder Verbrecher noch große oder kleine Bären über-
fallen könnten. Aber schon fünf Minuten später machte ich
hastig nach Luft schnappend den Reißverschluss wieder
sperrangelweit auf. Die neue Plastikmatratze stank bestia-
lisch. Dieser unerträgliche Gestank hätte selbst das wildes-
te Tier unverzüglich in die Flucht geschlagen, aber nicht
Eminanim, die ja sonst angeblich eine so feine Nase hat!
Meine Frau schlief mit so einem glücklichen Lächeln auf
dieser stinkenden Matratze, als würde sie in einem herrlich
duftenden Rosengarten liegen. Kurz darauf verwandelte
sich der herrlich duftende Rosengarten in ein höllisch lautes Sägewerk, meine Frau fing nämlich aus vollem Rohr an
zu schnarchen. Ich rollte sie zur Seite, damit sie wenigstens
so lange Ruhe gab, bis ich einschlafen konnte.

Wenige Sekunden später legte das Sägewerk erst richtig
los! Ich drehte Eminanim mit viel Mühe von rechts nach
links — aber es brachte alles nichts! Egal, wohin ich sie
drehte — sie schnarchte fürchterlich und ohne Pause!

Ich riss zwei Stöpsel aus dieser stinkenden Luftmatratze
raus und steckte sie mir in die Ohren! Pfeifend strömte die
Luft aus der Plastikmatratze heraus, und unsere Hintern
landeten auf dem Boden. Was lediglich zur Folge hatte, dass
Eminanim noch lauter schnarchte — wer hätte das für möglich gehalten, dass man diesen Lärm noch steigern kann?

Als die ersten Sonnenstrahlen sich ihren Weg in unser
Zelt bahnten, war ich bereits völlig verzweifelt. Ich hatte
die ganze Nacht kein Auge zugetan. Stattdessen hatte ich
meine schnarchende Frau hundertzweiundsechzig Mal um
ihre eigene Achse gedreht, aber es hatte nichts gebracht,
sie schnarchte immer noch wie ein Grizzlybär im Winterschlaf.

Dann endlich wurde sie wach und sagte gut erholt:

»Osman, eins sage ich dir, zu Hause werde ich dir aber nicht erlauben, mich die ganze Nacht über ständig hin und her zu drehen!«

»Wie, hast du das etwa gemerkt? Ich dachte, du schläfst die ganze Zeit«, fragte ich verärgert.

»Wie soll ich denn schlafen können, wenn du mich ununterbrochen hin und her rollst? Ich hab mir gedacht, wir sind ja im Urlaub, der Junge soll seine Sexfantasien ausnahmsweise mal ausleben dürfen«, lachte sie.

»Ich fass es nicht! Sexfantasien sagst du? Mordfantasien habe ich gehabt«, rief ich und stürmte stocksauer und stocksteif aus dem winzigen und stinkenden Plastikzelt raus.

Kaum war ich draußen, ging das höllisch laute Geschnarche schon wieder von vorne los! Völlig erschrocken stellte ich fest, dass die ganze Nacht über nicht meine Frau die Quelle des Lärms gewesen war, sondern ein ungebetener Nachbar, der ungefragt seinen Schlafsack direkt neben unserem Zelt aufgerollt hatte. Der dicke Mann und sein noch dickerer Hund schnarchten so laut um die Wette, dass nicht mal die Brandung des Meeres zu hören war.

Lieber Onkel Ömer, das war doch wirklich zum Haareraufen! Dass ich in Hotels immer von Schnarchern umzingelt werde, das kann ich schon irgendwie als Ironie des Schicksals abtun. Aber dass sich so ein Idiot auf dem tausend Kilometer langen Küstenstreifen direkt vor meiner Nase, besser gesagt, direkt neben meinem Ohr, positionierte, das grenzte schon an Zeltfriedensbruch!

Plötzlich hörte der riesengroße Kampfhund mit dem

Schnarchen auf und fing an zu schnüffeln. Bevor er mich entdecken konnte, hechtete ich zurück in mein Zelt und zog den Reißverschluss ganz fest zu. Soviel ich weiß, ist noch kein Mensch durch Lärm gestorben, aber durch brutale Kampfhunde schon etliche!

»Einen wunderschönen guten Morgen, Herr Nachbar«, rief der Mann mir hinterher.

»Ist Ihnen eigentlich klar, dass Sie beim Schlafen einen riesengroßen Schalldämpfer benutzen müssten«, brüllte ich zurück.

»Hahaha, guter Witz«, lachte er, »aber in jedem noch so dummen Spruch steckt ein Fünkchen Wahrheit. Mit dieser Ausrede hat sich damals nämlich auch meine Ex von mir scheiden lassen. Aber selbst wenn ich ab und zu ein bisschen schnarchen sollte, in der freien Natur kann ich ja damit niemanden stören, nicht wahr?«, lachte er sich schief.

»Komm, Osman, lass uns losfahren, ich hab Hunger«, sagte meine Frau.

Ich armer Mensch hatte auch nichts im Magen und war völlig fertig – genauso wie unser armer Ford-Transit, dessen Batterie heute Nacht beim Zeltaufbau den Geist aufgegeben hatte. Der Motor gab überhaupt keinen Ton mehr von sich, und Franz-Josef bewegte sich keinen Millimeter von der Stelle, nach dem lutherischen Motto: »Hier stehe ich – ich kann nicht anders!« Unser Auto war über Nacht Protestant geworden.

Danach tat ich das, was alle Männer machen, wenn der Wagen nicht anspringt – nein, nicht mit dem Händy den ADAC anrufen, so was machen doch nur Frauen. Der Mann von Welt öffnet in so einem Fall mit einem sehr fachmännischen Gesichtsausdruck energisch die Motorhaube. Betrachtet den ganzen vergammelten Schrott, der sich darunter befindet, legt sich dann einen sehr kritischen Blick zu und zieht dabei den rechten Mundwinkel nach unten und die linke Augenbraue nach oben. Dann tut er so, als würde er sich von keinem noch so hinterhältigen Motor was vormachen lassen.

»Osman, glotz den Motor doch nicht so doof an! Nur vom Anschauen springt er bestimmt nicht an«, unterbrach mich in dem Moment Eminanim.

Der Mann von Welt ignoriert selbstverständlich die unqualifizierten Zwischenrufe, tut ganz kuul und ruft mit einer sehr selbstbewussten und männlichen Stimme:

»Nichts zu machen! Die Batterie ist im Eimer. Sag mal, Kollege, kannst du mal kurz mit anpacken, um diesen Wagen den Deich raufzuschieben, beim Runterrollen wird er dann garantiert anspringen.«

»Also ehrlich gesagt, hinter so einer alten Rußschleuder zu stehen, dazu habe ich überhaupt keine Lust«, knurrte der unhöfliche Schnarcher ziemlich unkollegial.

»Entschuldigung, der Herr, könnten Sie uns vielleicht helfen, unseren Wagen diesen Hügel rauf...«, zwitscherte Eminanim, und bevor sie ihren Satz vollendet hatte, schleimte der Mistkerl sich bei meiner Frau ein:

»Aber gerne, gnädige Frau, es ist doch selbstverständlich, dass man sich in so einer Situation gegenseitig hilft. Da brauchen Sie mich nicht mal zu bitten«, rief er höflich bis zum Gehtnichtmehr.

Da dachte ich natürlich, was hat meine Frau, was ich nicht habe?

»So, ihr seid euch also einig, dann könnt ihr jetzt anfangen zu schieben – ich lenke«, rief ich vom Fahrersitz aus.

»Osman, komm sofort raus, du schiebst mit ihm zusammen – ich lenke«, zischte Eminanim und warf mich aus dem Wagen.

»Aber du kannst doch gar nicht fahren«, protestierte ich.

»Ich will nichts hören, ihr beide schiebt, ist das klar?«, kam als Antwort.

Wie befohlen haben wir mit vereinten Kräften und viel Mühe den Transit bis oben auf den Deich geschoben. Wobei die Kräfte sehr unterschiedlich verteilt waren. Er beschränkte sich nur aufs Kommandieren und Fluchen – ich musste schwitzen und rackern! Erst als wir auf dem Deich ankamen, gab er dem Transit einen kräftigen Klaps auf den Hintern und rief erleichtert:

»So, das wäre geschafft, Kollege!«

Durch diesen unerwarteten Schlag stürzte mein armer Wagen den Abhang hinunter.

Eminanim wusste überhaupt nicht, was sie machen sollte, bekam einen Schock und fing an zu kreischen. Ich spurtete blitzschnell hinterher!

»Eminanim, auf die Bremse treten … die Bremse treteeeen«, brüllte ich außer Atem.

»Tu ich doch die ganze Zeit, passiert aber nichts, welcher Hebel ist es deeeennn?«, schrie sie voller Angst zurück.

»Zieh die Handbremse hoch … die Handbremse hochziiieheeenn!«, versuchte ich ihr von Weitem zu helfen.

»Wie sieht die denn aaaauuus?«, war die verzweifelte Antwort.

Mein armer Ford-Transit polterte immer schneller den Abhang runter, meine noch ärmere Frau war darin eingesperrt.

»Eminanim, pass doch auf, fahr nach rechts, fahr nach rechts, du knallst gleich gegen den Baum ... Dreh das Lenkrad um ... das Lenkrad umdreeeheeenn ...«, brüllte ich aus vollem Hals und in vollem Lauf.

Mit einem Riesenknall umarmten sich in dem Moment mein Franz-Josef und der dicke Baum wie ein Liebespaar, das lange voneinander getrennt war.

Zum Glück war Eminanim nichts passiert. Was man von unserem armen Franz-Josef leider nicht behaupten konnte.

Beide Scheinwerfer würden, so traurig es auch ist, in Zukunft nie mehr scheinen können, die Stoßstange wollte ab dem Moment nicht mehr stoßen, hatte sich für immer verabschiedet und ruhte sich unter einem anderen Baum aus. Der Kotflügel war total verbeult, hatte tatsächlich Flügel bekommen und flatterte die ganze Zeit ungeduldig hin und her, offenbar versuchte er, sich auch ganz schnell aus dem Staub zu machen.

»Eminanim, du hast es doch klasse gemacht«, tröstete ich meine Frau, »wenn ich die Wahl zwischen einem Baum und der Nordsee gehabt hätte, hätte ich mich genauso entschieden und wäre lieber in den Baum gekracht. Obwohl du theoretisch natürlich auch auf dem Weg hättest bleiben können.«

»Osman, du Idiot, du solltest den Wagen ja auch nur bis auf den Deich schieben und nicht gleich runterschubsen«, stotterte sie kreidebleich im Gesicht.

Nach dem Schock lief der Ford-Transit plötzlich wie'n Weltmeister! Nur das Lenkrad war noch ein klein wenig gewöhnungsbedürftig: Wenn ich nach links drehte, fuhr die Karre nach rechts, und wenn ich nach rechts wollte,

musste ich nach links drehen. Das Ganze war etwas irritierend, und ab und zu kam ich auch durcheinander. Dann landete der eine Radfahrer links im Straßengraben und der andere Radfahrer rechts im Rapsfeld, von dort aus winkten sie uns nicht ganz so freundlich hinterher.

Aber nach ein paar Kilometern, einigen Kurven und mehreren Radfahrern hatte ich das Spiel, das unser Franz-Josef mit mir spielen wollte, voll drauf.

»Eminanim, siehst du, wie schnell ich Rechtsdrehen und Linksfahren gelernt habe«, freute ich mich.

»Osman, es kommt dir zugute, dass du schon immer verkehrt getickt hast! Ein vernünftiger Mensch wäre schon längst gegen eine Mauer geknallt«, lachte sie.

Eine halbe Stunde später entdeckten wir ein wunderschönes Landcafé, wo man auch frühstücken konnte.

Eminanim bestellte sich ein riesengroßes Käse-Frühstück. Ich natürlich auch! Zusätzlich bestellte ich mir noch ein italienisches Frühstück, ein französisches Frühstück, ein englisches Frühstück und als Aperitif ein ostfriesisches Bauernfrühstück! Türkisches Frühstück hatten sie leider nicht. Zum Nachtisch wollte ich Omas Apfelkuchen aus dem Steinofen haben. Eminanim bestellte sich ein Blech Zwetschgenkuchen.

»Wie viele Personen kommen denn noch?«, fragte die Kellnerin irritiert.

»Zehn«, sagte ich. Ich wollte nicht, dass die arme Frau völlig durcheinanderkommt. In der Hinsicht haben die Ostfriesen ohnehin nicht den besten Ruf.

Nach zwanzig Minuten packte die Kellnerin alles auf den Tisch und nach neunundzwanzig Minuten war alles wieder weg!

Wirklich, wir hatten nur neun Minuten gebraucht, um alles aufzuessen. Ich erinnere mich nicht mehr, wann ich in letzter Zeit ein Brötchen nach dem anderen mit nur zwei Bissen weggeputzt habe.

Lieber Onkel Ömer, dann taten meine Frau und ich das, was bei windigem Sauwetter alle Touristen tun: wir schauten uns, um die Zeit totzuschlagen, stundenlang in den Souvenirläden um und kauften nichts! Außer einem Regenschirm natürlich. Unseren zweiten schon, denn der orkanartige Wind hatte unseren ersten sofort in Rente geschickt.

Plötzlich kam dann die Dunkelheit und mit ihr zusammen unser Hunger. Ich hätte nie gedacht, dass ich nach dem heutigen Frühstück in diesem Urlaub jemals wieder Hunger kriegen würde – vor allem nicht schon am gleichen Tag!

Eminanim sagte, wenn sie schon mal an der Nordsee sei, wolle sie Fisch essen.

»Du hast recht, Frau, wann haben wir denn schon mal die Gelegenheit, original ostfriesisch zu essen«, sagte ich und schaute mir auf der Speisekarte die Spezialitäten der dortigen Gegend an:

»Makrele Käpt'n Ahab«, »Jan Wilmink's Kabeljautopf«, »Thedo's Lachsforelle«, »Heilbutt mit Gemüse«, aber entschieden habe ich mich dann doch für einen leckeren »Haifisch-Döner«.

Als wir um 22 Uhr das Restaurant verließen, war es schon ganz schön dunkel. Unsere Scheinwerfer hatten sich ja, intelligent wie sie sind, bereits morgens von uns verabschiedet. Meine Frau zeigte mir vom Beifahrersitz aus mit der Taschenlampe den Weg, und ich drehte das Lenkrad nach

links, wenn wir nach rechts wollten, und nach rechts, wenn wir nach links fuhren. So was nennt man wohl Abenteuerurlaub.

Auf der ganzen Fahrt betete ich, dass unser ungebetener Nachbar von gestern sich mit seinem Köter hoffentlich mindestens 50 Kilometer von uns entfernt zum Schlafen gelegt hatte.

Total frustriert hörte ich aber schon zwei Kilometer vorher, dass meine Gebete nicht erhört wurden.

Zu allem Überfluss sah ich völlig schockiert, dass sich der verdammte Penner diesmal nicht neben unser Zelt, sondern gleich in unser Zelt zum Schlafen gelegt hatte! Und das mit seinem Flohsack zusammen!

»So eine Unverschämtheit«, brüllte ich und zog den frechen Kerl an seinem Schwanz und seinen Köter an seinem Schlafsack aus unserem Zelt heraus – oder war es umgekehrt?

»Osman, sei doch nicht so sauer. Die haben bestimmt nur vor dem Regen Zuflucht gesucht. Hättest du doch auch gemacht«, versuchte meine Frau mich zu beruhigen.

Die beiden ließen sich durch mich aber überhaupt nicht stören und brummten, grunzten und schnarchten weiterhin genüsslich um die Wette.

In zwei Minuten baute ich unser Zelt erfolgreich ab. Abbauen ging viel schneller als Aufbauen. Einmal Gegentreten reichte völlig aus!

Mit der Taschenlampe in der Hand lief ich weiter und fand ein anderes, viel hübscheres Plätzchen für unser Zelt.

»Eminanim, ich muss mal so dringend, wenn du willst, kannst du ja schon mal anfangen aufzubauen«, sagte ich.

Dann ließ ich mir genug Zeit, damit sie bis zu meiner

Rückkehr auch wirklich fertig wäre. Anscheinend hatte ich mir etwas zu viel Zeit genommen, denn als ich wieder da war, hatte sie das Zelt schon aufgebaut und schlief tief und fest darin. Ich legte mich mit den ganzen Klamotten neben sie. Kurz danach fing es wieder an, wie aus Eimern zu gießen, und ich konnte nach zwei anstrengenden Tagen endlich die Augen schließen. Ich schlief fest wie ein Toter!

Als Ausgleich zur unserer chaotischen Reise träumte ich zum Glück nur von angenehmen und schönen Dingen: Ich lag zum Beispiel bei strahlendem Sonnenschein mit der Luftmatratze auf dem Mittelmeer und ließ mich von den sanften Wellen romantisch hin und her schaukeln.

Doch als plötzlich die Wellen immer heftiger wurden, wachte ich auf und stellte erschrocken fest, dass mein süßer Traum überhaupt nicht süß, nämlich kein Traum, sondern bitterböse Wirklichkeit war!

Lieber Onkel Ömer, ich befand mich tatsächlich mit unserer stinkenden Matratze auf dem Wasser, aber leider auf der kalten Nordsee! Der stürmische Monsunregen hatte mich und meine Frau ins Meer gespült! Aber Eminanim war gar nicht da, neben mir auf der Luftmatratze lag nur der dicke Köter und leckte mein Gesicht.

»Bei Allah, ist meine Frau etwa ertrunken?«, fragte ich mich.

Oder vielleicht noch schlimmer: Hatte diese Bestie sie womöglich verspeist?

»Halloo, Osman, hallooo, Osman«, hörte ich in dem Moment die Stimme meiner Frau aus dem Jenseits.

»Eminanim, wo bist duuu? Was ist denn passieeert?«, brüllte ich, so laut ich konnte.

»Was passiert ist, fragst duuuu? Du hast uns heute Nacht als Zeltplatz ausgerechnet ein altes Flussbett ausgesucht, du Schwachkoooopf! Und der Regen hat die Luftmatratze rausgespült, aber wieso hast du den Hund mitgenommeeeeen?«, brüllte sie wieder.

»Frau, ich möchte viel eher wissen, was du gerade in dem Schlafsack von diesem Kerl treeeeiiibst, so viel kann ich nämlich seheeeen!«, brüllte ich ganz schön böse zurück.

»Osman, als wir mit unserer Luftmatratze bei ihm vorbeischwammen, hast du mich runtergeschubst und stattdessen seinen Hund mitgenommen. Eine ganz neue Variante von Partnertausch, wie ich finde. In diesem Urlaub hast du mit deinen Sexfantasien eigentlich schon ein bisschen übertrieben! Ich hoffe, du wirst mit dem Köter glücklich«, schrie sie.

Als ich da mitten in der Nordsee auf der winzigen Luftmatratze zitternd vor Kälte immer weiter auf das offene Meer hinaustrieb, wurde mir plötzlich der Sinn unserer Türkeiurlaube bewusst! Ich habe mir in dem Moment nichts sehnlicher gewünscht, als von morgens bis abends auf Deinem Feld schwitzend Gurken zu ernten!

Zum Glück hat mich der Köter zusammen mit der Luftmatratze wieder zurück an Land gezogen, weil er so dringend musste. Wusstest Du, dass Hunde im Gegensatz zu Menschen niemals ins Meer pinkeln?

Lieber Onkel Ömer, ich küsse Dir, Tante Ülkü und allen Älteren in unserem schönen Dorf ganz herzlich mit großem Respekt die erfahrenen Hände und allen Jüngeren mit viel Liebe die hübschen, unschuldigen Augen.

Eminanim und die Kinder grüßen Euch selbstverständlich auch und küssen den Älteren mit viel Respekt die Hände und den Jüngeren mit viel Liebe die Augen.

Pass gut auf Dich auf, bleib gesund, iss genug Knoblauch und danke fünfmal am Tag Allah, dass Du da wohnst, wo andere Leute Urlaub machen, und dass Dein Bett nachts nie selbstständig schwimmen gehen möge!

Dein Dich über alles liebender Neffe aus dem sehr nassen Alamanya

Osman

PS: Lieber Onkel Ömer, dieser horrormäßige Urlaub hatte einen großen Vorteil: Ich war endlich mal mit meiner Frau alleine und hab ihr knallhart meine Meinung gesagt: »Eminanim, bei mir meckerst du, wenn ich einen meiner Freunde mal zum Essen mitbringe. Aber deine Arbeitskollegen dürfen sich hier gleich monatelang einnisten!« Zugegebenermaßen war das etwas respektlos einer Medizinerin gegenüber, aber die beiden treiben mich langsam zum Äußersten!
»Osman, welchen deiner Freunde meinst du denn?«, sagte sie etwas abfällig.
»Na, meine Kumpels eben. Hans, Hasan, Ahmet, Nedim«, zählte ich sie stolz alle auf.
»Ist einer von den Parasiten etwa Arzt?«, fragte sie unverschämt.
»Arzt vielleicht nicht, aber ganz hervorragende Staplerfahrer und Lackierer sind darunter. Ich persönlich brauche auch

keinen Arzt mehr, allein in unserer Wohnung gibt es schon zwei, und das ist mehr als ausreichend«, rief ich ironisch. Ich glaube, das saß!

Sie hat sich nämlich daraufhin ganz schön aufgeregt und hysterisch gekreischt:

»Osman, jeder Mensch, der vor all meinen Freundinnen glaubhaft versichert, mit mir zusammen Medizin studiert zu haben, darf hier so lange wohnen, wie er will!«

Lieber Onkel Ömer, ich hab's mir überlegt: Morgen höre ich in Halle 4 auf und werde versuchen, irgendwie Medizin zu studieren, sonst wird meine Frau mich mit Sicherheit vor die Tür setzen.

Mein vielleicht letzter Gute-Nacht-Gruß von hier. Schlaf gut!

Erzählsaison

Mein lieber Onkel Ömer,

wie geht es Dir, und wie geht es meiner lieben Tante Ülkü? Wie geht's der hübschen Kuh Pembe, wie geht's der schwarz gepunkteten Ziege Fatima, wie geht's Deinem störrischen Esel Tarzan, und wie geht's unserem guten alten Dorfvorsteher Hüsnü?

Lieber Onkel Ömer, was Urlaub und somit was eine Urlaubssaison ist, das weißt Du ja jetzt, das habe ich Dir schon letztes Mal geschrieben, und Du hast mich auch schon oft genug beim Gurkenernten beobachtet. Aber Du weißt nicht, wie das Ende von so einer Urlaubssaison in Alamanya aussieht. Am Ende der anstrengenden Urlaubssaison startet nämlich die noch viel anstrengendere Erzählsaison!

Mit den ganzen Schikanen, die ich während der angeblich »schönsten Zeit des Jahres« erleben muss, hört mein Leiden leider immer noch nicht auf. Danach geht's erst richtig los! Kaum bin ich nämlich nach dem Urlaub völlig erschöpft wieder zu Hause, kommen uns alle meine türkischen Freunde und Kollegen mit Kind und Kegel besuchen und erzählen mit vollem Mund (für diese Form der Folter müssen wir auch noch was kochen!), was für einen tollen und aufregenden Urlaub sie erlebt haben. In was für einem

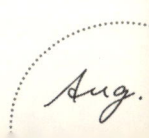

teuren 10-Sterne-Hotel – wenn nicht sogar zwölf Sterne – sie residiert haben und wie lecker das Essen, wie schön der Strand, die Stadt, das Wetter und wie billig die Urlaubs-schnäppchen waren.

In dieser hochtechnologischen Zeit bleibt es leider nicht nur beim Erzählen, es werden zusätzlich stapelweise Hoch-glanzfotos rumgereicht und auf großen weißen Leinwän-den stolz die selbst gedrehten, todlangweiligen Videofilme vorgeführt. Technischer Fortschritt ist nicht immer zum Vorteil der Menschen, musst Du wissen!

Für meine Bekannten sind ihre langweiligen, nichts-sagenden Wackelbilder natürlich überhaupt nicht langwei-lig, sondern unglaublich interessant und höchst amüsant. Sie tun so, als wären ihre unscharfen, peinlichen Bilder, auf denen sie im knietiefen Wasser in albernen Badehosen mit hässlichen Kindern am Planschen sind, spannender als ein Hitschkok-Krimi und künstlerisch wertvoller als jeder Fellini-Streifen.

Nedim meinte sogar letztens allen Ernstes, dass er als Filmemacher auf jeden Fall das Zeug zu einem Hollywud-Oscar hätte, und bewunderte dabei mit glänzenden Augen sein neuestes Urlaubs-Kunstwerk: Ein junger Schuhputzer irgendwo in Mittelanatolien wischt in einer staubigen Fuß-gängerzone Nedims Sandalen sauber.

»Nedim, seit wann lässt du dir denn die Sandalen putzen?«, fragte ich ihn missbilligend, damit er mich mit seinem blöden Film endlich verschont. Ich musste sein os-karreifes Filmchen nämlich mittlerweile zum siebten Mal ertragen. Einmal bei Ahmet, einmal bei Hasan, zweimal bei mir und schon dreimal bei ihm zu Hause.

»Das ist ja gerade der geniale Gäg, Osman«, sagte er in

einer Spielberg-Pose. »Erst diese völlig unerwartete, authentische Szene macht meinen Film zu einem außergewöhnlichen Kunstwerk und mich zu einem Meisterregisseur der modernen Filmkultur!«

Meine Frau Eminanim war mal wieder viel schlauer als ich. Sie sagte jedes Mal mit sehr betrübtem Gesicht, dass sie sich im Urlaub mit verdorbenen Muscheln eine ganz schreckliche Magenschleimhautentzündung eingefangen hätte, und so saß sie alle diese sieben Male, als Nedim uns mit seinen stumpfsinnigen Wackelbildern zu Tode folterte, total entspannt auf dem Klo und drehte glücklich und zufrieden Däumchen. Wieso komme ich eigentlich nie auf so tolle Ideen?

Lieber Onkel Ömer, dieses ganze nervige Theater ist selbstverständlich nicht auf Nedims eigenem Mist gewachsen, sondern ein klares Zeichen unserer gelungenen Integration in Alamanya. Nach dem Urlaub alle Verwandten und Bekannten mit Fotos, Dias und Filmen in den nackten Wahnsinn zu treiben, das ist die reinste deutsche Leitkultur! Aber die Deutschen bleiben mit dieser Leitkultur in ihrer Parallelgesellschaft unter sich, und ich armer Ausländer bekomme, wie gesagt, nur Besuch von meinen türkischen Arbeitskollegen und Nachbarn. Was nicht weiter schlimm wäre, wären da nicht kiloweise Urlaubsfotos, die sie jedes Mal voller Begeisterung mitschleppen – und ich muss stundenlang mit höchst interessiertem Gesicht Bilder von den langweiligen Motiven anstarren, die ich selber schon unzählige Male fotografiert habe.

Deshalb war ich gestern umso aufgeregter, als meine kleine Tochter Hatice durch die ganze Wohnung brüllte:

Aug.

»Papa, Papa, ein Deutscher ist am Telefoooonn! Wo bist du deeenn, bist du taub oder waaaass?«, und laut gegen die Toilettentür trommelte, wo ich mich gerade vom Alltag erholte.

»Bei Allah, in dieser Bude hat man nicht mal auf dem Klo seine Ruhe«, fluchte ich, aber blitzschnell hatte ich die Hose wieder oben, denn ich wollte natürlich wissen, welcher Deutsche bei uns anruft.

»Hier Osman Engin, mit wem spreche ich?«, fragte ich mit klopfendem Herzen.

»Hallo, Osman, alter Kumpel, hier ist Hans. Wir sind aus dem Urlaub zurück«, brüllte mir unser Nachbar Hans ins Ohr.

»Mensch, Hans, das ist ja prima, dass du anrufst. Wie war es denn in der Türkei?«, fragte ich sehr gespannt.

»Es war ganz toll, Osman, genau wie du erzählst hast. Wir haben fantastische Dias gemacht. Wenn ihr Zeit habt, dann kommen Petra und ich heute Abend vorbei und zeigen sie euch«, brüllte er wieder, als wäre er immer noch in der Türkei und hätte kein Telefon in der Hand, sondern nur ein Megafon.

»Klar, Hans, in Ordnung, wir erwarten euch um acht zum Abendessen«, lud ich die beiden ein, ohne vorher Eminanim gefragt zu haben. Aber meine Frau strahlte bereits wie ein Honigkuchenpferd, weil wir endlich nach Jahren der Entbehrung mal wieder von einer deutschen Familie Besuch bekommen würden.

»Osman, das ist ja Wahnsinn! Ich freue mich riesig, dass Hans und Petra uns besuchen. Dann muss ich aber heute was Besonderes kochen«, rief sie mit bebender Stimme und rannte in die Küche.

»Ja, Eminanim«, sagte ich stolz, »ist es nicht wunderschön, dass wir von unseren deutschen Nachbarn so gut akzeptiert und anerkannt werden?«

»Osman, ruf doch bei Nedim und Hümeyranim an und erzähl denen, dass wir heute Abend deutsche Gäste bekommen. Aber lass dir nicht anmerken, dass du nur deswegen anrufst«, schlug sie vor, clever wie sie immer ist.

»Super, mach ich! Wenn du auch noch die Erkek Fatma anrufst, dann weiß es morgen jeder«, freute ich mich wie ein Kind über ein unerwartetes Geschenk.

Lieber Onkel Ömer, das war es ja im Grunde genommen auch! Es war wirklich ein echtes Gottesgeschenk, dass wir Besuch von diesen Deutschen bekamen. Welcher Türke in Alamanya kann schon so was Herrliches von sich behaupten? Die sind sehr genügsam und bereits total häppy, wenn ihnen bettelarme türkische Jungs ihre billigen Sandalen putzen! Ich rief natürlich sofort den Möchtegern-Fellini an:

»Du, Nedim«, sagte ich am Telefon, »wir haben heute Abend deutsche Gäste! Aber erst einmal einen guten Tag, wie geht es euch? Hans und Petra kommen uns gleich besuchen.«

»Ihr seid aber Glückspilze, die besuchen euch aber echt häufig!«, murmelte er mir ganz schön neidisch ins Ohr.

»Ja, leider, Nedim«, stöhnte ich, bemüht, glaubwürdig zu klingen, »die tun geradeso, als wenn ich auch ein Deutscher wäre.«

»Freu dich doch, Osman! Das Glück, so oft von Deutschen besucht zu werden, hat nicht jeder normalsterbliche Türke hier«, seufzte er voller Bewunderung.

Die Stunden, bis unsere deutschen Gäste endlich da waren, kamen mir wie Jahre vor.

Als Hans vor der Tür stand, umarmten wir uns leidenschaftlich.

»Allah sei Dank, Hans. Dank dem Allmächtigen, der uns wieder zusammengeführt hat«, rief ich begeistert, während ich voller Sehnsucht seine Wangen küsste. Meine Frau umarmte Petra so heftig, dass sie im Gesicht blau anlief.

»Also, die Türkei hat mir sehr gut gefallen, Osman, das muss ich schon sagen. Es ist alles so ganz anders als bei uns in Deutschland. Wie soll ich sagen … ich meine, so türkisch. Und dann diese Gastfreundschaft. Kaum zu glauben. Wir sind überall herzlich empfangen worden«, erzählte Hans immer noch richtig begeistert von seinem Türkeiurlaub.

»Ihr könnt euch gar nicht vorstellen, wie viele Dias Hans gemacht hat«, rief Petra genauso begeistert, »in der Türkei gibt's ja massenweise Ruinen, ein Kunstwerk nach dem anderen. Und unglaublich viele Türken.«

»Ja, genau siebzig Millionen, alles Gastarbeiter«, sagte ich und habe meinem Nachbarn Hans geholfen, den mitgebrachten Projektor aufzubauen.

Gemeinsam sahen wir uns die schönen Urlaubsdias an.

Es waren wirklich herrliche Bilder:

Die Bosporusbrücke
Die Blaue Moschee in Istanbul
Hans mit Turban vor der Moschee
Hans ohne Turban vor der Moschee
Petra mit Kopftuch vor der Moschee
Petra ohne Kopftuch vor der Moschee

Petra auf dem Basar
Hans kauft Tomaten
Petra kauft Oliven
Ein echtes Kamel
Hans neben dem Kamel
Hans auf dem Kamel
Hans und Petra auf dem Kamel
Hans und Petra unter dem Kamel

»Bei Allah, was für einen aufregenden Urlaub ihr gemacht habt! Aber jetzt müsst ihr zum Essen in die Küche kommen, sonst wird alles kalt«, sagte meine Frau und schleppte uns alle in die Küche, um ihre Kunstwerke zu präsentieren, die im Gegensatz zu Nedims und Hans' Kunstwerken wirklich ein echter Augen- und Zungenschmaus waren.

Während des Essens erzählten uns Hans und Petra mit vollem Mund von der Türkei. Petra hatte ständig einen dicken Brocken vom »Ohnmächtigen Hodca« im Mund und Hans kaute genüsslich an dem »Gebratenen Frauenschenkel« rum. Und ich holte mir meine vierte Portion blutige, halbgegarte »Albaner Leber«.

»Also, Osman, diese türkischen Händler sind wirklich ganz schön gerissen«, schmatzte Hans laut, »auf dem Istanbuler Basar wollte mir jemand eine Halskette für tausend Lira andrehen. Aber ich habe diesen Gauner bis auf hundert Lira runtergehandelt.«

In dem Moment rief meine kleine Tochter Hatice auf Türkisch dazwischen:

»Aber dann bist du ja noch gerissener als die, Onkel Halil.«

»Meine liebe Tochter wollte damit sagen: Du kannst aber auch gut handeln, Onkel Hans«, übersetzte ich.

In dem Augenblick sah ich, wie ihre Mutter das Kind für seine Unverschämtheit in den Po kniff.

»Auaaa«, kreischte Hatice laut.

»Hast du Bauchweh, mein Kind?«, fragte ich fürsorglich.

»Bestimmt, die arme Hatice hat sich auch irgendwie den Magen verdorben«, antwortete meine Frau.

Lieber Onkel Ömer, gleich nach dem Essen zeigten uns Hans und Petra mit genau der gleichen Begeisterung von vorhin und mit immer neuen Kommentaren und Anekdoten noch einmal ihre gesamten Urlaubsdias. Glaub mir, mit vollem Bauch ist diese Folter noch weniger zu ertragen!

Bevor Hans danach mit dem Schwachsinn zum dritten Mal von vorne anfangen konnte, habe ich mir blitzschnell irgendeinen Film geschnappt und in den DVD-Pläyer geschoben.

Ob wir dadurch weniger leiden mussten, vermag ich jetzt im Nachhinein leider nicht mehr zu beurteilen. Der Film war nämlich ein typisches türkisches Liebesdrama! Wer bei einem solchen Film nur zwei Taschentücher vollheult, muss ein Herz aus Stein haben. Ich war schon mindestens beim dritten Taschentuch angelangt, als der Sittenstrolch von einem Schauspieler, der die bildhübsche Hauptdarstellerin heimlich auf die Wange geküsst hatte, ihr brutal ins Gesicht sagte, er wolle sie aber trotzdem nicht auf der Stelle heiraten!

Der Lüstling im Film behauptete allen Ernstes, ein Kuss auf die linke Wange stelle noch keinen Heiratsgrund dar.

Ich musste damals Eminanim für ein viel geringeres Vergehen heiraten!

Unsere Frauen waren selbstverständlich einer Ohnmacht gefährlich nahe, als der Kerl auch noch völlig gefühllos angab, dass er einen mittleren Harem haben müsste, wenn er jede Frau heiraten würde, die er mal geküsst hat.

»Hans, deine Frau legt aber auch sehr großen Wert auf Ehre, fast genauso wie eine Türkin«, lobte ich unseren Gast.

»Ja, und wie«, antwortete Hans sichtlich stolz auf seine Petra, während er mit einem handtuchgroßen Taschentuch geräuschvoll seine Nase putzte.

»Mein lieber Freund, das ist doch der beste Beweis für gelungene gegenseitige Integration«, sagte ich betont würdevoll.

»Kannst du mal den Film kurz stoppen?«, meinte Petra in dem Moment mit verknoteten Beinen. »Ich muss mal dringend aufs Klo!«

»Genehmigt, Viertelstunde Toilettenpause!«, rief ich laut in die Runde.

Diese Viertelstunde nutzte jeder auf seine Art. Die Frauen gingen aufs Klo oder besorgten sich neue Taschentücher, Hans und ich gingen in die Küche und holten uns noch mehr »Gebratene Frauenschenkel« oder bluttriefende »Albaner Leber«.

Als alle Filme angeguckt, der ganze Tee ausgetrunken, alle Augen verheult und alle Taschentücher triefnass waren, mussten unsere deutschen Gäste leider aufstehen, um nach Hause zu gehen.

Der Abschied war selbstverständlich noch dramatischer

als die Begrüßung, weil wir alle durch die türkischen Spiel-
filme emotional total aufgeladen waren.

»Hans, bitte verlass uns nicht«, flehte ich meinen Nachbarn an, mit Tränen in den Augen.

»Osman, wir kommen ja wieder, wir wohnen doch bloß
um die Ecke«, sagte er, während er sich an meiner Schulter
hemmungslos ausweinte.

Aber das Schicksal ließ sich natürlich nicht aufhalten:
Hans und Petra waren ernsthaft dabei, unser Heim zu verlassen.

Vor der Haustür kehrte Hans noch mal um und flüsterte
mir zärtlich ins Ohr:

»Mein lieber Osman, nächste Woche kommt ihr aber
als deutsche Gäste zu uns, abgemacht? Fatma meint, wir
haben auch schon lange keine deutschen Gäste mehr gehabt.«

Ich schaute ihm ganz tief in die Augen und flüsterte in
sein Ohr:

»Ist in Ordnung, Halil, wir kommen nächste Woche.
Dann spielen wir die deutschen Gäste!«

Lieber Onkel Ömer, außer Dir würde ich diese Geschichte niemandem erzählen. Behalt es bitte nur für Dich! Die
Labertasche Erkek Fatma und der Petzer Nedim dürfen es
niemals erfahren, dass Halil und ich uns gegenseitig als
deutsche Gäste besuchen, um Selbsttherapie zu betreiben.

Ich küsse Dir, Tante Ülkü und allen Älteren in unserem
schönen Dorf ganz herzlich mit großem Respekt die erfahrenen Hände und allen Jüngeren mit viel Liebe die hübschen, unschuldigen Augen.

Eminanim und die Kinder grüßen Euch selbstverständlich auch und küssen den Älteren mit viel Respekt die Hände und den Jüngeren mit viel Liebe die Augen.

Pass gut auf Dich auf, bleib gesund, iss genug Knoblauch und danke fünfmal am Tag Allah, dass Du im Dorf von niemandem mit Urlaubsdias traktiert wirst, das grenzt nämlich an Körperverletzung. Erst recht, wenn eingedeutschte Türken deutsche Gäste türken!

Dein Dich über alles liebender Neffe aus dem warmen, aber stickigen Alamanya

Osman

PS: Lieber Onkel Ömer, nach unseren getürkten deutschen Gästen wurden wir dann überraschend von echten Deutschen heimgesucht: Zwei Beamte kamen und haben sich sehr lange mit Frau Ümmüyanim unterhalten. Eminanim hat übersetzt, aber ich durfte nicht dabei sein. Ümmüyanim war danach sehr durcheinander und ziemlich aufgeregt.
»Was ist denn los?«, fragte ich meine Frau.
»Das Gesundheitsministerium erkennt Ümmüyanims Ärztediplom nicht an«, sagte sie verärgert.
Ich war völlig perplex!
»Wie? Will sie jetzt etwa für immer hierbleiben, oder was?«, stotterte ich. »In dem Fall gehe ich freiwillig in die Türkei zurück!«
Aus Hatices Zimmer war ein sehr leises Schluchzen zu hören.
»Weint Ümmüyanim etwa?«, fragte ich besorgt.
»Was würdest du denn machen, wenn du jahrelang Tag und

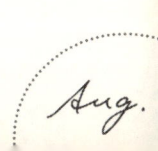

Nacht umsonst geschuftet hättest«, beendete sie abrupt unsere Diskussion.

Lieber Onkel Ömer, ich glaube, ich will doch nicht Medizin studieren. Ich bin aus dem Alter raus, nachts noch büffeln zu können. Nachts schlafe ich lieber, wenn ich kann. Mach Du das auch. Gute Nacht!

Fußballsaison

Mein lieber Onkel Ömer,

wie geht es Dir, und wie geht es meiner lieben Tante Ülkü? Wie geht's der hübschen Kuh Pembe, wie geht's der schwarz gepunkteten Ziege Fatima, wie geht's Deinem störrischen Esel Tarzan, und wie geht's unserem guten alten Dorfvorsteher Hüsnü?

Lieber Onkel Ömer, über Fußball brauche ich einem Fachmann wie Dir ja nichts zu erzählen! In der Türkei wird wohl über kein Thema mehr diskutiert als über Fußball. Ob die eigene Mannschaft diese Woche gut gespielt hat, wie sie letzte Woche gespielt hat und wie sie vorletzte Woche gespielt hat und wie sie am Ende der Saison spielen wird, wenn die Scheiß-Versager-Millionäre weiterhin so einen Mist produzieren!

Ob der Trainer ausgewechselt werden sollte oder doch nur die Stürmer oder das Mittelfeld oder die Abwehr, und der Penner von Torwart sollte endlich auch mal was Unhaltbares halten; was der hält, könnte doch jede Oma am Krückstock mit dem Hintern stoppen.

Ob die neue Freundin des Mittelstürmers hübsch genug ist für unseren Nationalspieler oder ob er doch wieder mit der alten Schauspielerin ausgehen sollte. Ob seine Ladehemmung damit zusammenhängt, dass er sich in letzter

Aug.

Zeit mehr mit den Silikonbällen der Models im Bett beschäftigt hat als mit den Lederbällen auf dem Fußballplatz.

Ob man als guter Fän grundsätzlich die Mannschaftsbusse von allen gegnerischen Vereinen mit Steinen bewerfen sollte oder färerweise nur die, gegen die man um die Meisterschaft kämpft. Ob man alle Zuschauer des Gegners verprügeln sollte oder doch nur die durchgeknallten Huuligäns. Und was ist mit den eigenen Huuligäns? Soll man sie auch verprügeln oder ihnen entgegenkommen?

Apropos Entgegenkommen: In Deutschland funktioniert das mittlerweile sehr gut. Also nicht mit den Huuligäns, aber mit anderen Dingen, zum Beispiel mit den Ausländern. Die Deutschen haben endlich eingesehen, dass das mit der Annäherung keine Einbahnstraße ist und dass sie uns auch entgegenkommen müssen. Und es klappt wirklich prima.

Es gibt keine Amtsstube mehr in Alamanya, wo man ohne Schmiergeld weiterkommt. In allen Firmen herrschen orientalische Verhältnisse, wie z. B. bei Siemens oder VW.

Vor vierzig Jahren, als wir herkamen, haben sich die Deutschen bei der Begrüßung nicht mal die Hand gegeben, jetzt küssen sie sich hemmungslos und laut schmatzend mit viel Spucke auf beide Wangen, so wie wir. Damals saßen die Leute hier im Sommer selbst bei 35 Grad in den Cafés bei fest verschlossenen Fenstern und Türen drinnen. Heute sind alle Bürgersteige mit Tischen und Stühlen vollgestopft wie in der Türkei.

Und am meisten kommen die Deutschen uns in Sachen Fußball entgegen: 1974 sagten sie nicht mal: »Hurra, Deutschland ist Weltmeister.« Stattdessen murmelten sie verschämt: »Die BRD hat irgendein Turnier gewonnen.« Niemand hat damals daran gedacht, fröhlich auf die Straße zu gehen, schon gar nicht mit einer Deutschlandflagge in der Hand. Heute veranstalten sie die ganze Nacht Hupkonzerte mit langen Autokonvois, selbst nach einem 2:1-Sieg gegen Malta. Wie weit sollen sich diese armen Menschen uns denn noch anpassen, frage ich Dich?

Aber Schlechtmacher gibt es natürlich überall, selbst in meiner Familie, wie Nermin oder Roland Koch. Roland Koch ist zum Glück nicht in meiner Familie. Aber meine feministische Tochter Nermin meckert ständig:

»Hoffentlich geht das mit der Annäherung der Deutschen an die fremden Kulturen nicht so weit, dass sie auch Zwangsheiraten und Ehrenmorde übernehmen!«

Aber wie gesagt, es beruht alles auf Gegenseitigkeit: Die Deutschen essen inzwischen mehr Knoblauch, wir essen dafür mehr Sauerkraut. Döner mit Sauerkraut, stell Dir diesen Fraß mal vor! Es gibt auch Bio-Döner und vegetarischen Döner! Bio-Döner nennt man das Zeug, wenn die Zwiebeln darin aus dem eigenen Garten sind. Vegetarischer Döner ist ein Döner ohne Döner drin. Also trockenes Fladenbrot mit langweiligem Sauerkraut und etwas Joghurt. Warum das ungenießbare Zeug dann immer noch Döner heißt? Frag mich nicht! Wahrscheinlich, weil es von schnurrbärtigen Männern verkauft wird. Das ist ja wie ein Motorrad ohne Motor oder Fußball ohne Ball! Aber solcher Schwachsinn verbindet einen eben letztlich miteinander. Man passt sich halt an. Auch beim Fußball. Aus diesem Grunde beschäftigen wir »Deutschlinge« uns hier in Alamanya auch mittlerweile mehr mit dem eigentlichen Spiel auf dem grünen Rasen als mit den Spielchen unserer Fußballer im Bett.

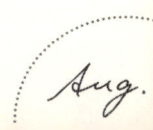

Meine Kumpels und ich nehmen jedes Spiel immer auf DVD auf, um es später noch mehrere Male zu studieren, die kritischen Szenen aufmerksam und in Zeitlupe zu durchleuchten und das Ganze dann sorgfältig zu archivieren. Die überaus wichtigen Fußballspiele während einer Saison — aber welches Fußballspiel ist schon nicht überaus wichtig? — schauen wir uns aus Prinzip nur unter Männern an. Kein Mann will durch die Nörgelei der Ehefrau über die kaputte Waschmaschine oder die fehlenden Tomaten während eines Elfmeterschießens im Pokalfinale zum Frauenmörder werden.

Deshalb ist jedes Jahr im August die Spannung in unserem türkischen Männercafé nicht zu überbieten. Nicht dass Du denkst, ich rede vom WM-Finale oder so. Nein, wir fiebern jedes Jahr erst mal dem obligatorischen Wettbewerb entgegen, bei dem die Sitzplätze für die Bundesliga-Spiele vor dem riesigen Plasma-Fernseher in unserem Café vergeben werden.

Lieber Onkel Ömer, die Mutter aller Fragen heißt also, wer wird die tollen Stühle ergattern, auf denen man unseren Helden in kurzen Hosen ein Jahr lang ganz nah sein darf?

Die Zuschauerplätze in unserem Café sind grob in zwei Kategorien aufgeteilt: Ehrenplätze und Ehrlosenplätze. Ehrenplätze sind die fünf Stuhlreihen, die direkt vor dem Fernseher aufgestellt werden. Die mittleren Reihen sind nur ganz normale Plätze, bei denen keine Ehre im Spiel ist. Die sind weder ehrenvoll noch ehrlos, ganz normale, stinklangweilige Stühle mit vier Beinen halt. Die Stühle ganz hinten und die Fensterbänke sind unehrenhafte Plätze, wo der Pöbel sitzt oder steht. Deren Kommentare werden aus Prinzip nicht gewürdigt. Nur die Leute auf den Ehrenplätzen, also die VIPs, finden Beachtung. Ob sie nun den Schiedsrichter beschimpfen oder den gegnerischen Verteidiger, sie werden von allen Anwesenden wahrgenommen. Entweder man nickt zustimmend oder man sagt: »Du Idiot, du hast doch keine Ahnung. Das war doch eine Blutgrätsche! Wenn du nicht mal das siehst, dann geh schnell zum Augenarzt!« Aber wenn eine Bemerkung oder ein Schimpfwort von den billigen Plätzen ertönt, bekommt derjenige bestenfalls zu hören: »Ruhe da!« Normalerweise wird der Störenfried nicht mal wahrgenommen.

Schon seit einer Woche finden in unserem Männercafé jeden Tag mehrere Ausscheidungskämpfe in verschiedenen Disziplinen um diese ehrenhaften Stühle in den ersten fünf Reihen statt.

Alle meine Kumpels sind natürlich da, und es wird erbittert und mit allen Tricks gekämpft. Kein Mensch arbeitet mehr. Wir müssen natürlich immer eine Woche vor Beginn dieser Ausscheidungskämpfe in der Fabrik Urlaub nehmen, um uns intensiv auf diese alles entscheidende Prüfung vorzubereiten.

Vorgestern war WM-Historie zwischen 1950 und 1990 dran, wobei ich von zwanzig Fragen nur bei dem Ersatztorwart der siegreichen deutschen Mannschaft von 1954 danebenlag. Gestern waren die Trainer aller WM-Mannschaften in dieser Zeit dran. Wenn ich sage »alle«, dann meine ich auch alle. Also inklusive aller Versager-Trainer aus fünf Kontinenten, die mit ihren Flaschenmannschaften nicht mal die Qualifikation geschafft haben. Die Fragen werden natürlich höchstpersönlich von Mahmut aus-

gesucht und gestellt. Das ist der Besitzer des türkischen Cafés, das offiziell ja ein deutsch-türkischer Kulturverein ist. Jedenfalls ist es amtlich so eingetragen. Aber seit 30 Jahren hab ich dort noch keinen einzigen Deutschen gesehen; und erst recht keinen mit Kultur. Aber irgendwie muss man ja versuchen, ein paar Steuern zu sparen, nicht wahr?

Heute ging's um Fußballersprüche. Ich war heilfroh, dass mein Arbeitskollege Ahmet die erste Frage beantworten musste. Mein Lampenfieber hatte ich nämlich trotz fünf Gläsern Tee immer noch nicht abgelegt.

Mahmut hatte alle Anwesenden sehr souverän um Ruhe gebeten und fragte dann meinen Arbeitskollegen Ahmet:

»Welcher Fußballer sagte: ›Mailand oder Madrid – Hauptsache Italien!‹?«

Für mich wäre das natürlich ein Kinderspiel gewesen. Aber in Ahmets flackernden Augen sah ich, dass er stark am Zweifeln war.

»Basler, Matthäus oder Möller«, stotterte er mit hochrotem Kopf und entschied sich zum Schluss leider doch für den Richtigen: Andreas Möller nämlich.

Mahmut notierte sich diese Antwort und machte mit der Prüfung weiter.

»Hasan, du bist dran, von wem kommt der Spruch: ›Wir haben uns gut aus der Atmosphäre gezogen‹?«, fragte er meinen Kumpel aus Halle 4.

»Kinderleicht«, lachte Hasan, »Wolfgang Wolf natürlich!«

Ich merkte, dass Hasan sich auch sehr gut vorbereitet hatte. Er könnte mir schon große Schwierigkeiten bei der Platzvergabe machen. Danach war Nedim dran.

»Nedim, von wem stammt der legendäre Satz: ›In der ersten Halbzeit haben wir ganz gut gespielt, in der zweiten fehlte uns die Kontinu…, äh, Kontuni…, ach, scheiß Fremdwörter: Wir waren nicht beständig genug‹!«

Nedim, der Angeber, schaute natürlich erst mal siegreich in die Runde und rief dann sehr überheblich:

»Mahmut, es ist doch peinlich, dass ich so eine einfache Frage beantworten muss. Dieser Satz stammt natürlich von unserem O-Bein, Pierre Littbarski. Erinnert mich ein bisschen an den berühmten Möller-Spruch: ›Ich hatte vom Fiiling her ein gutes Gefühl‹, oder an den tollen Hans-Meyer-Satz: ›Wir haben in der einen oder anderen Situation unsere Impotenz bewiesen!‹.«

Lieber Onkel Ömer, wie Du auch einsehen wirst, musste ich an dieser Stelle natürlich sofort protestieren und mein Veto einlegen.

»Mahmut, das sag ich dir aber gleich, dadurch kriegt dieser Wichtigtuer keinen Zusatzpunkt! Kein Mensch hat ihn nach den anderen beiden Sprüchen gefragt!«, brüllte ich in die Runde. Mein Veto wurde von den anderen natürlich auch gleich lautstark unterstützt. Mahmut beruhigte uns alle.

»Osman, du brauchst deswegen nicht rumzuschreien, er hätte sowieso keine Zusatzpunkte gekriegt«, rief er und wandte sich wieder mir zu.

»Hier kommt nun deine Frage, Osman. Für dich habe ich eine Religionsfrage ausgesucht. Wer sagte denn: ›Wir werden unseren Sohn Bruuklyn in jedem Fall taufen lassen. Wir wissen aber noch nicht, in welcher Religion.‹?«

»Wie war noch mal die Frage? Das ist nämlich nicht so einfach, ich bin schließlich Fußballer«, konterte ich mit einem tollen Mehmet-Scholl-Spruch, um Mahmut milder zu stimmen.

»Einspruch, niemand hat dich nach Mehmets Satz gefragt«, legte diesmal natürlich der Spielverderber Nedim sein Veto ein.

»Einspruch stattgegeben«, sagte Mahmut und nahm das ganze Geschehen ins Protokoll auf. Die Prüfung schien langsam aus den Fugen zu geraten, ich versuchte, die Gemüter wieder zu beruhigen, und sagte versöhnlich:

»Ja gut, das war selbstverständlich der Speisgörl-Beckhäm.«

»Richtig, ein Punkt für Osman«, sagte Mahmut und lief zum Telefon. Gleich danach rief er:

»Wessen Frau kreischt hier ins Telefon: ›Wenn der Idiot nicht in zehn Minuten zu Hause ist, komme ich persönlich rüber und reiße ihm vor versammelter Mannschaft die Rübe ab‹?«

»Das hört sich doch sehr nach Eminanim an. Das Abendbrot steht bestimmt auf dem Tisch. Ich muss leider weg«, sagte ich und hatte damit noch eine Frage richtig beantwortet, die spielte aber bei der Sitzordnung für die kommende Fußballsaison logischerweise keine Rolle. Ich wurde wegen Eminanims Anruf sogar disqualifiziert und muss nun während der ganzen Saison ganz hinten beim Pöbel sitzen.

Lieber Onkel Ömer, als ich dann zu Hause war, hörte ich, wie meine Frau Eminanim in der Küche mit unserer kleinen Tochter Hatice redete.

Obwohl ich einen Riesenhunger hatte und ziemlich verärgert war, dass ich wegen Eminanim für ein Jahr auf die unehrenhaften Plätze verwiesen wurde, lauschte ich sehr interessiert. Was sie besprachen, war viel sensationeller als unsere Sitzplatzverteilung. Meine Frau versuchte höchst engagiert und ziemlich wissenschaftlich, aber dabei trotzdem sehr kindgerecht und einleuchtend, unserem Frechdachs die Abseitsfalle zu erklären. Das konnte doch nicht wahr sein!

Du kannst Dir nicht vorstellen, wie ich mich darüber gefreut habe! Meine jahrzehntelangen Bemühungen, meiner Frau die Abseitsfalle beizubringen, hatten doch noch gefruchtet. Mein Leben ist also doch nicht umsonst! Es gibt tatsächlich etwas Positives, das ich geschafft habe, worauf ich später mit Stolz zurückblicken kann: Ich hatte meiner Frau Eminanim die Abseitsfalle beigebracht! Und sie gab ihr Wissen sogar freiwillig an unsere Kinder weiter!

Natürlich hatte sie bei der Definition des »Passiven Abseits« noch erhebliche Probleme, aber damit kamen ja nicht mal unser Kaiser Franz oder der legendäre Kölner Trainer Hennes Weisweiler klar. Beckenbauer hatte zum Beispiel seinerzeit gesagt:

»Abseits ist, wenn der Schiedsrichter pfeift!«

Hennes Weisweiler schimpfte wie 'n Rohrspatz und brüllte:

»Abseits ist, wenn dieses lange Arschloch zu spät abspielt«, und meinte damit seinen Mittelfeldregisseur, den technisch sehr starken Spielmacher der Gladbacher in den 70er-Jahren, Günter Netzer.

Eminanim mühte sich redlich, aber Hatice machte nicht den Eindruck, als ob sie über diesen Fußballunterricht irgendwie froh wäre.

»Mama, warum muss ich diesen Blödsinn lernen?«, jammerte sie ziemlich genervt, da sie ja mit ihrem kindlichen Gemüt die ungeheure Wichtigkeit dieser Regeln für König Fußball noch nicht richtig erfassen konnte.

Meine Frau versuchte trotzdem mit Engelsgeduld, es unserer kleinen Tochter begreiflich zu machen. Sie sagte ganz lieb:

»Hatice, mein Kind, schau mal, ich habe in meinem ganzen Leben noch keinen einzigen Mann gesehen, der nicht fußballverrückt ist. Es ist nun mal so! Leider! Damit müssen wir Frauen wohl oder übel leben. Aber wenn du später mal mit so einem Mann auch nur eine halbwegs vernünftige Ehe führen willst, dann ist es ausgesprochen sinnvoll, wenigstens die grundlegendsten Fußballregeln zu kennen. Sonst hat man in einer Beziehung mit so einem Idioten überhaupt keine Gemeinsamkeiten. Du weißt, wir sind arm und können dir nichts mitgeben. Die Abseitsfalle ist die einzige Mitgift, die ich dir für deine spätere Ehe geben kann!«

Wie Du siehst, wir legen auch in Alamanya sehr großen Wert auf die Erziehung. Wenn meine Frau und die Kinder sich so weiterbilden, werde ich in Zukunft die Fußballspiele möglicherweise sogar zu Hause anschauen können. Auch wenn ich mir normalerweise jedes Jahr im türkischen Männercafé mindestens in der ersten oder zweiten Reihe einen Platz erkämpfen kann, so sind doch ständig sehr viele blöde Laien da, die mit völlig unqualifizierten Bemerkungen unsere ganze Konzentration und den ganzen Spielfluss stören. Außerdem kocht Eminanim besseren Tee als Mahmut.

Lieber Onkel Ömer, ich küsse Dir, Tante Ülkü und allen Älteren in unserem schönen Dorf ganz herzlich mit großem Respekt die erfahrenen Hände und allen Jüngeren mit viel Liebe die hübschen, unschuldigen Augen.

Eminanim und die Kinder grüßen Euch selbstverständlich auch und küssen den Älteren mit viel Respekt die Hände und den Jüngeren mit viel Liebe die Augen.

Pass gut auf Dich auf, bleib gesund, iss genug Knoblauch und danke fünfmal am Tag Allah, dass er Dir nur Söhne geschenkt hat, die ja von Natur aus alle geborene Fußballexperten sind.

Dein Dich über alles liebender Neffe aus dem sehr stürmischen Alamanya

Osman

PS: Lieber Onkel Ömer, was ich mich schon die ganze Zeit frage, ist, ob das Gesundheitsministerium wohl Eminanims Diplom anerkannt hat. Das finde ich fast noch spannender als meinen Sitzplatz in Mahmuts Café. Aber ich traute mich nicht, sie zu fragen. Erstens hätte ich dadurch ihr Diplom plötzlich offiziell anerkannt, zweitens fand ich seit Tagen nicht die passende emotionale Gelegenheit.

Gestern habe ich sie alleine in der Küche beim Kochen erwischt, als sie gerade gut gelaunt am Singen war. Da habe ich endlich die Gelegenheit beim Schopfe gepackt.

»Eminanim, sag mal, hast du denn dein Diplom hier anerkannt bekommen?«, fragte ich spontan, für sie offensichtlich ziemlich überraschend.

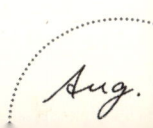

»Fürs Kochen brauche ich kein Diplom, da bin ich ohnehin eine Expertin. Aber auf diesem Gebiet sind ja alle türkischen Frauen von Natur aus begabt«, prahlte sie.

»Dein Ärztediplom, meine ich«, sagte ich. »Oder behandelst du die ganzen kranken Frauen ohne eine ärztliche Zulassung? Du weißt, dass hier in Deutschland ständig falsche Ärzte im Knast landen. Die Regierung bezahlt sogar viel Kopfgeld dafür!«

»Schön, dann können wir ja mit dem Kopfgeld mal richtig Urlaub machen«, lachte sie.

Lieber Onkel Ömer, was hat Eminanim wohl mit Urlaub gemeint?

Wenn sie so weiter macht, landet sie doch im Knast! Oder empfindet sie den Knast im Gegensatz zu ihrem Leben hier im Karnickelweg 7b etwa als einen prickelnden Urlaub? Ich könnte mit einem falschen Diplom jedenfalls nicht mehr gut schlafen. Aber sie schläft wie ein Bäby. Das wünsche ich Dir auch. Gute Nacht!

Weihnachtssaison

Mein lieber Onkel Ömer,

wie geht es Dir, und wie geht es meiner lieben Tante Ülkü? Wie geht's der hübschen Kuh Pembe, wie geht's der schwarz gepunkteten Ziege Fatima, wie geht's Deinem störrischen Esel Tarzan, und wie geht's unserem guten alten Dorfvorsteher Hüsnü?

Lieber Onkel Ömer, Du weißt doch, was das Weihnachtsfest ist. Das ist so was Ähnliches wie unser Ramadanfest. An Weihnachten wird ganz Deutschland dichtgemacht und mit der ganzen Sippschaft zusammen drei Tage lang nur am Esstisch geackert. Es wird reingehauen, was das Zeug hält oder was die Küche hergibt – wie gesagt, genauso wie in der Türkei beim Ramadanfest. So was Tolles wie Baklava haben die Deutschen leider nicht. Aber dafür haben sie Lebkuchenherzen, Zimtsterne, Pfefferkuchen, Dominosteine, Makronen, Kokosflocken, Mandelplätzchen, Berliner Brot, Weihnachtsstollen, Schoko-Nikoläuse, Vanillekipferl, Marzipanschweine usw. Es ist ja allgemein bekannt, dass die Deutschen sich nie mit einem schönen Ding begnügen. Das beste Beispiel: Die bauen weiterhin fünfzig andere Autos, obwohl sie bereits so was Geniales wie den Ford-Transit haben.

Na ja, was ich eigentlich sagen wollte, ist, wenn man von

diesen ganzen Weihnachts-Leckereien wie Lebkuchenherzen, Zimtsternen, Pfefferkuchen, Dominosteinen, Makronen, Kokosflocken, Mandelplätzchen, Berliner Brot,
Weihnachtsstollen, Schoko-Nikoläusen, Vanillekipferln,
Marzipanschweinen usw. kiloweise in sich reinstopft, dann
verdrückt man genauso viele Kalorien und wird genauso
fett, als wenn man zentnerweise Baklava gegessen hätte.

Du weißt also, was Weihnachten ist, aber wahrscheinlich
fragst Du Dich schon die ganze Zeit, weshalb ich Dir jetzt,
am 1. September, einen Brief über Weihnachten schreibe,
nicht wahr?

Nein, mach Dir keine Sorgen, dass ich vielleicht irre im
Kopf geworden bin. Vielmehr ist die deutsche Wirtschaft
wieder daran schuld. Diese Halsabschneider stopfen in
ganz Alamanya jetzt schon sämtliche Kaufhäuser mit völlig
überflüssigen Weihnachtsartikeln voll, als wäre Weihnachten schon übermorgen – als wäre Jesus eine Frühgeburt
gewesen.

Ganz Deutschland funkelt, blinkt, flackert und flimmert
bereits jetzt in allen möglichen Farben – das ganze Brimborium fängt also schon vier Monate vor Weihnachten an!

Moslems müssen vor dem Ramadanfest einen Monat
hungern, Christen müssen vor dem Weihnachtsfest vier
Monate diesen Terror ertragen.

Überall sieht man nur noch Schoko-Nikoläuse, Weihnachtsstollen und allen möglichen Tannenbaum-Schnick-
schnack. Ich könnte heute schon ohne Probleme Weihnachten feiern, und es würde mir an nichts fehlen – ganz
im Gegenteil, jetzt ist wenigstens noch nichts ausverkauft!

Ich habe mal in der Zeitung gelesen, dass die echten

Weihnachts-Dschankies jeden Tag Weihnachten feiern. Jeden Abend, wenn sie von der Arbeit kommen, zünden sie ihren Tannenbaum an, nippen an ihrem Glühwein, legen die Weihnachts-CD rein und singen laut mit:

»Oh Tannenbaum, oh Tannenbaum, wie grün sind deine Blääätteeerr!«

Ich glaube, dass diese Weihnachts-Spinner nur die Vorboten sind. Ich habe den starken Verdacht, dass die deutsche Industrie vorhat, uns alle in den Wahnsinn zu treiben.

Früher hatte kein Mensch ein Auto, jetzt hat jede Familie zwei Stück davon. Früher hatte kein Mensch einen Fernseher, jetzt stehen in jedem Zimmer zwei. Früher hatte kein Mensch einen Computer, jetzt sind sogar die Notizbücher zu Computern geworden. Früher hatte kein Mensch Telefon, jetzt haben alle für jedes Ohr eines, in das sie ständig reinbrüllen. Und bald wird jeder jeden Tag zweimal Weihnachten haben und jeden Abend zur Melodie von ›Oh Tannenbaum‹ zwei Schoko-Nikoläuse und drei Marzipanschweine köpfen. Und je jünger und unerfahrener die Menschen sind, desto einfacher schnappt diese Falle der Gehirnwäsche zu. Das beste Beispiel für diesen Wahnsinn, in den wir sehenden Auges hineinschlittern, ist doch meine kleine Tochter Hatice. Sie hat schon letzte Woche damit angefangen, jeden Tag Nikoläuse und Schweine zu köpfen — und dazu auch noch ihre Mutter und ihren armen Vater.

Aber dank eines raffiniert ausgeklügelten Überwachungssystems innerhalb unserer Familie (es gab also doch etwas Gutes, was man von der bankrotten DDR übernehmen konnte) habe ich einen Brief von Hatice in die Hände bekommen, der für den Weihnachtsmann bestimmt war.

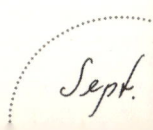

Wenn dieser unglaubliche Weihnachtszirkus bereits im September losgeht, darf man sich auch nicht wundern, wenn die Kinder jetzt schon an den Weihnachtsmann schreiben – unserer Werbeindustrie sei Dank.

Lieber Onkel Ömer, unten kannst Du schockiert selber lesen, wie der ganze Industrie- und Medienirrsinn unserer Zeit selbst aus einigermaßen vernünftigen kleinen Kindern im Geiste Elternmörder macht!
    Hier ist der Brief von unserem Frechdachs im Wortlaut:

»Mein lieber Onkel Weihnachtsmann, wie geht's Dir? Ich hoffe, Dir geht's gut! Und wie geht's Deinen Rentieren dort oben am kalten Nordpol? Ich hoffe, die schaffen es diesmal, Deine vielen schönen Geschenke bis zu mir zu schleppen!
    Mein lieber Onkel Weihnachtsmann, mir geht's leider nicht so gut, wie Du gleich erfahren wirst. Ich weiß, dass Du mich in vier Monaten besuchen wirst, um mir meine Weihnachtsgeschenke zu überreichen. Ich schreibe Dir jetzt früh genug, damit Du noch reichlich Zeit hast, bis dahin alles zu besorgen. Am Ende meines Briefes werde ich Dir noch alle meine Wünsche auf einem Extrazettel (siehe Anlage: 6 Seiten) aufschreiben, damit Du Dir nicht unnötig den Kopf zerbrechen musst, was Du mir bloß schenken sollst. Wir wollen doch nicht, dass Du mir aus Versehen das Falsche mitbringst, wie mein dusseliger Vater das immer tut – ich meine, früher tat! Schade, dass Du Dich nicht ausschließlich nur um mich kümmern kannst, sondern Dich auch noch um die anderen gierigen Kinder auf der Welt kümmern musst.

Lieber Onkel Weihnachtsmann, mein Name ist Hatice Engin. Ich bin acht Jahre alt. Und ich habe bereits ein sehr schreckliches Leben hinter mir. Ich weiß nicht, ob man es Dir bereits erzählt hat: Meine richtigen Eltern sind leider vor sechs Monaten gestorben. Seitdem bin ich nur noch am Weinen. Davor eigentlich auch, aber alles der Reihe nach.

Du denkst jetzt sicherlich – so gutherzig wie Du nun mal bist –, dass der Tod meiner Eltern das Traurigste in meinem bisherigen langen Leben war, nicht wahr? Aber das stimmt nicht! Da täuschst Du Dich gewaltig!

Mein brutaler Vater und meine schlimme Mutter sind an einem Wintermorgen mit ihrem Auto die Klippen hinuntergestürzt und waren auf der Stelle tot. Natürlich hatte mein Vater wie immer jede Menge Alkohol getrunken, bis er dann sturzbesoffen auf mich und meine Geschwister eingeprügelt hat. Meine Mutter, die eine richtige Schlampe war, hatte auch nie Lust, für uns Essen zu kochen, und wollte lieber wie früher mit meinem Vater in die Kneipe gehen, um sich richtig einen zu ballern. Und in der Morgendämmerung auf dem Nachhauseweg sind sie dann, wie gesagt, tödlich verunglückt. Der liebe Gott wollte mich damit sicherlich schützen, dass ich nicht mehr von meinem Vater verprügelt werde. Ich muss zugeben, dass meine Trauer sich etwas in Grenzen hielt, weil weder ich noch meine Geschwister unsere Eltern jemals gemocht haben. Aber das Leben als Vollwaise ist auch kein Zuckerschlecken, sag ich Dir!

Lieber Weihnachtsmann, stell Dir mal vor, mit fünf Jahren hat mein Vater mich zu einem Schuster gegeben, und ich musste von frühmorgens bis spätabends dreckige Schuhe

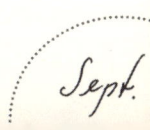

putzen und für diesen grässlichen Kerl ständig Tee kochen. Ich musste jahrelang ganz hart arbeiten und hab nichts zu essen gekriegt, außer ein paar alten vergammelten Schuhsohlen, die ich vorher immer in ein bisschen Wasser aufgeweicht habe, um sie kauen zu können. Jede Nacht habe ich in meinem kalten Zimmer fürchterlich geweint. Ich bekam nur eine ganz dünne Decke aus Zeitungspapier und musste damit auf dem eisigen Betonboden schlafen. Und mindestens einmal im Monat haben mich meine Eltern im Wald oder auf der Autobahn ausgesetzt. Als vierjähriges Mädchen mitten in der Nacht ganz alleine hundertfünfzig Kilometer von München bis nach Bremen zu laufen, war jedes Mal die Hölle, sage ich Dir. Am Anfang hatte ich riesengroße Angst, dass mich Wölfe angreifen könnten. Ich dachte, die werden mich gleich auffressen, wie sie das mit der lieben, armen Oma vom Rotkäppchen getan haben. Aber die alte Frau hatte ja wenigstens noch ihre süße Enkelin, die sich um sie gekümmert hat, und dann hatte sie auch noch diesen tapferen Jäger, der dem bösen Wolf wie Rambo den Bauch aufgeschlitzt und die Oma in einem Stück wieder rausgezogen hat. Aber wer sollte mich denn retten, mitten auf der Autobahn? Weder die Polizei noch die Feuerwehr noch ein tapferer Jäger haben sich blicken lassen; nicht mal der ADAC!

Dann haben mich meine gefühllosen Eltern jeden Tag zum Betteln gezwungen. Ich musste den ganzen Tag auf den kalten Steinen in der Fußgängerzone sitzen, den Leuten irgendwelche Lügengeschichten erzählen, und dann haben sie mir anschließend auch noch das bisschen Geld weggenommen, damit sie sich besaufen können. Das Beste, was ich von denen erwarten konnte, war eine Scheibe trockenes Brot, und selbst das gab's nur sonntags.

Lieber Onkel Weihnachtsmann, das Leben kann wirklich hart sein, und für ein Waisenkind wie mich ganz besonders! Aber ich möchte mich trotzdem nicht beklagen und will nicht, dass Du Mitleid mit mir bekommst und mich anschließend mit Deinen Geschenken über alle Maßen bevorzugst. Wenn Du mir aber trotzdem mehr Geschenke geben willst als den anderen glücklichen Kindern, die liebevolle Eltern haben und von ihren guten Eltern ohnehin jede Menge Geschenke bekommen, dann sage ich natürlich nicht Nein. Das ist Deine Entscheidung, und ich muss es akzeptieren. Du übst diesen Beruf ja schon lange genug aus, um zu wissen, dass man mit vielen schönen Geschenken auch sehr viel Leid mildern kann, selbst bei einer so armen, geschundenen Seele wie der meinen …«

Lieber Onkel Ömer, wie Du Dir denken kannst, an dieser Stelle des Briefes konnte ich es nicht mehr aushalten, hab mir Hatice, die gerade mit einem Eimer Erdbeereis strahlend ins Wohnzimmer kam, geschnappt und ihr gesagt:

»Sag mal, Hatice, glaubst du wirklich, dass wir dich vor sechs Monaten adoptiert haben?«

»Nein, Papa, wie kommst du denn da drauf? Das Eis schmeckt voll gut«, sagte sie ganz locker.

»Ja, weil du an den Weihnachtsmann geschrieben hast, dass deine wahren Eltern im Suff irgendwelche Klippen runtergestürzt sind. Deshalb müssten wir doch so was wie Stief- oder Adoptiveltern für dich sein«, meinte ich vorwurfsvoll.

»Sag mal, Papa, hast du mir nicht immer gesagt, dass man keine fremden Briefe lesen darf?«, schimpfte sie sogar daraufhin mit mir.

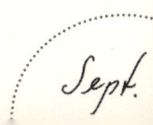

»Das ist richtig! Aber du bist ja nicht fremd. Du bist meine Tochter, obwohl du da ja scheinbar anderer Meinung bist«, argumentierte ich.

»Jetzt stell dich doch nicht so an, Papa! Das habe ich doch nur geschrieben, damit mir der Weihnachtsmann so richtig viele Geschenke bringt. Ist doch klar, dass er für so ein armes, kleines Waisenkind mehr Geschenke ranschleppt als für die ganzen Müttersöhnchen«, lachte sie, nahm einen großen Löffel Eis und war von ihrer Idee weiterhin genauso begeistert wie von dem Erdbeereis.

»Na toll, deswegen hast du also mich und deine Mutter umgebracht?«, appellierte ich zum Schluss an ihr Gewissen.

»Ja, da hast du recht, das war vielleicht nicht so nett. Zuerst wollte ich ja auch die Wahrheit schreiben und dem Weihnachtsmann sagen, was für ein elender Geizkragen du bist und dass ich deswegen nie richtig schöne Geschenke kriege. Aber dann habe ich mich doch für die noch traurigere und dramatischere Geschichte entschieden. Ich denke, das wirkt besser. Wenn der Weihnachtsmann bei meinem Brief nicht Rotz und Wasser heult, dann weiß ich auch nicht!«

Lieber Onkel Ömer, Du siehst, dass dieser Weihnachtskonsumterror in der Lage ist, selbst aus kleinen Kindern echte Monster zu machen!

Selbstverständlich habe ich Hatice nicht erlaubt, diesen Brief an den Weihnachtsmann loszuschicken. Was sich aber sofort als ein schlimmer Fehler herausstellte! Vorhin habe ich nämlich mit Schrecken beobachtet, wie sie heimlich an meinem Ford-Transit rumfummelte. Ich befürchte, sie ist schon eifrig dabei, ihre armen Eltern auch im wirklichen Leben ins Jenseits zu schicken.

Lieber Onkel Ömer, ich küsse Dir, Tante Ülkü und allen Älteren in unserem schönen Dorf ganz herzlich mit großem Respekt die erfahrenen Hände und allen Jüngeren mit viel Liebe die hübschen, unschuldigen Augen.

Eminanim und die Kinder grüßen Euch selbstverständlich auch und küssen den Älteren mit viel Respekt die Hände und den Jüngeren mit viel Liebe die Augen.

Pass gut auf Dich auf, bleib gesund, iss genug Knoblauch und danke fünfmal am Tag Allah, dass das Ramadanfest bei Euch tatsächlich nur drei Tage dauert! Verglichen mit den wahnwitzigen Weihnachtsverhältnissen hier in Deutschland ist es doch wirklich ein Segen, dass man in der Türkei nur einen einzigen Monat fasten muss, um das Zuckerfest feiern zu dürfen.

Dein Dich über alles liebender Neffe aus dem sehr durchwachsenen Alamanya

Osman

PS: Lieber Onkel Ömer, ich hoffe, ich kriege, bevor Hatice mich umgebracht hat, raus, wer diese Frau Ümmüyanim ist. Wie kann man denn auf Kosten anderer so lange Urlaub machen? Wenn es wirklich auf Kosten anderer wäre, würde ich mich bestimmt nicht so sehr aufregen, aber es ist ja auf meine Kosten.
Ist sie vielleicht eine gesuchte Mörderin auf der Flucht?

Sept.

Ist sie womöglich eine Schläferin, so oft und ausgiebig, wie sie schläft?

Bei dieser Frau ist irgendetwas faul. Ich will nicht mal genau wissen, was sie auf dem Kerbholz hat. Ich habe das unangenehme Gefühl, etwas wirklich Schlimmes verbirgt sich dahinter.

Dir trotzdem eine angenehme Nachtruhe! Schlaf gut!

Ramadan

Mein lieber Onkel Ömer,

wie geht es Dir, und wie geht es meiner lieben Tante Ülkü? Wie geht's der hübschen Kuh Pembe, wie geht's der schwarz gepunkteten Ziege Fatima, wie geht's Deinem störrischen Esel Tarzan, und wie geht's unserem guten alten Dorfvorsteher Hüsnü?

Lieber Onkel Ömer, Du weißt ja viel besser als ich, dass man in diesem heiligen Monat Ramadan fasten, an die hungernden Mitmenschen denken, Allah danken und zufrieden sein soll, dass man genügend zu essen hat. Aber Du weißt gar nicht, wie sehr mich dieser Fastenmonat Ramadan in Deutschland nervt!

Nein, nein, nicht, weil ich etwa auch hungern würde – auf die Idee bin ich noch nie gekommen, obwohl meine Frau Eminanim ständig sagt, dass ich es figurmäßig betrachtet dringend nötig hätte! Nein, ich bin wegen dieser seit Jahren andauernden, unmöglichen Ausfragerei meiner deutschen Bekannten so genervt.

Selbst mein bester Kumpel Hans, der Staplerfahrer aus Halle 4, stellt jedes Jahr zu Ramadan die immer gleichen dämlichen Fragen – als hätte ich sie ihm im letzten Jahr nicht schon ausführlich beantwortet.

Ich will ihm aber auch nicht Unrecht tun, es ist nämlich

auch gut möglich, dass mein atheistischer, ungläubiger Sohn Mehmet diese ganzen Leute hier durcheinanderbringt. Er antwortet nämlich nie wie ein vernünftiger Mensch, wenn er auf den Ramadan angesprochen wird.

Unser Hausmeister, Herr Krummsack, fragte ihn mal wieder während eines Fastenmonats:

»Mehmet, sag mal, warum fastet ihr denn noch mal?«

»Damit wir nicht wie du jedes Jahr zum Fettabsaugen gehen müssen, Herr Krummsack«, antwortete der freche Bengel locker.

»Stimmt es wirklich, dass ihr einen Monat lang gar nichts essen dürft?«, fragte der Krummsack wieder, als lebte er auf dem Mond und nicht mit Millionen von Türken zusammen in Deutschland.

»Kommt drauf an, in manchen Jahren dürfen wir sogar sechs Monate lang nichts essen«, meinte Mehmet trocken.

»Das gibt's doch nicht! Hängt das von Mohammed ab, oder was?«, wunderte sich unser Hausmeister.

»Nein, nicht von Mohammed, sondern von meiner Mutter! Davon, ob sie im Sommer länger in der Türkei bleibt oder nicht«, sagte Mehmet und sprach zum ersten Mal die Wahrheit.

Lieber Onkel Ömer, ich selber bekomme die meisten dieser bescheuerten Fragen sogar immer genau dann gestellt, wenn ich gerade dabei bin, im Pausenraum von Halle 4 vor allen Leuten meinen Spinat-Börek zu essen und mir aus der Thermoskanne dampfenden Tee einzuschenken.

Wie gesagt, wenn diese Fragen nur von Hans kommen würden, dann könnte ich damit noch leben. Aber zur Ramadanzeit haben leider alle Deutschen, nichts Besseres zu tun, als blöde Fragen zu stellen. Wenn diese Schikane nur ein oder zwei Jahre dauern würde, könnte ich es ja mit viel Zähneknirschen noch irgendwie ertragen. Aber nein, seit dreißig Jahren, pünktlich wie die Post, kommen von allen Teutonen in meiner Umgebung immer wieder die gleichen Fragen, so als hätte ich sie noch nie beantwortet.

Früher, als ich noch jung und dynamisch war, habe ich mich stundenlang darauf eingelassen und geduldig versucht, die Deutschen aufzuklären. Was tut man nicht alles, um seine zweite Heimat in der Pisa-Länderskala ein paar Stufen nach oben klettern zu lassen?!

Aber nach all den Jahren habe ich überhaupt keine Lust mehr dazu! Das kann doch kein Mensch ertragen. In diesem Fall würde ja selbst der »Geduldstein« in tausend Stücke zerspringen, wie Du, mein lieber Onkel Ömer, immer zu sagen pflegst.

Aber wie Du weißt, macht Not erfinderisch, und die drohende Ankunft des Ramadan brachte mich diesmal wirklich auf eine grandiose Idee:

Ich kaufte mir ein kleines Diktiergerät und nahm alle meine obligatorischen Antworten, die mir auf sämtliche 08/15-Fastenfragen einfielen, auf.

Nachdem ich das neue System drei Tage hintereinander erfolgreich an mehreren Arbeitskollegen getestet hatte, kam natürlich wie alle Jahre auch Hans angedackelt und stellte die nervigen Fragen in der richtigen Reihenfolge:

»Na, Osman, ich hab gehört, ihr habt schon wieder Ramadan. Du fastest jetzt bestimmt, nicht wahr?«, fragte er mich erneut erwartungsgemäß.

Lieber Onkel Ömer, während ich genüsslich in meine gefüllte Paprika biss, die meine Frau Eminanim immer so

Sept.

köstlich macht, drückte ich mit meinen Fettfingern auf den winzigen Knopf, und die Kassette »Antworten auf nervige Fragen zum Thema Ramadan« legte los:

»Ja, natürlich, mein lieber Kollege! Es ist doch jetzt Ramadan, als Moslem darf ich doch nichts essen!«, tönte es aus dem kleinen Apparat.

»Osman, ich hab ja natürlich vollstes Verständnis für deine Religion. Aber wie ist es denn so, dürft ihr Moslems etwa den ganzen Monat gar nichts essen, oder was?«, kam wie erwartet die zweite obligatorische Frage des Prototyp-Deutschen zur Ramadanzeit.

»Nein, gar nichts! Wir dürfen den ganzen Monat überhaupt nichts essen. Mit Ausnahme von Köfte, Döner, gefüllten Paprikas, Börek, gebratenen Zucchinis und Hähnchen – aber alles andere ist tabu!«, antwortete das kleine raffinierte Gerät wieder an meiner Stelle, während ich weiterkaute.

»Das ist doch schrecklich, das hält doch kein Mensch aus«, rief Hans ganz schön mitfühlend.

»Nein, aber ein Türke schon!«, sagte die Kassette während ich schmatzte.

»Dürft ihr denn nicht mal was trinken?«, sagte Hans daraufhin ziemlich erschrocken und machte sich große Sorgen um mich.

»Nein, natürlich dürfen wir nichts trinken! Höchstens fünf Flaschen Bier und zehn Liter Ayran am Tag – prost«, rief der Kassettenrekorder, und ich prostete mit vollem Mund und vollem Ayranglas meinem Kollegen zu.

»Osman, das ist ja nicht auszuhalten«, bedauerte er mich sichtlich traurig und fragte dann mit lüsternen Augen, »sei mal ehrlich, man hört ja so vieles: Darfst du denn nicht mal mit deiner eigenen Frau schlafen?«

»Richtig, mit der eigenen Frau zu schlafen ist im Ramadan eine große Sünde – alle anderen Frauen sind selbstverständlich erlaubt«, erklärte mein winziger Kassettenrekorder und machte Hans noch lüsterner.

»Was für eine Verschwendung! Wofür füttert ihr dann die ganze Zeit vier Ehefrauen?«, rief plötzlich mein Meister Viehtreiber, der wohl unser Gespräch belauscht hatte, völlig außerplanmäßig dazwischen.

»Meister, du musst noch etwas warten. Diese Frage hat mit dem Ramadan nichts zu tun. Die üblichen nervigen Fragen im Alltag werden in der nächsten Pause beantwortet. Dafür muss ich erst die Kassette mit dem Titel »Die alte Leier. Voljum fünfzehn« rausholen. Während des Mittagessens antworte ich nur auf die Fastenfragen«, sagte ich ihm und kaute genüsslich auf meiner gefüllten Paprika rum.

Lieber Onkel Ömer, ich überlege mir mittlerweile ernsthaft, diese Kassette als CD aufzunehmen und professionell zu vertreiben. Alle Türken sowie die ganzen Moslems in Deutschland wären mir unglaublich dankbar, und ich würde ein Vermögen machen.

Ach, bevor ich es vergesse, wollte ich Dich noch um was bitten. Gestern rief nämlich mein Vater an und sagte:

»Merhaba, mein lieber Sohn Osman, wie geht's euch denn so in Deutschland? Ich rufe an, um euch … warte mal, deine Mutter rammt mir hier in dieser winzigen Telefonzelle ständig die Ellbogen in die Rippen, damit ich euch von ihr auch schön grüßen soll. Hast du gehört, deine Mutter grüßt euch schön. Und deine Tanten, Ömers-Frau-

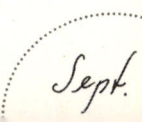

Ülkü, Vielfraß-Güllü und Vieltratsch-Zilli, grüßen dich und deine Familie natürlich auch ganz, ganz herzlich. Auch deren arme Männer, der Dickbauch-Ömer, der Steinkopf-Nurettin und der Plattfuß-Tacettin, haben dicke Grüße für euch bestellt. Deine Cousins, dieser Macho-Nurullah und der Hasenfuß-Abdullah, grüßen euch auch. Die Kinder von Macho-Nurullah, Stur-Recayi, Faul-Zekayi und Luder-Rubayi, küssen euch mit viel Respekt die Hände. Und auch von Hasenfuß-Abdullahs Kindern, Dünn-Rukiye, Zwerg-Ulviye und Tölpel-Şaziye, soll ich euch tausend Grüße und Küsse schicken. Deine Schwager, Nichtsnutz-Ali, Langschläfer-Veli und der Drückeberger-Nuri, lassen euch alles Gute wünschen. Ach ja, und von unserem lieben Dorfvorsteher Süßholzraspler-Hüsnü und seiner Frau Alleswisser-Zühtü soll ich euch auch ganz besonders grüßen. Osman, du weißt doch, warum die dritte Frau von unserem Dorfvorsteher einen männlichen Vornamen hat, nicht wahr? Wie ... weißt du nicht? Aber ich hab jetzt überhaupt keine Zeit, dir das zu erklären. Unsere Nachbarn, der Hirte-Kemal und Baum-Cemal, lassen euch nämlich auch die allerbesten Wünsche übermitteln. Von Hirte-Kemals Weib, Tausendfüßler-Zeliha, soll ich deine Frau Eminanim auf beide Wangen mit besonders viel Spucke küssen. Und fast hätte ich's vergessen, natürlich auch dein guter Freund Mahmut ...«, sagte er noch, aber da unterbrach ich ihn und rief:

»Vater, welchen Mahmut meinst du denn? Den Politiker-Mahmut, den Truthahn-Mahmut oder den Klappmesser-Mahmut?«

»Ach so, ja, den Truthahn-Mahmut, den meine ich. Der Politiker-Mahmut und der Klappmesser-Mahmut sind ...«, sagte er, und in dem Moment wurde unser Gespräch unterbrochen. Nur das Geräusch »Klack!« war zu hören.

»Osman, was war das denn für ein komisches Gespräch? Du hast ja nicht viel rausgekriegt. War das wieder einer von diesen unverschämten Werbeanrufen?«, fragte meine Frau Eminanim neugierig.

»Nein, nein, das war mein Vater. Aber sein Geld hat für die vielen Grüße diesmal nicht ausgereicht. Entweder sind die Telefonpreise in der Türkei wieder erhöht worden, oder unsere Sippschaft hat erneut Zuwachs bekommen. Ich nehme an, Vater wollte uns wie jedes Jahr nur ein frohes Ramadanfest wünschen«, sagte ich zu Eminanim.

Das ist natürlich nur eine Vermutung von mir. Kannst du bitte rübergehen und deinen Bruder fragen, ob das wirklich sein einziges Anliegen war?

So, lieber Onkel Ömer, ich muss jetzt wieder hinaus in das kalte Alamanya, um den Deutschen zum x-ten Male zu erklären, wie die tapferen Moslems dreißig Tage lang ohne einen einzigen Happen Essen und ohne einen Schluck Wasser überleben können!

Lieber Onkel Ömer, ich küsse Dir, Tante Ülkü und allen Älteren in unserem schönen Dorf ganz herzlich mit großem Respekt die erfahrenen Hände und allen Jüngeren mit viel Liebe die hübschen, unschuldigen Augen.

Eminanim und die Kinder grüßen Euch selbstverständlich auch und küssen den Älteren mit viel Respekt die Hände und den Jüngeren mit viel Liebe die Augen.

Pass gut auf Dich auf, bleib gesund, iss genug Knoblauch und danke fünfmal am Tag Allah, dass sich im Ramadan

Sept.

kein einziger Deutscher bei Euch im Dorf blicken lässt und Dich mit unmöglich dämlichen Fragen bombardiert. Aber außer mir lässt sich ja eigentlich sowieso nie ein Deutscher in unserem Dorf blicken. Aber ich bin ein aufgeklärter Deutscher. Ich weiß, dass die Moslems im Ramadan nur von Sonnenaufgang bis Sonnenuntergang nichts essen dürfen – oder war es umgekehrt?!

Dein Dich über alles liebender Neffe aus dem schon wieder kalten Alamanya

Osman

PS: Lieber Onkel Ömer, ich habe langsam den Verdacht, dass diese geheimnisvolle Ümmüyanim gar nicht so geheimnisvoll ist, sondern Mehmets neue Freundin. Sie haben sich das ganze Zuckerfest über zusammen rumgetrieben. Zugegeben, sie ist nicht der Frauentyp, den Mehmet sonst bevorzugt, aber die beiden sind ständig am Quatschen. Der Kommunist versucht aus ihr eine Kommunistin zu machen, damit er auf dieser großen weiten Welt nicht alleine dasteht, nachdem auch noch sein Freund Castro abgedankt hat. Und meine Tochter Nermin bemüht sich, aus ihr eine Feministin zu machen.
Die Ümmüyanim scheint aber doch eine vernünftige Frau zu sein, sie fällt auf die beiden Spinner nicht rein. Vielleicht kann sie sich aber nur nicht richtig entscheiden. Ich habe mich aber schon entschieden, ich gehe schlafen. Gute Nacht, lieber Onkel Ömer!

Tag der Deutschen Einheit

Mein lieber Onkel Ömer,

wie geht es Dir, und wie geht es meiner lieben Tante Ülkü? Wie geht's der hübschen Kuh Pembe, wie geht's der schwarz gepunkteten Ziege Fatima, wie geht's Deinem störrischen Esel Tarzan, und wie geht's unserem guten alten Dorfvorsteher Hüsnü?

Lieber Onkel Ömer, Du weißt doch, dass Deutschland bis vor zwanzig Jahren wie eine Wassermelone war. Wie eine reife Wassermelone, die von der Eselskarre runtergefallen ist: zweigeteilt! Groß – klein, West – Ost, BRD – DDR! Der größere Teil war reich und frei, der kleinere Teil war arm und abgesperrt und mit einer dicken Mauer drumrum, obwohl es da nichts zu klauen gab, wie in allen Ostblockländern.

Einigen wenigen Auserwählten hatte die DDR schon erlaubt, ihren Käfig kurz zu verlassen. Im Westen bekamen sie dafür eine Banane und ein bisschen »Begrüßungsgeld«, damit sie hier nicht jämmerlich verhungerten und wieder zurückgehen konnten. Die armen Ossis hatten nämlich nicht die gute, alte D-Mark. Für die hatte man eine Spielzeug-Attrappe mit ähnlich klingendem Namen erfunden, die man nirgendwo anders auf der Welt benutzen konnte.

Ohne erschossen zu werden, durften sie die Zone sonst

nur in Richtung anderer kommunistischer Länder verlassen. Aber warum sollten sie denn verreisen, wenn sie wieder im selben Elend landeten?

Nach einiger Zeit reichte den Ossis diese eine Banane nicht mehr. Die wurden übermütig, versammelten sich auf der Straße und brüllten: »Entweder kommt die D-Mark zu uns oder wir kommen zu ihr!« Der letzte sowjetische Staatschef war der Meinung, dass lieber der Westen sich mit denen rumärgern sollte, und hat den Eisernen Vorhang einfach hochgezogen. Die jahrelang eingesperrten Menschen stürmten heraus wie aus einem Dampfkessel kurz vorm Platzen. Da wurde allen klar, dass die große Mauer vorher eigentlich nur den Westen geschützt hatte.

Kein Mensch im Westen wollte die Ossis in Wirklichkeit haben – außer Helmut Kohl und Axel Springer! Der eine hatte keine Wähler mehr, wollte sich damit welche von drüben beschaffen, und der andere glaubte, nicht genug Käufer zu haben, und wollte sein Käseblatt auch noch in der Zone verhökern.

Bei dieser Wiedervereinigung der Deutschen ging alles so schnell und unvorbereitet, dass keiner kapierte, was da gerade passierte. Helmut Kohl wusste in der Eile nicht, was er lispeln sollte, und versprach »blühende Landschaften«. Daraus wurden aber nur »blühende Glatzen«. Ein anderer deutscher Politiker sagte: »Jetzt wächst zusammen, was zusammengehört.«

Lieber Onkel Ömer, sei doch mal ehrlich, hast Du schon mal gesehen, dass eine zertrümmerte Wassermelone wieder zusammengewachsen ist und dann zu allem Überfluss sogar geblüht hat? Aber genau das feiern die Deutschen heute am 3. Oktober, den Tag der kaputten Wassermelone ... ich meine, den Tag der Deutschen Einheit! Aus diesem Grund haben sie sogar einen Teil der Berliner Mauer immer noch nicht abgerissen. Aber nicht als Touristen-Attraktion, sondern damit sie von beiden Seiten daran klagen und hemmungslos weinen können. Weil das mit dem Zusammenwachsen nämlich sogar nach zwanzig Jahren immer noch nicht so ganz funktioniert hat.

Ich muss zugeben, dieser Gedenktag beantwortete plötzlich alle Fragen, die mich seit vierzig Jahren verrückt gemacht hatten. Jetzt weiß ich endlich, warum die Deutschen vor vier Jahrzehnten lieber uns Türken nach Alamanya geholt haben und nicht z. B. Japaner, Mexikaner oder Liechtensteiner: Weil wir nämlich eine Schicksalsgemeinschaft sind!

Die Deutschen haben genauso ein heftiges Ostproblem wie die Türken. Nur mit dem Unterschied, dass sie als aufgeklärtes Volk wussten, woran sie litten – wir nicht!

Als ich z. B. damals nach Alamanya kam, hatte ich noch nie was von Kurden gehört – diese Leute gab es nirgendwo, weder in Deutschland noch sonst wo auf der Welt. In der Türkei schon gar nicht!

Unsere vertrauenswürdigen Generäle, die in der Vergangenheit alle zehn Jahre pünktlich wie die deutsche Post geputscht haben, um uns und unsere junge Demokratie vor irgendwelchen mysteriösen Feinden zu schützen, haben immer felsenfest behauptet, dass es so was wie Kurden nicht gibt, nie gegeben hat und niemals geben wird! Der Chef der 1980er-Militärjunta, Kenan Evren, meinte, die sogenannten Kurden wären nichts anderes als die Bergtürken da hinten im Osten der Türkei, und dieses komische

Wort »Kurde« sei durch deren Laufgeräusche im Schnee entstanden:

»Kurd, kurd, kurd …«

Der Kurde als solcher war also halt so was Ähnliches wie ein »Türkischer Yeti« – nur nicht so friedlich!

Als mein Nachbar Memo vor zwanzig Jahren in Deutschland seinem Kind nicht den Namen geben durfte, den er so gerne wollte, war ich viel empörter als er:

»Memo, das kann doch nicht wahr sein! Diese unverschämten deutschen Behörden gehen jetzt aber wirklich zu weit. Das ist die übelste Art von Diskriminierung! Wir Gastarbeiter dürfen uns das nicht länger gefallen lassen«, hatte ich damals getobt.

»Nicht die Deutschen, Osman. Das türkische Konsulat verbietet es mir, meinem Sohn einen anständigen kurdischen Namen zu geben. Bei meinen älteren Kindern war es doch leider genauso«, sagte er traurig.

»Memo, eigentlich bist du auch selbst schuld! Warum gibst du deinem Kind denn nicht so einen hübschen Namen wie Osman oder Ömer«, hatte ich ihn zu der Zeit getröstet.

Lieber Onkel Ömer, die Ostprobleme der Deutschen waren aber noch viel größer als unsere, die drohten sich gegenseitig sogar mit Atombomben! Stell Dir mal vor, die durften sich nicht mal sehen! Die deutschen Yetis – hier heißen sie, wie gesagt, Ossis – durften auch nicht die Zeitung lesen und die Fernsehsender gucken, die sie wollten. Die Ossis durften nicht mal die urdeutschen Gebiete wie Mallorca oder Gran Canaria betreten. Selbst wenn sie nur kurz mal nach Duisburg-Meiderich, Hamburg-Altona oder Berlin-Kreuzberg rübermachen wollten, wo sogar wir

Gastarbeiter ganz schön frei in unseren Gettos leben durften, wurden sie kaltblütig hinterrücks erschossen!

Die Ostverluste der Deutschen sind zwar nicht so hoch wie unsere, aber über tausend Ossis wurden damals schon abgeknallt! Wen wundert es da, dass sie unter diesen schrecklichen Umständen alle Wessis hassten! Die waren viel reicher, viel weltgewandter, hatten größere Häuser, größere Autos und sogar eine höhere Lebenserwartung. Und das nicht nur wegen den vielen Mauerschützen!

Heute hassen die Ossis die Wessis noch mehr: Seit der Wiedervereinigung beklagen sie sich nämlich, dass sie wegen den Wessis keine Arbeit mehr haben. Und die Wessis trauen sich nicht, zu sagen, dass ihre langjährige frühere Tätigkeit »Schlangestehen« auch keine seriöse Arbeit war. Weshalb man in ein Land, in dem es keine richtige Arbeit gab, so viele Vietnamesen als Hilfskräfte geholt hat, ist mir heute immer noch ein Rätsel! Die nannte man wahrscheinlich dort nicht Gastarbeiter, sondern Gastarbeitslose. Das einzig halbwegs Brauchbare, das die DDR in den vierzig Jahren geschaffen hat und vom Kommunismus in den Kapitalismus rübergerettet hat, ist der »grüne Pfeil«. Also, dass Autos unter Umständen auch bei Rot über die Ampel fahren dürfen. Ich meine, das ist natürlich nur brauchbar für Deutschland. In der Türkei braucht kein Mensch alberne grüne Pfeile, um bei Rot weiterzufahren.

Lieber Onkel Ömer, ich kenne das aber alles auch nur vom Hörensagen, deshalb kann ich für nichts garantieren. Die Ossis haben mich nämlich nie in die DDR reingelassen. Die hielten mich wahrscheinlich für einen getarnten Wessi-Spitzel!

1985 wollte ich mir nämlich, leichtsinnig wie ich bin, mit meiner Familie diese Problemzone mal angucken.

Die westdeutschen Beamten an der Grenze winkten uns einfach gelangweilt durch, hielten uns Türken nicht mal eines Blickes für würdig. Hundert Meter weiter auf der DDR-Seite nahm man uns dagegen viel ernster. Dort, im real existierenden Sozialismus, galt der einzelne Mensch noch was, dachte ich mir, blöd wie ich damals war.

Mit ernstem Blick durchblätterte der DDR-Beamte unsere Pässe. Er schaute sich jedes Passbild genau an – und dann den Besitzer. Plötzlich schrie er meine Frau an, dass sie ihn gefälligst angucken soll. Er beäugte das Foto und dann meine Frau. Meine Frau und das Foto. Bei Allah, wie lange dauert das denn noch, schimpfte ich innerlich. Er hatte verdammtes Glück, dass er in der besseren Position war. Normalerweise hätte ich niemanden meine Frau so lange anstarren lassen. Du weißt, bei uns im Dorf wurden Leute schon für weniger abgestochen!

Nach zwanzig Minuten bekam Eminanim schließlich Halsschmerzen und setzte sich wieder richtig hin. Da brüllte der DDR-Beamte aufs Neue los:

»Wollen Sie mich auf den Arm nehmen, was fällt Ihnen ein? Ich lasse Sie gleich an die Seite fahren, und dann können Sie noch fünf Stunden warten. Schauen Sie mich gefälligst an!«

Meine Frau war stinksauer! Auf Türkisch flehte ich sie an:

»Eminanim, schau den Affen doch an, reiß dich zusammen! Provoziere diesen Idioten nicht noch mehr, und mach bitte nicht so ein unfreundliches Gesicht«, und redete dann auf Deutsch weiter: »Frau, bitte, schau den Herrn

Zollbeamten an. In der knappen Stunde hat er bestimmt nicht genug von dir gesehen. Zollbeamter zu sein ist im Sozialismus eine große Verantwortung und dazu eine ehrenvolle Aufgabe.«

»Halt's Maul! Dich habe ich nicht nach meinen Aufgaben gefragt«, bellte der zurück.

Nach einer weiteren halben Stunde gab er uns die Pässe endlich zurück. Ein Glück, dachte ich, dass meine Tochter Nermin zum Anschauen noch zu klein ist.

Wir folgten der Autoschlange durch die Grenzanlage und kamen zu einer winzigen Holzbaracke, in der schon wieder ein DDR-Beamter saß. Ich kurbelte gerade das Fenster runter, da brüllte er mir von links ins Ohr:

»Was denken Sie sich eigentlich?«

»Ich denke, ich muss Ihnen die Pässe geben«, stotterte ich ahnungslos.

»Ich will wissen, was Sie sich dabei denken, ein Verkehrsschild zu missachten?«, sagte er böse.

»Entschuldigung, ich habe nirgendwo ein Verkehrsschild gesehen«, antwortete ich wahrheitsgemäß.

»Auf dem Verkehrsschild hinter Ihnen steht, dass Sie nur ranfahren dürfen, wenn ich Sie herwinke«, rief er laut und zeigte auf ein Schild, das zwanzig Meter abseits der Straße stand.

»Oh, verzeihen Sie! Das muss ich übersehen haben, wie konnte mir das nur passieren?«, entschuldigte ich mich brav.

»Sie haben ein Verkehrszeichen missachtet. Was machen wir nun mit Ihnen?«, fragte er mich, was ich sehr demokratisch fand. In der Zone wurde das Strafmaß also mit den Sündern abgesprochen.

»Fünfzehn Jahre Zwangsarbeit in Sibirien, und das in Unterhosen«, schlug meine Frau auf Türkisch vor.

»Ich weiß es nicht. Möchten Sie vielleicht ein paar Pistazien?«, fragte ich den Vopo.

»Wie bitte? Sie versuchen einen DDR-Beamten zu bestechen?«, brüllte er mich ziemlich verärgert an.

»Aber nein, so war das doch nicht gemeint«, murmelte ich, auf frischer Tat ertappt.

»Ein Gastarbeiter aus dem Westen versucht einen DDR-Beamten zu bestechen«, rief er quer über die Grenzanlage.

»Ist Sibirien kälter als Deutschland?«, fragte ich leise.

Lieber Onkel Ömer, als gebrochener Mann hockte ich nun in meinem Ford-Transit und wartete ergeben auf mein Urteil.

»Sie müssen für die Ordnungswidrigkeit 50 DM bezahlen. Und das mit der Bestechung wollen wir mal vergessen, wenn Sie die Pistazien rübergeben«, schlug er vor, was ich sehr fair fand und ihm die ganze Tüte rüberschob.

Danach musste ich dem Arbeitslosen- und Bauernstaat noch mal 80 DM wegen »zu langen Fahrens auf der linken Spur« spenden, obwohl die rechte Spur wegen Reparaturarbeiten abgesperrt war.

Aber egal, nach der Zahlung von insgesamt 130 Mark Bußgeld und zwei Kilo Pistazien kamen wir endlich in West-Berlin an. Aber wir Idioten wollten ja unbedingt nach Ost-Berlin!

Und natürlich fing die ganze Prozedur von vorne an: Die Westberliner Polizei würdigte uns keines Blickes, der DDR-Zöllner kassierte unsere Pässe und verschwand für Stunden. Dann kam er mit finsterem Gesichtsausdruck zurück und brüllte mich an:

»Der Schnurrbart muss ab! Auf dem Passfoto ist keiner. Mit Schnurrbart kann ich Sie nicht identifizieren.« Ich war wie vor den Kopf geschlagen. War der Kerl wahnsinnig? Von meinem größten Stolz sollte ich mich trennen? Seit Jahrzehnten züchtete ich dieses Prachtexemplar! Ein türkisches Familienoberhaupt ohne Schnurrbart, wo gab's denn so was?

»An meinen Schnurrbart lasse ich keinen ran!«, rief ich sauer.

»Komm, Osman, gib dir einen Ruck. Schneid den Bart ab. Der wächst ja wieder nach«, versuchte meine Frau mich umzustimmen.

Als auch noch die Kinder anfingen zu heulen, gab ich zähneknirschend nach und habe mich schweren Herzens mit Tränen in den Augen von meinem tollen Schnurrbart getrennt. Völlig nackt – ich meine, schnurrbartlos – betrat ich danach die Schalterhalle. Im Spiegel erkannte ich mein eigenes Gesicht nicht wieder und bin vor Scham fast gestorben. Eminanim versuchte mich zu trösten:

»Du, Osman, das sieht doch gut aus. Macht dich mindestens zwei Tage jünger«, kicherte sie. Die Kinder, die gerade noch geheult hatten, lachten jetzt hämisch hinter meinem Rücken. Immerhin, wir durften weiterfahren. Ich bedeckte meine Blöße mit der linken Hand und gab Gas.

Ein paar Meter weiter stand das nächste verdammte Zollhäuschen!

Wenn es in der DDR damals auch nichts gab, Zollhäuschen hatten sie im Überfluss.

»Die anderen können weiterfahren. Aber Sie dürfen nicht rein«, befahl der Grenzvopo und zeigte mit dem Finger auf mich.

»Aber ich habe doch gar keinen Schnurrbart mehr«, rief ich schockiert.

»Sie dürfen nicht rein – zurück!«, wiederholte er barsch.

»Lieber Herr Zollbeamter«, versuchte ich es auf die sanfte Tour, »lassen Sie mich bitte in die DDR. Ich habe den Karl Marx und Erich Honecker doch genauso gern wie Sie.«

Aber selbst das nützte nichts. Er wurde sogar noch böser.

Hätten diese DDR-Typen mich nicht vorher zurückschicken können, bevor sie mir meinen tollen Schnurrbart abrasiert hatten?

Nach dem Fall der Mauer wollte ich unbedingt sofort in den Osten, um zu sehen, was man mir all die Jahre vorenthalten hatte. Aber ich landete jedes Mal in Polen. Irgendwie war die DDR nicht nur politisch, sondern auch geografisch verschluckt worden. Gleich hinter Helmstedt redeten plötzlich alle Menschen nur noch Polnisch. Hatten die Ossis etwa auch das ganze Land zum Tauschen mitgenommen, als sie nach der Freilassung in den Westen türmten?

Die Wahrheit erfuhr ich erst, nachdem wir in Halle 4 einen neuen polnischen Kollegen bekamen. Ich hatte ihn gebeten, mit mir lieber Deutsch zu sprechen, weil mein Polnisch noch nicht so gut ist. Mein Kumpel Hans klärte mich dann zu meiner Überraschung auf, dass das, was der Kollege da spricht, schon irgendwie Deutsch ist. Der neue Kollege Egon war nämlich gar kein Pole, sondern ein Ostdeutscher aus Dresden!

Ich küsse Dir, Tante Ülkü und allen Älteren in unserem schönen Dorf ganz herzlich mit großem Respekt die erfahrenen Hände und allen Jüngeren mit viel Liebe die hübschen, unschuldigen Augen.

Eminanim und die Kinder grüßen Euch selbstverständlich auch und küssen den Älteren mit viel Respekt die Hände und den Jüngeren mit viel Liebe die Augen.

Pass gut auf Dich auf, bleib gesund, iss genug Knoblauch und danke fünfmal am Tag Allah, dass Dir noch nie ein Yeti den Schnurrbart abrasiert hat, erst recht nicht im Beisein Deiner Frau und der Kinder.

Dein Dich über alles liebender Neffe aus dem immer noch sehr geteilten, verregneten Alamanya

Osman

PS: Onkel Ömer, stell Dir vor, es ist etwas Sensationelles passiert: Diese Frau hat letztens für einen kleinen Augenblick ihre Tasche auf dem Wohnzimmertisch liegen lassen. Ich habe die Gelegenheit als alter Wessi-Spion natürlich sofort genutzt und reingegriffen. Ein Dschentelmän stöbert normalerweise selbstverständlich nicht in den Taschen fremder Damen rum, wenn er nicht unbedingt muss! Aber jetzt kommt's: Sie ist gar keine Dame, sondern *sie* ist die Spionin! Sie heißt nämlich gar nicht Ümmüyanim, sondern Ulviyanim!
Ich hatte diesen Verdacht ohnehin schon seit geraumer Zeit. Unser Telefon knirscht nämlich seit Monaten. Mir war sofort klar, dass ich abgehört werde. Ich bin ins Fadenkreuz der Staatsermittlungen geraten!
Deshalb rede ich jetzt nur noch Stuss am Telefon, um die

Geheimdienstler zu verwirren. Ich meine, noch viel mehr als früher.

Lieber Onkel Ömer, es ist mit Sicherheit so, dass Mehmet auch beschattet wird. Er ist in Deutschland geboren, er ist kultiviert und studiert seit Jahren irgendetwas Komisches an der Uni. Mit anderen Worten: Mein Sohn ist der perfekte Schläfer – ich nicht, ich kann seit Tagen nicht schlafen und bin immer auf der Hut. Aber Du darfst es natürlich, gute Nacht!

Frankfurter Buchmesse

Mein lieber Onkel Ömer,

wie geht es Dir, und wie geht es meiner lieben Tante Ülkü? Wie geht's der hübschen Kuh Pembe, wie geht's der schwarz gepunkteten Ziege Fatima, wie geht's Deinem störrischen Esel Tarzan, und wie geht's unserem guten alten Dorfvorsteher Hüsnü?

Lieber Onkel Ömer, was ein Papier ist, das weißt Du ja, da drehst Du immer Deinen Tabak rein, bevor Du es anzündest. Was eine Zeitung ist, das weißt Du auch. Das ist dieses mit vielen nackten Frauen bedruckte Papier, das in Deinem Männercafé rumliegt und mit dem Du später Deine Gurken verpackst. Aber was ein Buch ist, das weißt Du nicht und das kannst Du auch nicht wissen, weil es in der Türkei von den Dingern sehr wenige gibt und in unserem Dorf schon gar keine. Vom Koran natürlich mal abgesehen, aber der gehört ja dem Imam, und verstehen kann ihn eh keiner, weil er auf Arabisch ist.

Bücher mögen wir in der Türkei irgendwie nicht so richtig. Aber dafür umso mehr die Schriftsteller. Dass diese Menschen immer öfter unter die fürsorgliche Aufsicht des Staates gestellt werden, wird vom Westen leider total falsch interpretiert. Die Europäer wollen einfach nicht kapieren, dass die besorgten Türken damit nur versuchen, ihre Autoren vor dem »Bösen Blick« zu schützen und sie ungestört arbeiten zu lassen.

In Alamanya ist es ganz anders. Hier wird für die armen Schriftsteller nicht so gut gesorgt, und somit sind sie ständig dem »Bösen Blick« ausgesetzt. Aber dafür bezahlen die Deutschen für deren Bücher viel Geld und kaufen gleich Millionen davon. Und je feuchter die Unterhaltungs-Gebiete da drin sind, umso mehr Bücher werden verkauft.

Lieber Onkel Ömer, Du weißt ja, dass ich in den Mittagspausen in Halle 4 dauernd versuche, was Witziges aufs Butterbrotpapier zu kritzeln. Meine Frau schimpft dann immer fürchterlich:

»Wie ich das alles hasse«, sagte sie letztens erst wieder. »Die ganzen schwachsinnigen Arbeiten, bei denen sich die Deutschen nicht mehr selber die Finger schmutzig machen wollen, müssen immer die armen Ausländer erledigen. Mülleimer leeren, Gemüse verkaufen und jetzt auch noch Witze reißen!«

»Was meinst du denn damit?«, fragte ich verdattert.

»Ich meine, dass wir in Deutschland mittlerweile mehr türkische Komiker haben als alle Gemüse-, Döner- und Drogenverkäufer zusammen«, zischte sie.

»Aber mein Verlag findet es niedlich, dass es hier Türken gibt, die sogar schreiben können, und bezahlt mir auch noch Geld dafür«, habe ich mich verteidigt. Die zweitgrößte Nervensäge des Mittleren Orients konnte ja auch nicht wissen, was für einen riesigen Spaß es macht, bei der Frankfurter Buchmesse vor dem Regal mit dem eigenen Buch zu stehen. Das Problem ist, ich wusste es leider auch nicht. Bis gestern habe ich es während einer Buchmesse noch nie geschafft, bei diesen Millionen von unnützen und überflüssigen Büchern mein eigenes tolles Buch ausfindig zu machen. Es ist zum Verzweifeln! Wenn ich es selber nicht mal schaffe, mein eigenes Buch trotz tagelanger, heftigster Suche aufzuspüren, wie sollen denn die armen Leser das schaffen, die ja nicht mal wissen, dass ich überhaupt ein tolles Buch geschrieben habe?

Lieber Onkel Ömer, die Ausmaße der Frankfurter Buchmesse kannst Du Dir gar nicht vorstellen. Ich werde mal versuchen, es Dir zu schildern. Du weißt doch, wie riesig unser Gemüsebasar in der Kleinstadt ist, wo Du im Sommer immer mittwochs Deine Gurken und Wassermelonen verkaufst. Jetzt stell Dir mal Hunderte solcher Hallen mit Tausenden von Ständen vor, und alle Stände vollgepackt mit unglaublich vielen Büchern. Nein, das geht nicht, voll mit Büchern kannst Du Dir das Ganze garantiert nicht vorstellen. Stell Dir lieber diese vielen Hallen mit tonnenweise sonnengereiften Gurken und Wassermelonen vor! Jetzt wird Dir bestimmt langsam klar, wie unglaublich groß und voll diese Buchmesse ist!

Millionen von sonnengereiften Büchern, ich meine, frisch gedruckten Büchern werden während der Messe in den Markthallen ausgestellt. Wer soll sich den Kram denn bloß angucken, geschweige denn lesen? Es gibt sogar chinesische und ostfriesische darunter, wer soll denn so was verstehen?

Gestern war es dann also endlich so weit! Nach Jahren des vergeblichen Suchens habe ich zu guter Letzt doch noch

mein Buch auf der Frankfurter Buchmesse gefunden. Es war wirklich wie die sprichwörtliche Nadel im Heuhaufen! Ich bin vor Freude regelrecht ausgeflippt, wie ein Verdurstender, der in der Wüste eine Wasserquelle entdeckt hat.

Meine tapfere Lektorin hat mich nämlich an der Hand genommen und mich durch die unglaublichen Menschen- und Büchermassen zu meinem Buch geführt. Das ist die Frau, die in meinem Buch in tagelanger Arbeit alle lästigen Artikel neu sortiert hat. Sie ist nämlich so intelligent, dass sie sogar auswendig weiß, vor welchem Wort welcher Artikel stehen muss. Die Deutschen haben nämlich die schlimme Angewohnheit, sämtliche Sachen nach Geschlechtern aufzuteilen und ihnen dann einen Artikel zu verpassen, selbst wenn sie gar kein Geschlecht haben!

Dass jemand mit sehr schmutzigen Gedanken sich unter einer Dose oder einer Flasche was Weibliches vorstellen kann, das kann ich ja noch irgendwie nachvollziehen. Aber dass in den Augen der Deutschen sogar Deine Sisyphos-Gurken weiblich sind, das geht nun wirklich zu weit, oder? Die Gurke!

Im Gegensatz zu einer sauren Gurke wird aber ein süßes Mädchen als nicht weiblich angesehen, sondern sächlich: das Mädchen!

Und es kommt noch schlimmer: Selbst ein tolles Weib wird im Endeffekt auch nur als sächlich eingestuft: das Weib! Sogar Deine Wassermelonen finden die Deutschen also viel weiblicher und erotischer als jedes hübsche Weib: die Wassermelone!

Für die Deutschen betreibst Du mit Deinen Gurken und Wassermelonen gewissermaßen einen regelrechten

Frauenhandel und machst Dich höchst strafbar! Wahrscheinlich ist das eine taktische Raffinesse der Zuhälter, die bei der Herstellung des Duden mitmischen konnten, um bei einem echten Frauenhandel ohne Strafe davonzukommen:

»Herr Kommissar, wie Sie sehen, ist das doch nur ein Stück sächliches Weib, hat also nichts mit einer Frau zu tun! Sie können es ja heute die ganze Nacht für sich behalten, um sich selber davon zu überzeugen!«

Und wo die deutschen Sexisten sich nicht einigen konnten, da haben sie einfach ein und demselben Ding gleich drei verschiedene Geschlechter verpasst: der Wagen, die Karre, das Auto!

Aber was mit denjenigen sächlichen Gegenständen passiert, die bereits ihr zwölftes Lebensjahr erreicht haben und somit geschlechtsreif geworden sind, das weiß meine Lektorin leider auch nicht!

Lieber Onkel Ömer, erzähl das im Dorf bloß nicht weiter, dass Deine Gurken und Wassermelonen lauter Frauen sind! Nicht, dass Du noch Deinen Stand von anderen Ständen trennen musst, wo nur lauter männliches Gemüse wie Kürbis, Spinat und Salat verkauft werden!

So was machen die Deutschen dann aber komischerweise nicht. Die teilen schon aus Gewohnheit oder Durchtriebenheit alles in Geschlechter auf, aber Versammlungen, Schwimmhallen, Strände oder Busse teilen sie nicht nach Geschlechtern wie in der Türkei. Da frage ich mich, wozu dann der ganze Aufwand?

Lieber Onkel Ömer, was ich aber eigentlich erzählen wollte, ist: Ohne diese kluge Lektorin hätte ich nie die Chance gehabt, mein Buch zu Gesicht zu bekommen. Ich meine im doppelten Sinne!

Als ich dann endlich bei meinem Kunstwerk ankam, blieb ich wie angewurzelt stehen. Ich war wie gelähmt. Dieses eine tolle Buch war mit Abstand das beste, das schönste und das interessanteste auf der gesamten Frankfurter Buchmesse! Warum sonst bin ich denn wohl gerade bei diesem Buch wie angewurzelt stehen geblieben, obwohl es noch Millionen andere gibt, frage ich Dich?

Nach einer Stunde des Gelähmtseins stellte ich erschrocken fest, dass sonst niemand gelähmt war. Genau genommen, außer mir war auch kein einziger Mensch da!

Meine tapfere Lektorin war leider nicht tapfer genug, jeden einzelnen Messebesucher an der Hand zu nehmen und zu meinem tollen Buch zu schleppen.

Deshalb hatte ich dann gestern auf der Frankfurter Buchmesse den ganzen Tag total schlechte Laune und war völlig frustriert.

Gegen Abend rief meine Frau an und wollte wissen, wie es meinem neuen Buch denn geht.

»Dem geht's leider wie einem Schiffbrüchigen«, schluchzte ich mit Tränen in den Augen. »Es ist völlig allein gelassen, ganz schön verzweifelt und fristet sein Dasein von der übrigen Welt total abgeschnitten, wie auf einer einsamen Insel!«

»Und wie geht's dir?«, fragte sie besorgt.

»Mir geht's ein bisschen besser als ihm«, habe ich geantwortet, »ich darf mich wenigstens frei bewegen. Deshalb bin ich von morgens bis abends durch die ganzen Hallen gelatscht und habe bisher hundertzweiundsiebzig Bücher geklaut, um meine miese Laune ein bisschen aufzubessern!«

Um Dir von der unglaublichen Dimension meiner gestrigen schrecklichen Situation ein Bild machen zu können, musst Du nur versuchen, Dir vorzustellen, dass in unserem riesigen Gemüsebasar kein einziger Mensch Deine Gurken anschauen, geschweige denn kaufen will!

Lieber Onkel Ömer, ich küsse Dir, Tante Ülkü und allen Älteren in unserem schönen Dorf ganz herzlich mit großem Respekt die erfahrenen Hände und allen Jüngeren mit viel Liebe die hübschen, unschuldigen Augen.

Eminanim und die Kinder grüßen Euch selbstverständlich auch und küssen den Älteren mit viel Respekt die Hände und den Jüngeren mit viel Liebe die Augen.

Pass gut auf Dich auf, bleib gesund, iss genug Knoblauch und danke fünfmal am Tag Allah, dass Du in der Türkei mit Deinen Gurken und Wassermelonen was Leckeres züchtest und keine ungenießbaren Bücher! Es ist mir viel lieber, wenn die Gurken unter Deiner Aufsicht sind als Du unter staatlicher!

Dein Dich über alles liebender Neffe aus dem schon wieder ziemlich kalten Alamanya

Osman

PS: Lieber Onkel Ömer, mir passieren hier irgendwie nur noch merkwürdige Sachen: Ich habe noch nicht mal den Schock aus Frankfurt richtig verdaut, und dann so was: Eminanim und Ümmüyanim (Ulviyanim) haben mich vom Zug abgeholt, und noch in der Bahnhofshalle kam eine mir völlig unbekannte junge Frau frontal auf mich zu, umarmte mich energisch und küsste mich herzlich auf beide Wangen.

»Hey, dich hab ich aber lange nicht gesehen, wie geht's dir denn so?«, rief sie sehr freundlich.

Du kannst Dir ja wohl denken, wie perplex ich war. Erst recht, als ich sah, wie meine Frau mich wütend anstarrte. Sie durchbohrte mich mit ihren Blicken und wartete sehr gespannt auf meine Antwort; die freundliche Dame nicht weniger – nur viel sympathischer!

»Öhm ... danke der Nachfrage, gnädige Frau. Mir ging's eigentlich ganz gut, wenigstens bis jetzt. Aber wenn ich ganz ehrlich sein soll, ich kann mich momentan leider nicht erinnern, wo wir uns kennengelernt haben«, stotterte ich verlegen.

»Aber Ali, du musst mich doch erkennen. Ich bin's, die Ilse aus dem Reisebüro!«, sagte sie.

»Sehen Sie, ich heiße gar nicht Ali! Sie verwechseln mich, mein Name ist Osman«, rief ich.

»Osman, du hast offensichtlich deiner Freundin deine wahre Identität verheimlicht! So wie alle feigen Ehemänner, die fremdgehen«, keifte meine Frau auf Türkisch.

»Oh, wenn das so ist, dann bitte ich natürlich um Verzeihung. Schönen Tag noch!«, meinte die fremde Frau und ging. Und hinterließ einen riesengroßen Trümmerhaufen.

»Osman, das war aber schlecht geplant von euch beiden,

deshalb wolltest du also nicht, dass wir dich abholen«, giftete Eminanim.

»Bei Allah, diese Frau hat mich nur mit irgendeinem blöden Ali verwechselt!«, brüllte ich.

»Keine Frau knutscht einen dämlichen Kerl wie dich so leidenschaftlich, wenn sie nichts mit ihm am Hut hat!«, beharrte Eminanim auf ihrer Fremdgeher-Theorie.

»Frau, jetzt spinn doch nicht rum! Sie hat gedacht, ich wäre Ali, hat sich entschuldigt und ist friedlich weiter-gegangen. Damit ist die Geschichte für mich zu Ende«, sagte ich.

Aber wie ich Eminanim kenne, wird es natürlich nicht dabei bleiben. Spätestens morgen wird sie mir diese Geschichte mit der verwirrten Frau wieder auftischen. Aber weshalb hat die fremde Frau mich denn auf offener Straße geküsst? Verdanke ich es meinem tollen Aussehen, ihrer Kurzsichtigkeit oder war sie vielleicht eine Kollegin Ümmüyanims (Ulviyanims) vom Geheimdienst und hat mir einen Mikrochip unter die Haut implantiert?

Ich werde heute wieder nicht schlafen können – schlaf Du wenigstens gut!

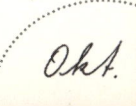

Das Opferfest

Mein lieber Onkel Ömer,

wie geht es Dir, und wie geht es meiner lieben Tante Ülkü? Wie geht's der hübschen Kuh Pembe, wie geht's der schwarz gepunkteten Ziege Fatima, wie geht's Deinem störrischen Esel Tarzan, und wie geht's unserem guten alten Dorfvorsteher Hüsnü?

Lieber Onkel Ömer, wie Du ja selbstverständlich weißt, hat das Opfern eines Tieres nach islamischen Regeln sehr viele Vorteile. Und es kann zu jeder Zeit und zu jedem Zweck ausgeführt werden, nicht nur zum Opferfest. Das Konzept ist wirklich sehr sinnvoll und in jeder Hinsicht nur positiv — außer für das auserwählte Tier natürlich! Aber soviel ich weiß, soll das ja auch in den Himmel kommen — in den Hammel-Himmel!

Das Schächten am Tag des Opferfestes hat selbstverständlich ganz andere Funktionen. Es dient dem Zweck, dass arme Leute auch mal Fleisch zwischen die Zähne bekommen sollen, die sich so was ja das ganze Jahr über sonst nicht leisten können. Das geschlachtete Tier wird nämlich unter den bedürftigen Menschen in der Straße verteilt und ermöglicht somit dem edlen Spender durch diese gute Tat einen aussichtsreichen Platz im Paradies.

In Deutschland aber, wo sich jeder jeden Tag zentnerweise Fleisch bis zum Abwinken leisten kann, hat es lediglich den Vorteil, dass man weniger Gammelfleisch essen muss, was ja aber eigentlich auch keine minder gute Tat ist.

Lieber Onkel Ömer, bei Euch in der Türkei läuft das Opferfest natürlich viel zwangloser und lockerer ab. Da baumeln in jeder Straße an allen Bäumen kopflose Tiere rum und bluten um die Wette. Dicke Männer mit langen Schnurrbärten und noch längeren Schlachtermessern in der Hand beherrschen das Straßenbild. Viele Mütter sperren ihre kleinen Kinder in der Wohnung ein, weil sie in ihrem zarten Alter den guten Zweck dieses Massakers da draußen noch nicht richtig einschätzen können. Dabei haben die Kinder in der Türkei noch Riesenglück gehabt, dass der Prophet Ibrahim vor ein paar tausend Jahren in letzter Sekunde noch ein kleines Lämmchen vom Himmel geliefert bekam, als er gerade seinen Sohn schlachten wollte. Kinderschächten wäre vermutlich ziemlich problematisch geworden in Alamanya. Seltsamerweise bekommen aber die ganzen Dönerverkäufer hier deswegen nie richtig Ärger. Denn ich lese immer an den Schaufenstern von türkischen Imbissen: »Rinderdöner 5 Euro«, »Hühnerdöner 4 Euro« und »Kinderdöner 2,50 Euro«. Nur bei Gammelfleisch bekommen sie ab und zu Probleme. Aber wenn sie genug Knoblauch reinhauen, merkt das ohnehin keiner!

Dass die kleinen türkischen Kinder den guten Zweck des Opferfestes nicht einschätzen können, das ist ja gerade noch so verständlich, aber dass die ganzen erwachsenen Deutschen es auch nicht kapieren, obwohl sie doch alle alt ge-

nug sind, das ist wirklich nicht zu fassen! Offenbar sind sie schon zu alt!

Letztes Jahr musste ich das hübsche Schaf, das ich vor dem Opferfest zum Schlachten gekauft hatte, auf unserem Balkon verstecken, da unser Keller restlos überfüllt war.

Eminanim hatte zur Tarnung für unser Schaf einen bildhübschen, roten Ganzkörper-Wollanzug mit passender Mütze gestrickt.

Hatice kümmerte sich sehr liebevoll um das kleine Tier.

Immer wenn das Schaf zu einem herzzerreißenden, jämmerlichen »Määäääääääh, määäääääääähh« ansetzte, übertönte ich es mit einem brüllend lauten »Waaaauuww, waaaauuuwww, waaaauuuuwwww!«

Worauf meine kleine Tochter sofort antwortete:

»Sei ruhig, Rambo! Sitz, sitz! Ich hab gesagt, mach Sitz!«

Meine Frau Eminanim rief anerkennend aus der Küche:

»Klasse, Osman, ich bin begeistert. Du kannst inzwischen besser und lauter bellen als der Dackel Tina von Oma Fischkopf.«

Ich freute mich natürlich, dass meine Bemühungen bei der höchsten Instanz in unserem Hause solch große Zustimmung fanden, und bellte deshalb noch lauter:

»Waauuaaww, waaauuwwaaw, waaauuwwaauuuw!!«

Ach ja, lieber Onkel Ömer, das muss ich Dir auch noch erklären: Die deutschen Hunde bellen selbstverständlich auf Deutsch und machen »wau wau« und nicht »hav hav« wie die türkischen. Die Lämmer sagen auf der ganzen Welt das Gleiche:

»Määäääääääh!«

Lieber Onkel Ömer, Du kratzt Dich jetzt bestimmt am Kopf und versuchst, diese verworrene Situation irgendwie zu verstehen. Wir waren also gezwungen, das arme Schaf unter nicht ganz artgerechten Umständen auf unserem Balkon gefangen zu halten, weil wir selber unglückliche Gefangene weltlicher und religiöser Gesetze sind.

Der islamische Glaube verlangt von uns, dass wir zum Schlachtfest ein Tier opfern, das möglichst groß und möglichst teuer sein soll. Die Hausordnung der deutschen Wohnungsbaugesellschaft verbietet sogar das Grillen auf dem Balkon – Schafe schächten sowieso.

Deshalb blieb uns nichts anderes übrig, als unser Opferlamm als einen süßen kleinen Hund mit vielen Locken zu tarnen und mit dem Schlachten so lange zu warten, bis alle Nachbarn wegguckten. Wenn uns die gute Tat gelingen würde, hätten wir gute Aussichten, im Jenseits in der besten Gegend vom Paradies zu landen. Aber wenn unser Schaf enttarnt würde, bekämen wir im Diesseits, hier im Karnickelweg 7b, auf der Stelle die Kündigung zugeschickt.

Aber gerade am denkwürdigen kalten Morgen des Opferfestes schien zu allem Unglück Frau Krummsack, die Ehefrau von unserem Hausmeister, irgendwas gerochen zu haben, obwohl wir das Schaf noch nicht geschlachtet hatten, geschweige denn gebraten! Plötzlich hockte sie nur noch auf ihrem Balkon rum und schaute die ganze Zeit mit dem Fernglas in der Hand interessiert zu uns rüber.

Damit sie mit dieser Glotzerei endlich aufhörte, rief ich zu ihr rüber:

»Frau Krummsack, wundern Sie sich nicht! Das ist kein

deutscher Schäferhund, sondern ein albanischer Schafs-hund! Eine sehr seltene Rasse, die sind sogar mehrsprachig. Manchmal sagen sie ›määääh määääääh‹ anstatt ›waauu waaauu‹.«

Dann rannte ich sofort ins Wohnzimmer, wählte ihre Telefonnummer, und sobald sie in ihre Wohnung reinging, lief ich schnell wieder mit meinem Rasiermesser auf den Balkon. Als dann aber Hatice kapierte, was sich gerade auf dem Balkon abspielte, stürmte sie hinter mir her und brüll-te, so laut sie konnte:

»Hiillfeeee, hiilfeeee! Mördeeer, Mööörrrderrr!«

Lieber Onkel Ömer, kannst Du Dir vorstellen, in was für einer unmöglichen Lage ich mich an so einem heiligen Tag plötzlich befand?

Ich musste daraufhin allen unseren Nachbarn in mehre-ren Sprachen erklären, dass sich die Kleine schon frühmor-gens die unmöglichsten Horrorfilme reinzieht und deshalb ziemlich verwirrt ist. Nur meine polnischen Nachbarn schauten danach immer noch verständnislos zu mir. Mein Polnisch lässt leider immer noch zu wünschen übrig, wie Du weißt.

»Papa, kannst du dein Opferfest nicht feiern, ohne mei-nen armen, unschuldigen Freund zu ermorden?«, schrie Hatice mich vor allen Leuten mit Tränen in den Augen an.

Hatice hätte sich die ganze Schreierei und Heulerei eigentlich sparen können. Ich glaube, ich tauge sowieso nicht zum Tiermörder.

Ich lief also sofort zum türkischen Café, um mir einen anständigen Schlachter zu besorgen, der im Gegensatz zu mir in der Lage war, auch Blut zu sehen. Was ja sehr von Vorteil ist, wenn man als Schlachter arbeiten will.

Als ich dann endlich zwei Stunden später mit Meister Kasap Kazim wieder zurückkam, roch es bereits im ganzen Haus nach gebratenem Lammfleisch, und Eminanim hatte noch Berge von Fleisch auf dem Küchentisch stehen.

»Mehmet hat alles schon bestens erledigt. Kommt jetzt alle zu Tisch, wir können essen«, sagte meine Frau gut gelaunt.

Froh, den unangenehmsten Teil des Opferfestes hinter mich gebracht zu haben, machte ich mich über das köstlich duftende und gut durchgebratene Lammkotelett her.

Aber kaum hatte ich den ersten Bissen von unserem jungen Lamm im Mund, hörte ich es diesmal nicht vom Balkon, sondern aus Hatices Zimmer:

»Määäääh, määääääähh, määääääääh!!«

Und im gleichen Moment fing meine kleine Tochter mit ihrer dünnen Stimme an zu bellen:

»Waauuw, waauuww, waaauwww!«

Lieber Onkel Ömer, kannst Du Dir das vorstellen, meine ganze undankbare Familie hatte sich zusammengetan, um mich reinzulegen. Mich, ihren Ernährer und Beschützer! Sie haben einfach im Supermarkt zehn Kilo Fleisch gekauft und gebraten, und unser eigenes Opferlamm versteckten sie unter Hatices Bett.

Um dieses Jahr so einem Desaster gleich zuvorzukommen, hatte ich mir etwas überlegt. Da ich ja selber kein Blut sehen kann, beschloss ich, ein gut genährtes Lamm und dazu auch noch einen gut genährten Schlachtermeister zu bestellen. Und auch wenn dieses Ritual mit dem Schächten schon ein paar tausend Jahre alt ist, wir gehen mit der Zeit. Mein kommunistischer Sohn Mehmet hat das Geschäft

über das moderne Internet abgewickelt. Da unser Balkon als Tatort für eine anständige Schächtung bei den Nachbarn keine wirklich großen Beifallsstürme hervorrufen würde, wollten Mehmet und ich uns mit dem Schlachtermeister gestern, am Morgen des Opferfestes, am Rande der Stadt auf einer großen Wiese treffen.

Meine Frau Eminanim ermahnte uns ausdrücklich, pünktlich zurückzukommen.

Mehmet und ich fuhren also heimlich wie zwei Drogenkuriere mit dem Ford-Transit zu dem geheimen Treffpunkt.

Als wir dort ankamen, konnte ich meinen Augen kaum trauen: Der Schlachtermeister mit seinem Transporter war schon da und schärfte bereits seine Messer, aber Mehmet, der Ignorant, hatte einen deutschen Schlachter bestellt. Es dauerte also eine halbe Ewigkeit, bis ich ihm den arabischen Spruch beigebracht hatte, den er während des Schächtens laut aufsagen muss.

»Und der Kopf des Opferlamms muss Richtung Mekka zeigen«, belehrte ich ihn und gab ihm dafür meinen mitgebrachten Kompass.

Was aber gleich darauf aus seinem Transporter rausspazierte, hatte leider nicht die geringste Ähnlichkeit mit einem Lamm. Man hätte es sogar für ein richtiges Schwein halten können!

»Bei Allah, das ist ja wirklich ein Schwein«, brüllte ich erschrocken.

»Ja, und ein richtig fettes dazu«, rief der Schlachtermeister Rudolf mit stolzgeschwellter Brust.

»Aber was soll ich denn mit einem Schwein? Moslems dürfen Schweine nicht mal angucken, geschweige denn essen«, stotterte ich schockiert.

»Herr Engin, ich hab mitgebracht, was Ihr Sohn bei mir onlain bestellt hat«, tat der Schweineverkäufer unschuldig.

Lieber Onkel Ömer, das ist doch schier unglaublich! Der blöde Mehmet hatte zum Opferfest tatsächlich ein Schwein bestellt! Ich kochte vor Wut.

»Mehmet, du Idiot! Wie kannst du denn zu unserem muslimischen Opferfest ein dickes, fettes Schwein bestellen?«, brüllte ich ihn so verzweifelt an, dass sogar das Schwein mich mitleidig anschaute – mein Sohn aber nicht!

»Vater, du hast nicht ausdrücklich gesagt, dass du unbedingt ein Lamm haben willst. Ich hab mir gedacht, dass ein leckeres Schwein zur Abwechslung mal gar nicht so schlecht wäre, außerdem war es wesentlich billiger«, grinste der Idiot zu allem Überfluss auch noch unverschämt.

»Ich fass es nicht! Deine Mutter und die ganzen Nachbarn warten auf frisches Lammfleisch, und ich stehe hier mitten in der Pampa mit einem dicken Schwein rum«, schrie ich ihn immer noch völlig entsetzt an.

»Vater, stell dich doch nicht so an! Fleisch ist Fleisch! Denkst du etwa, dass unsere Nachbarn Lammfleisch von Schweinefleisch unterscheiden können? Die haben doch noch nie Schwein probiert. Mach dir keine Sorgen, so ein Schweinestäik schmeckt richtig gut, du wirst nie mehr was anderes essen wollen«, sagte er locker und schnalzte mit der Zunge.

»Mehmet, das ist eine riesengroße Sünde! Wir werden deinetwegen noch alle in der Hölle braten«, rief ich völlig fassungslos.

»Aber nicht, wenn man in einer Notlage steckt und nach

Nov.

islamischen Regeln schlachtet«, tat er so, als wäre er der Islamexperte schlechthin.

Verärgert stieg ich in meinen Ford-Transit und hab den Schlachtermeister Rudolf und die beiden Schweine dort einfach stehen lassen!

Dieses Jahr haben wir also kein Schaf geschlachtet und auch kein Schwein.

Meine feministische Tochter Nermin meinte eben, dass das auch keine so schlechte Tat sei, einem armen Tier das Leben zu schenken. Ich bin hier von lauter Ungläubigen umzingelt, musst Du wissen. Und damit meine ich keineswegs nur die Deutschen!

Lieber Onkel Ömer, ich küsse Dir, Tante Ülkü und allen Älteren in unserem schönen Dorf ganz herzlich mit großem Respekt die erfahrenen Hände und allen Jüngeren mit viel Liebe die hübschen, unschuldigen Augen.

Eminanim und die Kinder grüßen Euch selbstverständlich auch und küssen den Älteren mit viel Respekt die Hände und den Jüngeren mit viel Liebe die Augen.

Pass gut auf Dich auf, bleib gesund, iss genug Knoblauch und danke fünfmal am Tag Allah, dass unser ganzes Dorf zum Opferfest ein einziges Schlachtfeld ist und kein Schaf sich bei näherem Hinsehen als ein Schwein entpuppt.

Dein Dich über alles liebender Neffe aus dem eiskalten Alamanya

Osman

PS: Lieber Onkel Ömer, obwohl das nun schon über zwei Wochen her ist, redet Eminanim immer noch ständig von diesem Zwischenfall mit der fremden Frau, ich meine nicht die Ümmüyanim (Ulviyanim), sondern die Frau, die mir mitten auf der Straße um den Hals gefallen ist. Sogar die Kinder hetzte sie gegen mich auf:

»Ihr Lieben, ihr müsst jetzt ganz stark sein. Stellt euch lieber schon mal seelisch drauf ein, dass euer untreuer Vater noch ein Rudel anderer, unehelicher Stiefgeschwister produziert hat«, brüllte sie durch die Wohnung und machte wie immer aus einer Mücke einen Elefanten.

»Die Ilse war eben meine Studienkollegin, hast du was dagegen?«, sagte ich dann genervt.

Nachdem sich mein kommunistischer Sohn Mehmet die beiden Versionen der Geschichte angehört hatte, brachte er noch eine weitere These ins Spiel, weshalb ich am helllichten Tag von wollüstigen Frauen umschwärmt werde.

»Erst gestern ist doch wieder ein Ausländer fast zur Tode geprügelt worden«, sagte er, »am folgenden Tag müssen halt viele ahnungslose Migranten die skurrilsten Sympathie-bekundungen über sich ergehen lassen, weil sie zufällig die Opfer der von Gewissensbissen geplagten Deutschen werden.«

»Aber wieso nennt diese Frau ihn dann Ali?«, fragte Eminanim.

»Ganz einfach, weil für die Deutschen alle Türken Ali oder Fatima heißen«, argumentierte Mehmet.

»Mehmet hat recht. Schließlich heißen ja für uns auch alle Deutschen Hans oder Helga«, unterstützte ich sofort meinen Sohn.

233

Allerdings traue ich der Sache ja selbst immer noch nicht so ganz – natürlich aus anderen Gründen als Eminanim.

Verdanke ich die öffentliche Knutscherei wirklich meinem tollen Aussehen, Ilses Kurzsichtigkeit, den blöden Nazis oder doch Ümmüyanims (Ulviyanims) Geheimdienst? Ich werde wohl nie wieder richtig gut schlafen. Ich hoffe, Dir geht es nicht genauso. Gute Nacht!

Die Integrationswoche

Mein lieber Onkel Ömer,

wie geht es Dir, und wie geht es meiner lieben Tante Ülkü? Wie geht's der hübschen Kuh Pembe, wie geht's der schwarz gepunkteten Ziege Fatima, wie geht's Deinem störrischen Esel Tarzan, und wie geht's unserem guten alten Dorfvorsteher Hüsnü?

Lieber Onkel Ömer, letzten Montag hat in Alamanya die Integrationswoche begonnen. Ich kann mir schon vorstellen, dass Du bei dem Wort »Integration« total perplex aus der Wäsche schaust, wie Deine hübsche Kuh Pembe auf der Wiese, wenn sie die vorbeifahrenden Züge anstarrt!

Ich kann das nämlich sehr gut nachvollziehen, mir ging es hier bis vor einigen Jahren genauso. Jeder faselte irgendwas Schwachsinniges daher, aber kein Mensch wusste genau, was Integration ist, und den Politikern war es in Wirklichkeit ohnehin egal. Die konnten sich nämlich nicht mal einigen, wie sie uns, also die zu Integrierenden, nennen sollten. Die Wortwahl ging immer damit einher, wie tief ihre Parteien in den Umfragen gesunken waren:

Um Dir nur einige Beispiele zu nennen, da gab es »Gastarbeiter«, »Ausländer«, »EG-Ausländer«, »Kanake«, »Asylant«, »Scheinasylant«, »Wirtschaftsflüchtling«, »Mitbürger«, »Zuwanderer«, »Migrant«, »Schmarotzer«, »Parasit«. Die neueste Version finde ich wirklich klasse: »Ausländischer Mitbürger mit Migrationshintergrund« heiße ich momentan im Behördendeutsch.

Mit diesen ganzen Bezeichnungen kommen ja nicht mal die Erwachsenen klar, wie sollen das denn die kleinen Kinder begreifen, frage ich Dich?

Meine Tochter Hatice fragte mich letztens mit großen Augen:

»Papa, sind wir nun Ausländer, Gastarbeiter, Migranten, Muslims, Multikultis, Mitbürger, Leitkultur, Kanaken, Islamisten, Terroristen oder Deutschlinge?«

»Also Hatice, Deutschling bist du doch nur in der Türkei«, antwortete ich und hoffte sie aus ihrem Begriffsdschungel einigermaßen zu befreien.

»In der Türkei sind wir nur Touristen, hast du mal gesagt, Papa«, konterte sie.

»Ja, Hatice, aber in der Türkei machen sie daraus kein so großes Problem, da ist es eigentlich egal, was man ist«, habe ich ihr gesagt. »Dort ist man viel toleranter, selbst Kurden und Armenier werden dort kurzerhand zu Türken erklärt, ob sie wollen oder nicht. Sogar die ganzen deutschen Rentner, die nach Antalya oder Alanya ausgewandert sind, haben sie dort sofort eingetürkt! Jeder Hans heißt jetzt Hanzo, und die ganzen Helgas nennen sie Hülya. Aber hier in Deutschland bleiben wir selbst mit einem deutschen Pass immer Ausländer, Gastarbeiter oder Migranten – das kannst du dir aussuchen. Auch nach vier Generationen!«

Lieber Onkel Ömer, da fällt mir gerade ein, dass Du doch weißt, was Integration ist. Letztes Jahr im Sommer hast Du mir doch gesagt:

»Osman, wir haben hier große Probleme mit Hayri, Hayriye, Remzi und Remziye, also mit den vier Kindern von Rüstem, der mit seiner gesamten Familie für immer aus Deutschland in unser Dorf zurückgekehrt ist. Diese Kinder können sich überhaupt nicht benehmen, sprechen nicht mal Türkisch, und selbst Rüstem kapiert unsere Sitten nicht mehr! Aber wir geben uns mit denen trotzdem große Mühe. Die Kinder sagen inzwischen nicht mehr ständig ›Fak ju, Alta, verpiss dich‹, sondern küssen stattdessen respektvoll den Erwachsenen die Hände. Und dem Rüstem habe ich auch schon alle unsere neuen Kartenspieltricks beigebracht.«

Das, was ihr so toll mit Rüstem und seinen Kindern im Dorf geschafft habt, das würde man hier in Alamanya »eine gelungene Integration« nennen. Beide Seiten müssen nämlich aufeinander zugehen. Das habt ihr getan, weil ihr die neuen Deutschlinge gern habt. Aber der Grund, aus dem sich die deutschen Politiker immer vor den Wahlen plötzlich an die Migranten erinnern und unsere Integration fordern, ist ein anderer: Die rechten Parteien tun das, um die Stimmen von einfältigen Wählern zu gewinnen, und die Sozialdemokraten tun es aus purer Verzweiflung, weil der Wahlkampf für sie ohne uns total langweilig wäre!

Hier wird sonst monatelang ernsthaft darüber diskutiert, ob man wegen dem Umweltschutz die Getränkeflaschen überall in jedem Geschäft zurückgeben darf oder nur bei einigen bestimmten oder ob das Arbeitslosengeld bei Hartz-IV-Empfängern um 0,11 oder um 0,15 Prozent erhöht werden sollte und ob der Zivildienst nur um drei oder gleich um vier Wochen verkürzt wird.

In der Türkei beschäftigt sich kein Mensch mit solch lächerlichem Kinderkram!

Umweltschutz – was ist denn das? Mit leeren Flaschen belästigt man dort grundsätzlich keine Geschäftsinhaber, sondern ausschließlich die Natur. Am besten mit ein bisschen Benzin drin, damit auch die letzten Wälder abgefackelt werden und reichlich Platz für Betonburgen entstehen kann. Arbeitslosengeld erhöhen oder Zivildienst verkürzen? Wen interessiert denn so was? Mit so einer Lappalie beschäftigt sich kein großer türkischer Politiker. Deshalb gibt es dort weder Arbeitslosengeld noch Zivildienst.

In der Türkei geht es immer um alles oder nichts – um Leben oder Tod! Um Kommunismus oder Faschismus! Marschieren die Russen oder die Amis ein? Wird die Türkei Iran oder Irak? Kommen Mullahs oder Generäle an die Macht?

In Deutschland befürchten die Menschen nur, dass Angela Merkel wieder mal ein Kleid mit einem sehr tiefen Dekolletee anziehen könnte.

Und nun haben die deutschen Politiker vor den letzten Wahlen das kluge Wort Integration entdeckt. Du musst zugeben, dass es doch viel interessanter klingt als »Plastikflasche«!

Und wenn die Deutschen mal was machen, dann machen sie das extrem gründlich, das weißt Du ja! Sie gründeten überall in Alamanya sofort Tausende von Integrationskursen und hetzten die Mitarbeiter der Ausländerbehörde auf uns arme Menschen los. Sogar zu uns sind sie gekommen.

Als der Mann bei mir klingelte, hielt ich ihn für einen lästigen Hausierer und hab ihn rausgeschmissen. Denn genau in dem Moment hatte ich mal wieder einen großen Krach mit Eminanim. Sie quengelte schon den ganzen Tag rum:

»Osman, lass uns doch endlich mal ausgehen, verdammt!«

Ich sagte:

»Ich hab aber überhaupt keinen Bock dazu, ich will zu Hause bleiben!«

Sie meckerte:

»Ich will heute endlich mal wieder andere Menschen sehen und nicht nur dein dummes Gesicht!«

Ich tobte:

»Ich will heute endlich mal wieder Chämpiänsliig sehen und nicht ständig dieses blöde Koch-Duell!«

Und am Ende keifte sie total wütend:

»Osman, jetzt habe ich die Nase endgültig voll von dir! Ich werde heute kein einziges Wort mehr reden, damit das klar ist, du Mistkerl!«

Ich war natürlich nicht minder beleidigt und rief:

»Eminanim, ich werde erst recht kein Wort mehr sagen! Basta!«

Als der vermeintliche Hausierer also in unserer Tür stand, befanden wir uns in der wundervollen Ausnahmesituation, überhaupt nicht mehr miteinander zu reden. Da ich wegen meines Schweigegelübdes nicht mal »wir kaufen nichts« sagen durfte, machte ich die berühmte Handbewegung, die jeder Idiot mit Sicherheit sofort als »Hau ab!« verstanden hätte. Aber nicht so die Ausländerbehörde!

»Guten Tag, Herr Engin, mein Name ist Deutschmoser, ich bin Beamter bei der Ausländerbehörde. Wir haben aus zuverlässiger Quelle einen vertraulichen Hinweis bekom-

men, dass Sie dringend einen Integrationskurs besuchen müssen«, sagte er zu meiner großen Überraschung.

»Was für'n Ding?«, moserte ich innerlich so laut, dass er es wohl fast hören konnte.

»Einen Integrationskurs, In-te-gra-tions-kurs«, wiederholte er nämlich sofort.

Ich schaute ihn ungläubig an.

»Deutsch, Deutsch, du nix Deutsch, das seien große Problem«, erklärte er lautstark im Treppenhaus. Das Ganze war meiner Frau vor den Nachbarn zu peinlich, und sie schleppte den Mann schnurstracks in unser Wohnzimmer.

»Frau Engin, du wenigstens Deutsch?«, fragte unser ungebetener Gast meine Frau.

Eminanim lief knallrot an und schüttelte den Kopf. Sie hatte sich ja auch fest vorgenommen, schlechte Laune zu haben und nicht zu sprechen. Und ich hätte liebend gerne gewusst, wer uns wohl bei der Ausländerbehörde angeschwärzt hatte.

»Nix gut Deutsch, nix gut Leben«, klärte Herr Deutschmoser meine Frau auf.

Ich saß mit einer sehr schuldbewussten Miene wie ein Schuljunge ihm gegenüber auf dem Stuhl und schaute die ganze Zeit auf den Boden, um nicht loszulachen. Dadurch ermuntert, holte er noch weiter aus:

»Nix gut Deutsch, nix gut Einkaufen bei Aldi«, belehrte er mich.

Der Mann kannte unseren Supermarkt noch nicht. In dem Laden hatte man sogar schon die Kassiererinnen abgeschafft – und das neue Automaten-Deutsch beherrschte ich inzwischen absolut perfekt. Auch in dem Moment beherrschte ich mich und sagte weiterhin kein Wort.

»Frau Engin, nix gut Deutsch, nix gut Fernsehen«, wandte er sich wieder an meine Frau. Der Mann weiß nicht, dass wir zweiunddreißig türkische Sender haben.

Eminanim blieb auch stumm wie ein Stein.

»Herr und Frau Engin, ich sprechen, ich sagen und ihr nix kapieren. Aber ihr unbedingt müssen machen Integrationskurs. Müssen lernen deutsche Sprache, müssen lernen Deutschland. Müssen gehen jeden Tag Kurs! Sonst Strafe! Hier Anmeldung«, moserte Deutschmoser und verschwand.

Lieber Onkel Ömer, um es kurz zu machen, vier Monate lang müssen wir nun regelmäßig diesen nervigen Integrationskurs besuchen!

Am Montag waren wir zum ersten Mal dort. Eminanim ist überglücklich, dass ich nun vom deutschen Staat gezwungen werde, dreimal die Woche mit ihr auszugehen, und sie die interessantesten Menschen aus aller Welt kennenlernen, mit ihnen tratschen und Kochrezepte austauschen kann. Sie hat mithilfe der Ausländerbehörde ihr Ziel erreicht.

Aber ich bin mittlerweile felsenfest davon überzeugt, dass es ein abgekartetes Spiel war und Eminanim mit dem Deutschmoser unter einer Decke steckt!

Für die türkischen Import-Bräute und Import-Bräutigams aus den anatolischen Dörfern oder für die seit vierzig Jahren hier schuftenden Männer, die in ihrer Freizeit noch nichts anderes gesehen haben als ihr Männercafé und deshalb noch keine Gelegenheit gefunden haben, Deutsch zu lernen, für die mag dieser Integrationskurs ja richtig und gut sein. Aber bei mir bewirkt er genau das Gegenteil!

Nov.

Die Tatsache, dass die Integration in erster Linie von den Politikern eingefordert wird, hätte mich schon sehr viel früher stutzig machen müssen. Wenn die Politiker was wollen, dann kann das ja nicht wirklich zum Wohle des Volkes sein. Jedenfalls nicht für die normale Bevölkerung! »Integration der Ausländer« ist nichts anderes als eine weitere leere Phrase für den Wahlkampf. Aber für mich bedeutet diese blöde Integration nackten Hunger!

Du weißt doch, dass ich gerne und viel esse und dass meine Frau mit allen möglichen Tricks versucht, mich davon abzuhalten. Wie zum Beispiel, ich sei zu alt, ich sei zu fett, ich hätte Zucker, ich hätte hohen Blutdruck, und meine unglaublichen Cholesterinwerte hätten meinen armen Hausarzt in einen so grauenhaften Schockzustand versetzt, dass er seine Praxis für zwei Wochen schließen und sich einer sehr komplizierten Therapie unterziehen musste.

Und was macht ein Mann, der zu Hause nicht das bekommt, was er gerne hätte?

Er sucht sein Glück außerhalb der heimischen vier Wände. So wie ich.

Damit meine ich aber nicht die teuren Restaurants. So viel Taschengeld bekomme ich von meiner Frau nämlich nie.

Deshalb bin ich mit Vorliebe dort Stammkunde, wo es gutes Essen zum Nulltarif gibt. Ich habe mich spezialisiert auf Jubiläen, Eröffnungen, Neujahrsempfänge, Hochzeiten, Geburtstage und Integrationswochen, wo es kostenlosen Eintritt und ein offenes Büfett gibt. Ich bevorzuge natürlich in erster Linie türkische Veranstaltungen dieser Art!

Wenn also der türkische Übersetzerverein zum zwanzigjährigen Jubiläum einlädt, dann prosten Hasan und ich uns mit dicken, lecker gefüllten Paprikas zu. Wenn das Reisebüro Bosporus seinen achten Geburtstag feiert, dann veranstalten Nedim und ich einen Wettbewerb im Köfte-Schnellessen. Bei der Eröffnungsparty von Ayses Änderungsschneiderei haue ich mir mit meinem Kumpel Ahmet den Magen derart voll, dass wir normalerweise bis zum nächsten Jahr eigentlich nichts mehr zu essen bräuchten. Wenn unser Sozialarbeiter Ali uns jedes Jahr in der »Woche der ausländischen Mitbürger« zum »Integrationsessen« einlädt, verschlinge ich zwölf Lahmacuns mehr als mein Arbeitskollege Hans, obwohl der mit achtzehn mit Hackfleisch, Tomaten und Zwiebeln belegten Lahmacuns gar nicht mal so schlecht abgeschnitten hat. Der Staplerfahrer Hans aus Halle 4 hat sich nämlich lieber bei uns integriert, weil ihm das Essen der Parallelgesellschaft wesentlich besser schmeckt als das Essen aus der Leitkühltruhe, ich meine, aus der Tiefkühltruhe.

Lieber Onkel Ömer, nun muss ich leider »schmeckte« sagen! Es gehört nämlich alles der guten, alten Vergangenheit an. Spätestens seitdem die ganzen Ausländer um mich herum, ich meine, seitdem diese ganzen Vaterlandsverräter in Deutschland den Lügen der Politiker erlegen sind und sich alle jämmerlich integriert haben – oder so tun, als hätten sie sich integriert, weil es denen so gut in den Kram passt –, gibt es bei allen Einladungen und Empfängen während der Integrationswoche keinen Döner mehr, kein Köfte, keine gefüllten Paprikas oder Auberginen, kein Börek, kein Lahmacun, kein Ayran und keinen türkischen Tee. Ich habe bereits drei Kilo abgenommen und bin nur noch ein

Schatten meiner selbst! Selbst bei Ali gestern gab es nichts anderes mehr zu essen als billige Käsebrötchen, steinalte Salzstangen, ein paar trockene Kekse und dazu abgestandene, lauwarme Kola ohne Kohlensäure!

Wer wird diesem Integrations-Wahnsinn denn endlich ein Ende bereiten? Ich will doch nur mal wieder was Anständiges zu essen haben! Hiermit erkläre ich ganz offiziell: Ich bin gegen die Integration von Ausländern und für die aneinander vorbeilebenden Parallelgesellschaften! Hat in Deutschland die ganzen Jahrzehnte doch total prima geklappt und sehr gut geschmeckt!

Ich küsse Dir, Tante Ülkü und allen Älteren in unserem schönen Dorf ganz herzlich mit großem Respekt die erfahrenen Hände und allen Jüngeren mit viel Liebe die hübschen, unschuldigen Augen.
Eminanim und die Kinder grüßen Euch selbstverständlich auch und küssen den Älteren mit viel Respekt die Hände und den Jüngeren mit viel Liebe die Augen.

Pass gut auf Dich auf, bleib gesund, iss genug Knoblauch und danke fünfmal am Tag Allah, dass Dir kein Mensch unter dem Vorwand der Integration deinen knusprigen Döner wegnimmt!

Dein Dich über alles liebender Neffe aus dem bitterkalten Alamanya

Osman

PS: Lieber Onkel Ömer, als ich gestern von Halle 4 nach Hause ging, sah ich mitten auf dem Bahnhofsvorplatz einen Mann eifrig auf eine Frau einprügeln.

Fünfzehn bis zwanzig Menschen schauten aus sicherer Entfernung neugierig zu, und fünfzig bis sechzig weitere Leute gingen einfach uninteressiert weiter – so wie ich auch. Man soll sich ja in die Angelegenheiten fremder Familien nicht einmischen. Erst recht nicht in Frau-Mann-Beziehungen. Bei genauerem Hinschauen sah ich aber total schockiert, dass die Familie keine richtige Familie und der Mann auch kein richtiger Mann war, sondern mein kommunistischer Sohn Mehmet. Und die Frau war unser Dauergast. Stell dir mal vor, die arme Frau wurde mitten in der Stadt vor den Augen von mindestens tausend Leuten von Mehmet brutal verprügelt, und kein Mensch sagte was, geschweige denn ging dazwischen, um sie zu retten.

Ich verstand die Welt nicht mehr:

War der verrückte Mehmet jetzt endgültig durchgedreht? Hatte Ümmüyanim (Ulviyanim) mich doch ausspioniert? Machte Mehmet sie für den Untergang des Kommunismus verantwortlich?

Drehten die beiden hier womöglich einen Film?

Dann lief ich sofort zu den beiden hin, zerrte sie auseinander und klebte Mehmet eine.

»Du Idiot«, habe ich gebrüllt, »wie kannst du es denn wagen, vor Tausenden von Leuten eine wehrlose Frau zu verprügeln – selbst wenn sie eine Spionin ist?«

Lieber Onkel Ömer, Mehmet war wirklich durchgedreht: Mit dieser dummen Aktion wollte der Trottel Frau Ümmü-yanim (Ulviyanim) beweisen, dass in Deutschland die

Zivilcourage nicht groß- und oft sogar nicht mal klein-
geschrieben wird. Er wollte ihr deutlich vor Augen führen,
dass kein Mensch eine Frau retten würde, sollte sie mal
von ihrem Ehemann mitten auf der Straße brutal
zusammengeschlagen werden.

In der Türkei wären aber sehr viele Leute zu Hilfe geeilt –
um dem Mann zu helfen, natürlich! Seine Familie hätte
dem jüngsten Spross eine Waffe in die Hand gedrückt,
damit er für seinen älteren Bruder das Problem lösen
würde.

Du fragst sicher, warum Mehmet das getan hat? Ich würde
sagen, frag lieber nicht danach. Ich habe schon vor vielen
Jahren damit aufgehört, hinter jedem blödsinnigen Tun
Mehmets einen Sinn zu suchen. Schlaf lieber. Ich kann's
wieder nicht, ich habe mich sooo aufgeregt. Gute Nacht!

Dezember

Mein Geburtstag

Mein lieber Onkel Ömer,

wie geht es Dir, und wie geht es meiner lieben Tante Ülkü? Wie geht's der hübschen Kuh Pembe, wie geht's der schwarz gepunkteten Ziege Fatima, wie geht's Deinem störrischen Esel Tarzan, und wie geht's unserem guten alten Dorfvorsteher Hüsnü?

Lieber Onkel Ömer, Du weißt doch, was eine Geburt ist, nicht wahr? Alle Deine Rinder kalben doch jedes Jahr, und Du selbst hast auch schon fünf Rinder … Entschuldigung, ich meine natürlich Kinder, in die Welt gesetzt. Nicht Du persönlich selbstverständlich, sondern eher meine Tante Ülkü. Deine Aufgabe während dieser Zeit war es, im Männercafé mit Deinen Kumpels darum zu wetten, ob es ein Mädchen oder ein Junge wird. Eine Aufgabe, die Du immer tapfer gelöst hast. Und da Du nur Söhne hast, mussten jedes Mal die gesamten Raki-Vorräte des Dorfes daran glauben.

So weit, so gut, aber was Du nicht weißt, ist, was eine Geburtstagsfeier ist, weil unser geliebter Opa, Allah hab ihn selig, allen in der Familie immer wieder eingebläut hat, dass man als Moslem keinen Geburtstag feiern darf. Das sei nämlich eine Erfindung der Ungläubigen und eine große Sünde. Na ja, der Opa hat damals der Oma nicht mal er-

Dez.

laubt, in der eigenen Wohnung ein Foto von ihren Kindern an die Wand zu hängen, weil doch nur Gott Menschen erschaffen darf. Dass ein kleines Foto noch kein vollständiger Mensch ist, dieses Argument hat er nie gelten lassen. Er hat sogar den Spiegel immer mit einem dicken Handtuch zugehängt, damit ja kein menschliches Antlitz hervorgezaubert wird. Meine Schulfreunde aus der Stadt durften aber alle ständig ihre Geburtstage feiern, und ich fand das irgendwie ungerecht. Oder, um mit Mehmets Worten zu sprechen, undemokratisch!

Da fällt mir ein: Immer wenn ich mit Dir über Demokratie diskutieren wollte, hast Du mir diesen einen tollen Witz zu dem Thema erzählt. Erinnerst Du Dich noch?

Eines Tages kommt Ali nach Hause und sagt zu seinem Vater:

»Papa, Papa, wir behandeln zurzeit im Unterricht alle wichtigen politischen Staatsformen. Und ich muss morgen vor der Klasse vortragen, was die Demokratie ist. Kannst du mir bitte erzählen, was das ist?«

Der Vater antwortet darauf:

»Natürlich, mein Sohn. Aber vorher musst du erst mal einige Begriffe lernen. Also, schau mal, ich habe eine Fabrik, ich bringe das Geld nach Hause, ich bin der Kapitalist. Deine Mutter entscheidet, wie das Geld ausgegeben wird, sie ist die Regierung. Wir beide arbeiten nur für dich, du bist das Volk. Die Ayşe, die bei uns den Haushalt erledigt und uns bedient und dadurch ihren Lebensunterhalt verdient, ist die Arbeiterklasse. Und dein kleiner Bruder Veli, der noch in den Windeln liegt, ist unsere Zukunft! Lern du erst mal diese Begriffe auswendig, und morgen früh erzähle ich dir, wie die Demokratie funktioniert.«

Als Ali nachts in seinem Zimmer versucht, diese Wörter auswendig zu lernen, hört er von nebenan, wie sein kleiner Bruder Veli ständig weint, weil er in die Windeln geschissen hat. Er läuft sofort zu seiner Mutter, aber die schläft schnarchend tief und fest. Er will seinen Vater wecken, aber der ist gar nicht da. Als er ziemlich besorgt an Ayşe Zimmer vorbeigeht, hört er Geräusche, öffnet die Tür und sieht seinen Vater mit der Haushaltshilfe im Bett rumturnen. Daraufhin kehrt er in sein Zimmer zurück und legt sich hin.

Am nächsten Tag beim Frühstück sagt der Vater zu ihm:

»Ali, komm her, mein Sohn, ich erkläre dir jetzt, wie die Demokratie funktioniert.«

Ali winkt ab und sagt:

»Vater, das brauchst du nicht mehr. Ich habe heute Nacht mit eigenen Augen gesehen, wie die Demokratie funktioniert, nämlich so: Während der Kapitalist die wehrlose Arbeiterklasse flachlegt, schläft die Regierung seelenruhig, das Volk macht sich die ganze Zeit Sorgen und die Zukunft liegt in der Scheiße!«

Aber zurück zum Thema: Wenn ich damals schon von den Geburtstagsfeiern der Deutschen gewusst hätte, wäre ich erst recht ausgeflippt und wäre wie mein Sohn Mehmet ein Revoluzzer geworden. Du kannst ja nicht wissen, wie die Deutschen Geburtstag feiern, das kannst Du Dir nicht mal vorstellen – und das ist auch gut so!

Lieber Onkel Ömer, der Geburtstag wird in Alamanya von jedem einzelnen Deutschen mit unglaublich großem Brimborium gefeiert. Wir müssen Allah danken und uns sehr glücklich schätzen, dass er nicht alle Deutschen am

gleichen Tag auf die Erde geschickt hat! Dann hätten wir hier viel schlimmere Verhältnisse, als wenn Silvester, Karneval, Fußball-WM und Schwiegermutterbesuch am gleichen Tag stattfinden würden.

So feiert wenigstens jeder an einem anderen Tag und nur mit seinen Bekannten zusammen, aber das ist auch schon schlimm genug! Bis morgens wird getrunken, rumgehopst und gegrölt, was das Zeug hält, die ganze Wohnsiedlung kann kein Auge zumachen.

Aber eines kapiere ich bis jetzt immer noch nicht: Erst tun die Deutschen alles – zum Beispiel sich stundenlang im Sportstudio quälen, teure Antiäidsching-Cremes kaufen, sich überall im Gesicht und am ganzen Körper operieren lassen usw. – in der Hoffnung, dadurch einen Tag jünger auszusehen, und dann feiern sie wie verrückt, weil sie ein Jahr älter, klappriger und runzliger geworden sind. Verstehe, wer will, ey, ich meine, Onkel Ömer!

Du glaubst aber gar nicht, wie toll das Ganze bei denen geregelt ist. Nach fünfzig, ja sogar nach achtundsechzig Jahren wissen sie immer noch auf den Tag genau, wann sie geboren wurden. Mein Kollege Hans, der Staplerfahrer, wurde zum Beispiel am 1. April geboren. Zwar wird er deshalb den ganzen Tag über verarscht und reingelegt, aber immerhin hat er einen offiziellen Geburtstag, der sich jedes Jahr aufs Neue wiederholt. Und sogar die zweitgrößte Nervensäge des Mittleren Orients, ich meine natürlich Eminanim, hat ein halbwegs genaues Geburtsdatum! Sie hat ihren Geburtstag genau neun Monate nach dem Tag, an dem sich ihre Eltern zum ersten Mal näher kennengelernt haben. Das war der Tag, an dem sie heirateten und der Fluss über die Ufer getreten ist und niemand die andere

Seite des Dorfes erreichen konnte. Und das war genau drei Tage vor Neumond. Bei Allah, ein so exaktes Geburtsdatum hätte ich auch gern.

Aber trotzdem, genaues Datum hin oder her, ich bin jetzt auch so weit, lieber Onkel Ömer! Ich habe mir fest vorgenommen, dieses Mal meinen Geburtstag zu feiern!

Mag sein, dass die Jahre in Alamanya auf mich abgefärbt haben. Mag sein, dass all die Geburtstagsfeiern der Kollegen in Halle 4 bei mir einen bleibenden Eindruck hinterlassen haben. Mag sein, dass mein Opa schon lange tot ist und mein Vater dreitausend Kilometer weit weg wohnt und mir nicht den Hintern versohlen kann. Mag sein, dass ich nur etwas Luft durch die Gegend schmeißen will. Stell Dir vor, die Deutschen wissen nicht mal, dass »Luftschmeißen« die vornehme Umschreibung für Angeberei ist.

Wie dem auch sei, ich habe auf jeden Fall beschlossen, meinen nächsten Geburtstag ganz offiziell zu feiern. Natürlich nicht den Tag, der bei mir im Pass steht. Das ist ja nur das Datum, an dem mein Vater, Monate nach meiner Geburt, seine Ernte in der Stadt verkaufte und nachmittags Zeit fand, mich offiziell anzumelden. Die Beamten bei der Meldebehörde haben es sogar geschafft, dieses getürkte Datum noch mal zu türken. Die dachten wahrscheinlich, dass zwei falsche Daten ein richtiges ergeben würden, und trugen als meinen Geburtstag das wohl einmaligste Datum der Weltgeschichte in meine Geburtsurkunde ein: den 31. Februar!

Aber wen kümmert's? Das ist doch nur blöder Behördenkram!

In Wirklichkeit wurde ich ja am Tag des ersten Schneefalls geboren!

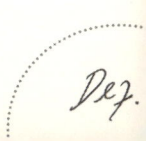

Das war das Datum, das sich meine Eltern gemerkt haben – nicht der 31. Februar. Und ich war immer sehr stolz darauf, denn den ersten Schnee hat ja schließlich nicht jeder am Geburtstag:

»Der Mann, der am Tag des ersten Schnees geboren wurde!«

Unser Dorfpolizist Mustafa beispielsweise wurde geboren, als das schwarz gepunktete Kalb mit den zwei Köpfen zur Welt kam.

Ich darf also mit Recht stolz auf meinen Geburtstag sein und will ihn in diesem Jahr auf jeden Fall bejubeln.

Meinen ganzen Bekannten in Alamanya habe ich natürlich schon Bescheid gesagt. Sie wollen alle zur Party kommen und warten nur noch auf den endgültigen Anruf von mir. Allerdings warte ich selber bereits seit Wochen auf den ersten Schnee in unserem Dorf in Anatolien und auf den Anruf meiner Mutter, dass es endlich so weit ist.

Jeden Morgen stehe ich in freudiger Erwartung auf, schließlich könnte der Tag mein grandioser Geburtstag werden. Kein Anruf, und abends gehe ich wieder total enttäuscht ins Bett. Bei dem riesigen Ozonloch und der globalen Klimaerwärmung kann ich wohl noch lange warten, schließlich hat es doch im Dorf schon seit zehn Jahren nicht mehr geschneit. Aber es hat natürlich auch seine positiven Seiten. Dadurch, dass ich seit zehn Jahren keinen Geburtstag mehr habe, ist dieses Gerücht, dass das Ozonloch schädlich sei, endgültig widerlegt worden. Dank des Ozonlochs und der globalen Erderwärmung werde ich wohl ewig jung bleiben.

Lieber Onkel Ömer, ich sag's nicht gerne und sag Du es auch nicht weiter, aber im Nachhinein wäre es vielleicht doch besser gewesen, wenn es damals an dem Tag meiner Geburt nicht geschneit hätte. Dann hätten sich meine Eltern ganz schnell was anderes überlegen und organisieren müssen, um sich das dann als meinen Geburtstag zu merken. Wahrscheinlich hätte mein Vater Dich gebeten, die schwarze Katze von unserer alten Nachbarin Oma Nuriye mit der Eselskarre platt zu fahren!

»Name: Osman Engin. Haarfarbe: schwarz. Schnurrbartfarbe: schwarz. Augenfarbe: schwarz. Zukunft: schwarz. Geboren: an dem Tag, an dem sein Onkel Ömer die schwarze Katze von Oma Nuriye bei Neumond platt fuhr.«

Ich finde, so wäre es doch viel besser. Ich hätte meinen Geburtstag einfach feiern können, wenn ich Lust dazu habe. Ich müsste dafür nur bei Neumond eine schwarze Katze platt fahren. Es muss ja nicht jedes Mal die von Oma Nuriye sein. Andere Omas haben auch hübsche Katzen.

Lieber Onkel Ömer, ich küsse Dir, Tante Ülkü und allen Älteren in unserem schönen Dorf ganz herzlich mit großem Respekt die erfahrenen Hände und allen Jüngeren mit viel Liebe die hübschen, unschuldigen Augen.

Eminanim und die Kinder grüßen Euch selbstverständlich auch und küssen den Älteren mit viel Respekt die Hände und den Jüngeren mit viel Liebe die Augen.

Pass gut auf Dich auf, bleib gesund, iss genug Knoblauch und danke fünfmal am Tag Allah, dass Du genau an dem Tag geboren wurdest, als unser Dorf einen neuen Imam bekam. Dank unserer religiösen Regierungspartei werdet Ihr

nämlich schon seit Jahren sowohl mit inländischen als auch mit saudi-arabischen Imamen nur so zugeschüttet — aber leider nicht mit Schnee!

In der Türkei haben wir eine Niederschlagswahrschein-lichkeit von fünf Imamen pro Quadratmeter, aber null Schneeflocken im Jahr!

Dein Dich über alles liebender Neffe aus dem verschneiten Alamanya

Osman

PS: Lieber Onkel Ömer, auch wenn ich keinen richtigen Geburtstag habe, ich bin trotzdem der glücklichste Mensch in ganz Alamanya. Endlich ist das Rätsel gelöst. Im Grunde meines Herzens habe ich es ja schon immer gewusst: Die Ulviyanim (Ümmüyanim) ist eine sehr, sehr nette und gute Frau. Wie alle guten Frauen wurde sie leider mit einem schlechten Schicksal ausgestattet. Die arme Frau hat mir heute unter Tränen erzählt, dass sie vor einem Jahr in der Türkei einen Deutschling geheiratet hat und ihm nach Stutt-gart gefolgt ist, aber dass ihr Ehemann sich nach ein paar Tagen als Tyrann rausgestellt hat. Der konnte überhaupt nicht damit umgehen, dass sie gebildeter war als er, und hat ihr das Leben in Deutschland zur Hölle gemacht, das Arsch-loch! Obwohl sie nur wegen ihm ihr Studium aufgegeben hat.
Sie flüchtete ins Frauenhaus. Weil ihr Ehemann sie dort auch nicht in Ruhe ließ und sie in Deutschland keinen einzigen Verwandten oder Bekannten hatte, brachte man sie ins Bremer Frauenhaus. Dort waren alle misshandelten Frauen

Deutsche, die kein Wort Türkisch konnten. Außerdem hatte sie Angst, dass ihr Mann alle Frauenhäuser in Deutschland abklappern und sie aufspüren könnte. Zum Glück traf sie dort auf meine feministische Tochter Nermin, die sie mit zu uns nach Hause nahm. Und am gleichen Tag hat meine Frau sie regelrecht adoptiert.

Ach, noch was: Eminanim ist doch keine Ärztin, das mit dem gemeinsamen Medizinstudium war nur als Ausrede für mich gedacht, damit ich in Halle 4 oder im Männercafé nicht alles ausplaudern würde.

Jetzt hat die nette Ulviyanim (Ümmüyanim) einen neuen Pass mit einer neuen Identität bekommen und vor einer Woche eine kleine Wohnung mit zwei Zimmern. Sie kommt uns fast jeden Tag besuchen.

»Siehst du, Osman, selbst ein Medizinstudium schützt die armen Frauen nicht vor brutaler Männergewalt!«, sagte Eminanim gestern.

»Ja! In diesem Fall wäre ein Karatestudium viel besser gewesen«, antwortete ich.

Lieber Onkel Ömer, endlich kann ich wieder gut schlafen! Gute Nacht!

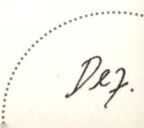

Dezember

Weihnachten

Mein lieber Onkel Ömer,

wie geht es Dir, und wie geht es meiner lieben Tante Ülkü? Wie geht's der hübschen Kuh Pembe, wie geht's der schwarz gepunkteten Ziege Fatima, wie geht's Deinem störrischen Esel Tarzan, und wie geht's unserem guten alten Dorfvorsteher Hüsnü?

Lieber Onkel Ömer, wir beide wissen, dass Du keine Ahnung hast, an welchem Tag Du wirklich Geburtstag hast, aber Du weißt ganz genau, wann der Prophet Jesus geboren wurde: richtig, exakt zu Weihnachten!

Und der erste Weihnachtstag ist seit zweitausend Jahren bei allen Christen immer wieder genau der 25. Dezember.

Wir Türken haben ja im Gegenzug den Ramadan im Kalender. Auch unser religiöses Fest verdankt seinen Ursprung, genau wie das Weihnachtsfest, einem Propheten. Aber der Unterschied ist der: Das Ramadanfest, das in einem Jahr, sagen wir mal, am 12. Oktober gefeiert wird, kann zwanzig Jahre später irgendwann im Sommer stattfinden – zum Beispiel am 23. Juni! Sogar schon im nächsten Jahr wird Ramadan mit Sicherheit ein völlig anderes Datum haben. Um die Leute richtig zu irritieren und völlig fertigzumachen, kann es sogar in ein und demselben Jahr gleich an zwei verschiedenen Terminen stattfinden.

Bei einer Sorte Moslems am 27. März, bei der anderen Sorte am 28. März – oder auch umgekehrt! Für Dich mag das alles ja normal sein, aber ich bin schon so lange in Alamanya, mich bringt dieses Durcheinander völlig durcheinander!

Lieber Onkel Ömer, von der Bedeutung her mag das Ramadanfest ja so was Ähnliches wie das Weihnachtsfest sein. Aber die Planung des Ramadan ist sehr orientalisch, und allein deshalb sind die beiden Feste auf keinen Fall miteinander vergleichbar. Jedes Jahr ziehe ich immer wieder anerkennend meinen Hut vor dem großen Organisationstalent der Deutschen. Es verschlägt mir regelrecht die Sprache, wie gut sie hier über Jahrhunderte hinweg das Weihnachtsfest planen können.

Jedes Jahr, ob vor dem Millennium, während des Millenniums oder nach dem Millennium, ob mit gerader oder ungerader Zahl, ob die Börse gestiegen oder gefallen ist, ob meterhoch Schnee liegt oder Dauerregen fällt: jedes Jahr am 24. Dezember ist, pünktlich wie die Post (sogar noch pünktlicher), Heiligabend! Und Du wirst es nicht glauben, dann ist am 25. Dezember immer der erste Weihnachtsfeiertag! Und dass ein Volk, das in der Lage ist, so was Grandioses zustande zu bringen, es auch noch schafft, den 26. Dezember als zweiten Weihnachtsfeiertag draufzupacken, das wundert schon gar niemanden mehr – außer uns Orientalen.

Und ob Du es glaubst oder nicht, diese wunderbare Wahnsinnspräzision findet unter den Deutschen nicht mal eine klitzekleine Erwähnung. Sie kokettieren sogar ständig da-

mit und spielen sich gegenseitig Theater vor, indem sie höchst überrascht tun und kreischen:

»Oh, mein Gott, dieses Jahr kam Weihnachten so plötzlich und unerwartet, ich hab's gar nicht gemerkt!«

Obwohl, wie gesagt, das Datum schon seit zweitausend Jahren feststeht und ab August nicht nur die Supermärkte und Tankstellen, sondern ganz Deutschland am Flackern und Blinken ist.

Es kann aber natürlich auch sein, dass einige damit nur ihre Faulheit kaschieren wollen, weil sie keine Lust hatten, Geschenke für die Sippschaft zu kaufen.

Aber in Wirklichkeit kann der normale Deutsche, sagen wir mal der Herr Hermann Krause, ganz locker und mit absoluter Zuverlässigkeit seine Festtage planen und sagen:

»Berta, in zwölf Jahren fängt unser kleiner Sohn Uli in Darmstadt mit seinem Jura-Studium an. Und unsere Tochter Rebekka wird sich zum dritten Mal von einem ihrer Laver getrennt haben und wird deshalb für sechs Monate in den Big-Bradda-Kontainer gehen, um auf andere Gedanken und unter andere Männer zu kommen. Und wir beide werden dann am zweiten Weihnachtsfeiertag, dem 26. Dezember 2020, nachmittags von 14:30 Uhr bis 16:10 Uhr deine lieben Eltern besuchen und den Rest des gefüllten Vogels vom Vortag aufessen. Ich bin gerade dabei, meinen Terminkalender bis 2025 zu ergänzen, deshalb meine Frage an dich, meine geliebte Lebensabschnittspartnerin Berta, hättest du Lust, am 26. Dezember 2020 um 16:15 Uhr, nachdem wir meine lieben Lebensabschnitts-Schwiegereltern besucht haben, mit mir zusammen einen kleinen dreißigminütigen Spaziergang durch die Innenstadt zu machen?«

Lieber Onkel Ömer, dank des Weihnachtsfestes, das wie eine Schweizer Präzisionsuhr bis in die Ewigkeit vorkalkuliert ist, kann das Paar Hermann und Berta die künftigen Festtage schon viele Jahre im Voraus bis ins kleinste Detail planen.

Wir Türken werden diese abendländische Fähigkeit nie erwerben können. Aber ich finde, wir sollten uns darüber auch nicht allzu sehr ärgern. Es ist nun mal so! Wir sollten es einfach tolerieren.

Eine ganz klitzekleine Schwachstelle in dem deutschen Sicherheits- und Organisationssystem gibt es allerdings doch für unsere beiden Helden, Hermann und Berta. Sie können zwar für das Jahr 2020 einen Termin vereinbaren, aber sie wissen nicht mal, ob sie überhaupt im nächsten Jahr noch zusammen Weihnachten feiern werden. Sie wissen noch nicht mal, ob sie in diesem Jahr den zweiten Weihnachtsfeiertag gemeinsam verbringen werden.

In Deutschland werden nämlich jedes Jahr sechzig Prozent aller Ehen ganz schnell wieder geschieden. Tendenz steigend! Wiederum die Hälfte von diesen sechzig Prozent wird gleich nach den Weihnachtstagen geschieden. Tendenz noch steigender! Ganz zu schweigen von den Lebensabschnittspartnerschaften!

Lieber Onkel Ömer, obwohl das alles für orientalische Ohren schon völlig unfassbar klingt, was jetzt kommt, wird Dich erst recht vom Esel schubsen. Ich hoffe, Du sitzt gemütlich auf Deinem Diwan und nicht auf dem Rücken vom störrischen Tarzan! Hinter dieser Präzisions-Maschinerie, die seit zweitausend Jahren tadellos funktioniert und für die nächsten zweihunderttausend Jahre bereits

Dez.

vorprogrammiert ist, steckt ein waschechter TÜRKE! Jawohl!

Falls Du jetzt vom Esel gefallen bist, hoffe ich, dass Du eine weiche Landung hattest. Aber Du hast schon richtig gelesen: Der wichtigste Akteur des großen Weihnachts-Spektakels ist in Wirklichkeit ein TÜRKE, und er stammt sogar aus Deinem Nachbardorf! Aus Myra, in der Nähe von Antalya! Dieser Türke ist möglicherweise unser URURUR-OPA!

Lieber Onkel Ömer, dass der liebe Weihnachtsmann, auch bekannt unter seinem Künstlernamen »Nikolaus«, der schon seit über zweitausend Jahren alle Kinder auf der Welt glücklich macht, unser Ururururopa ist, lässt mich vor Freude und Stolz erzittern, aber wirklich überraschen tut es mich in keinster Weise! Denn dass die Deutschen auch für diese Drecksarbeit schon damals einen Türken eingestellt haben, ist doch mehr als logisch! Welcher bequeme Deutsche würde denn schon solche Schindereien und Strapazen auf sich nehmen? Stell Dir vor, unser armer Ururopa muss jährlich vierhundert Millionen Kinder auf der ganzen Welt besuchen! Die jüdischen, buddhistischen, moslemischen und hinduistischen Kinder sind noch nicht mal mitgezählt. Für all diese gierigen Blagen muss er tonnenweise Geschenke in die Häuser schleppen. Und als ob das nicht schon genug wäre, bestehen einige unverschämte Kinder sogar darauf, dass er durch den Schornstein zu ihnen kommen soll. Und dieses unglaubliche logistische Wunder muss er zu allem Überfluss auch noch mit einem lächerlichen, klapprigen Schlitten und ein paar ausgehungerten Rentieren bewältigen. Er darf nicht mal einen Ford-Transit benutzen!

Lieber Onkel Ömer, stell Dir das mal vor: Mit vor Kälte bibbernden Tieren über die Autobahn zuckeln, dann rein in die Stadt, irgendwo parken, raus aus dem Schlitten, rauf auf das Haus, durch den Schornstein runterklettern, die Geschenke verteilen, sich geduldig die blöden Gedichte von dämlichen Kindern anhören, die ungesündesten Knabbereien vertilgen, wieder raus auf die Straße, rauf auf den Schlitten, die Rentiere haben sich inzwischen den Hintern abgefroren, wieder rauf auf die Autobahn, neue Stadt, neues Haus, mit tonnenschweren Säcken auf dem Rücken über total vereiste Dächer klettern, rein in den Schornstein, runterfallen lassen und sich einen Meniskusschaden und einen doppelten Beckenbruch einhandeln, um sich dann auch noch von den frechen Bengels anmachen zu lassen, dass die Pläystäischen nicht die allerneueste Version ist. Welcher Irre tut sich so eine Wahnsinns-Tortur schon gerne freiwillig an, frage ich Dich!

Dir brauche ich ja nichts vorzumachen, Du weißt viel besser als ich, dass kein einziger Türke Lust hat, oder vorhat, oder überhaupt in der Lage ist, seine Arbeit tausendprozentig zu erledigen. Unser Urururururopa bildet da leider keine Ausnahme, wobei ich bei ihm vollstes Verständnis habe – allein wegen seines hohen Alters und unserer gemeinsamen Gene! Deswegen wurde in Alamanya diese Marktlücke von findigen Geschäftsleuten sofort erkannt, und es wurden mit der Zeit sehr viele Subunternehmen gegründet, die diese wundervolle Idee unseres Urururururopas geklaut und den brutalen Mechanismen des Kapitalismus angepasst haben. Diese Leute ziehen nun die gleichen Klamotten an wie unser Ururopa, lassen sich einen

Dez.

genauso langen weißen Bart wachsen wie er und besuchen die Familien, die unser Urururururopa teils aus Zeitmangel, teils aus Nachlässigkeit und teils wegen der gebrochenen Hüfte leider nicht besuchen kann, und überreichen dann deren Kindern Geschenke.

Und jetzt kommt der eigentliche Witz oder vielmehr der kapitalistische Ernst der Geschichte: Man muss diese Ideenklauer, diese Nachahmer, diese Trittbrettfahrer im Gegensatz zu unserem selbstlosen Opa auch noch aus eigener Tasche dafür bezahlen, dass sie den Kindern die Geschenke übergeben! Und der ultimative Hammer-Witz ist: Die Geschenke, die diese Möchtegern-Weihnachtsmänner den Kindern überreichen, muss man vorher selber kaufen und diesen Gaunern in die Hände drücken.

Lieber Onkel Ömer, unser Urururururopa besucht meine Familie leider zu Weihnachten auch nicht. Er besucht hauptsächlich die Deutschen, der Schleimer ... öhm ... ich meine, das muss er ja auch, weil er sich arbeitsvertraglich zuerst um die Christen kümmern muss. Deshalb habe ich mich in den letzten Jahren selber als mein Urururururopa verkleidet, aber nicht mal die kleine Hatice fällt mittlerweile auf diesen Trick herein. Als sie mich das letzte Jahr mit meinem roten Umhang und dem langen weißen Bart sah, hüpfte sie wie ein durchgedrehter Frosch durch die Gegend und kreischte:

»Du bist nicht der Weihnachtsmann, du bist nicht der Weihnachtsmann, du Lügner! Du bist der Papa«!

Sie meinte, ich würde überhaupt nicht wie der Weihnachtsmann aussehen, ich hätte einen schwarzen Schnurrbart und die gleichen Löcher in den Socken wie ihr Papa.

Dabei bin ich bestimmt die beste Nachbildung von unserem Ururopa, die es je gab. (Bitte entschuldige, wenn ich vor lauter Aufregung nicht immer die gleiche Anzahl von »Ur«s vor den Opa schreiben kann). Deshalb blieb mir in diesem Jahr nichts anderes übrig, als so einen Trittbrettfahrer-Weihnachtsmann zu bestellen. Aber es musste natürlich ein Türke sein, genau wie mein Ururopa.

»Wollen Sie einen männlichen oder weiblichen Weihnachtsmann?«, hat mich die Dame von der Ideenklauer-Agentur ziemlich frech gefragt.

»Werden Sie bloß nicht unverschämt, meine Dame, mein Urururopa war genauso ein richtiger Mann wie ich«, habe ich sie natürlich sofort zurechtgewiesen.

»Schön für Ihren Urururopa! Aber wollen Sie nun einen weiblichen oder männlichen Weihnachtsmann?«, fragte sie mich erneut, völlig ohne Feingefühl.

»Männlichen natürlich!«, brüllte ich in den Apparat.

»Dick oder dünn?«, war die nächste dämliche Frage.

»Dick natürlich!«, brüllte ich wieder zurück. »Türkische Weihnachtsmänner müssen immer dick und fett sein!«

»Wir haben aber keine türkischen Weihnachtsmänner, nicht mal einen einzigen«, meinte sie plötzlich.

Na, lieber Onkel Ömer, hab ich Dir nicht gesagt, dass das alles bloß billige Kopien von unserem guten alten Uropa sind? Die wollen einen Türken nachspielen, haben aber für diese schwierige Rolle nichts als deutsche Weicheier eingestellt!

»Womöglich haben alle ihre Weihnachtsmänner blonde Haare, blaue Augen und sind lang wie eine Bohnenstange, nicht wahr?«, habe ich sie bei so großer Respektlosigkeit angeschrien.

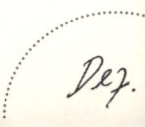

»Ja, das stimmt, so ziemlich alle«, meinte sie ganz ruhig.

»Habe ich etwa blonde Haare, habe ich etwa blaue Augen, war mein Ururururopa in Myra etwa lang wie eine Bohnenstange?«, rief ich ganz schön böse.

»Mein Herr, Ihre Augen, Ihre Haare und Ihr Ururopa interessieren mich herzlich wenig. Ich will nur wissen, wollen Sie nun einen Weihnachtsmann oder nicht?«, sagte sie abweisend. Diese Frau war das beste Beispiel für unsere Sörviswüste Deutschland!

»Haben Sie denn wirklich keinen einzigen türkischen Weihnachtsmann im Angebot?«, flehte ich sie beinahe an.

»Nein, keinen türkischen. Als Ausländer kann ich Ihnen nur einen Italiener, einen Portugiesen, einen Ukrainer und einen Chinesen anbieten. Der Chinese ist am preisgünstigsten«, war die lapidare Antwort.

»Ist das alles?«, fragte ich verzweifelt.

»Halt! Einen Eskimo kann ich Ihnen auch noch anbieten. Der ist aber etwas teurer, weil er mit einem original Weihnachtsmann-Schlitten angerauscht kommt«, sagte sie.

»Original Weihnachtsmann-Schlitten, dass ich nicht lache, das ist doch nur ein Werbegäg«, habe ich zynisch gelacht. »Der Mann ist doch ein Betrüger! Mein Urururopa hat doch nie einen Schlitten gehabt. In Antalya schneit es doch nie! Wenn euer Eskimo eine Badehose anhätte, dann wäre er viel glaubwürdiger.«

»Weihnachtsmänner in Badehosen kriegen Sie nur in Australien«, versuchte sie mich zum Auswandern zu animieren.

»Okäy, dann bestelle ich eben in Australien! Tschüß«, sagte ich und wollte schon aufhängen.

»Halt, halt, warten Sie, wenn Sie unbedingt wollen,

versuche ich für Sie einen türkischen Weihnachtsmann mit dickem Schnurrbart aufzutreiben«, kam sie endlich zur Vernunft.

Für diesen Urur006uropa-Ersatz musste ich auch noch 50 Euro hinblättern, die Geschenke vor die Tür ins Treppenhaus stellen, damit er so tun konnte, als wären sie von ihm, und ein kleines Geschenk für den Weihnachtsmann wäre auch sehr nett, wurde ich dann noch von ihr belehrt.

Lieber Onkel Ömer, obwohl wir nach all den Jahren hier in Alamanya schon so einige sehr erfolgreiche Weihnachtsfeiern absolviert haben und auf diesem Gebiet inzwischen ziemlich erfahren und was die Besinnlichkeit angeht sogar echte Vollprofis sind, war ich dieses Jahr zu Weihnachten trotzdem ganz schön aufgeregt, als ich unseren riesigen Tannenbaum zum Leuchten brachte.

Ich hatte wieder extra eine Woche vor Weihnachten Urlaub genommen, um den teuren Tannenbaum richtig anständig zu schmücken, so wie es sich gehört. Der war unter dem vielen Lametta, den Kerzen, Zimtsternen, Christbaumkugeln und verschiedenfarbigen Glöckchen fast nicht mehr zu sehen. Unter dem Tannenbaum habe ich eine hübsche Holzkrippe aufgebaut. Alle Fensterbretter und den Balkon habe ich mit schönem, künstlichem Schnee aus der Spräydose verziert. Auf die linke Seite vom Balkon habe ich wie immer unseren obligatorischen Schlitten mit vier Rentieren und einem Weihnachtsmann gestellt. In diesem Jahr klettert unser Weihnachtsmann ständig vom Balkon aus die Hauswand rauf und runter und singt dabei laut: »Oh du Fröhliche!« Die rechte Seite vom Balkon habe ich

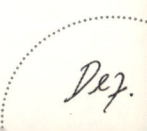

ganz schlicht im Stil einer verschneiten Krippe in den Hochalpen dekoriert und mit mehreren farbigen Scheinwerfern geschmackvoll ausgeleuchtet.

Als der große Tag dann gestern endlich da war, drehte sich unsere handgeschnitzte Räucher-Pyramide aus dem Erzgebirge putzig und vergnügt auf dem Fensterbrett vor sich hin. Die ganze Wohnung roch herrlich nach frischem Glühwein mit Zimt und Nelken, den ich selbst gebraut hatte. Und aus dem CD-Pläyer plätscherte ein wunderschönes Weihnachtslied, gesungen von Roberto Blanco.

Kurz gesagt, unser Weihnachtsfest war nicht zu toppen! Es war alles sehr schön und besinnlich wie immer zu Weihnachten bei uns. Mit der ganzen Familie stellten wir uns im Kreis um unseren tollen, funkelnden und blitzenden Tannenbaum auf, fassten uns liebevoll an den Händen und sangen das schöne Weihnachtslied: »Oh Tannenbaum, oh Tannenbaum, wie schön sind deine Blääääätteeeerrr!«

Und das genau siebenunddreißig Mal hintereinander, verdammt! Aber nicht für die nächsten sechsunddreißig Jahre im Voraus, sondern alles für dieses Weihnachten, weil dieser Möchtegern-Weihnachtsmann mit Schnurrbart sich immer noch nicht hatte blicken lassen! Für genau 19:15 Uhr hatte ich ihn bestellt, um 22:45 Uhr war der Mistkerl immer noch nicht da!

Die Kerzen waren schon runtergebrannt, und ich war völlig besoffen, weil ich den ganzen Kessel mit Glühwein aus Frust inzwischen selber getrunken hatte. Und sogar Roberto Blanco war mittlerweile heiser geworden.

Meine Frau Eminanim fing bereits um 21 Uhr an, mit mir zu schimpfen, wie ich denn um Himmels willen so blöd sein konnte, einen türkischen Weihnachtsmann zu bestellen! Ob ich nach hundert Jahren in Alamanya denn immer noch nicht kapiert hätte, dass die Pünktlichkeit bei den Deutschen groß- und bei den Türken überhaupt nicht geschrieben würde! Mein Argument, dass mein Ururopa auch Türke ist und das alles trotzdem früher ganz alleine geschafft hat, beeindruckte sie überhaupt nicht.

Meine kleine Tochter Hatice meckerte schon seit Stunden, dass sie endlich ihre Geschenke haben wolle und dass es ihr völlig egal sei, ob ich mich wieder als Weihnachtsmann verkleiden würde oder nicht.

Um 23:12 Uhr klingelte das Telefon. Die freche Dame von der Trittbrett-Agentur war am Apparat und meinte, dass es leider so gekommen sei, wie es kommen musste, nämlich dass der türkische Weihnachtsmann, den ich bestellt hatte, sich aus dem Staub gemacht hätte. Woher sie das denn wisse, habe ich sofort gefragt. Weil die deutschen Familien, denen sie diesen Weihnachtsmann leider auch vermittelt hätte, bereits angerufen und sich beschwert hätten, meinte sie verärgert. Der türkische Weihnachtsmann hätte auch die ganzen Geschenke bei denen vor der Tür geklaut, ich solle mal gucken …

Ich ließ sie natürlich nicht ausreden, sondern rannte sofort vor die Tür. Und tatsächlich, der Hundesohn hatte auch unsere Geschenke geklaut! Nur das Glas Wasser, das ich ihm als Geschenk hingestellt hatte, hatte er nicht angerührt!

Die Dame von der Verbrecher-Agentur schimpfte mit mir, weil ich sie angeblich fürchterlich bedrängt hätte und sie deshalb keine Zeit gehabt hätte, diesen Gauner genauer unter die Lupe zu nehmen.

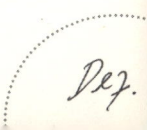

Meine Frau Eminanim schimpfte mit mir, nachdem sie erfahren hatte, dass auch unsere Geschenke geklaut waren, und meinte, das Ganze würde mir recht geschehen!

Meine Tochter Hatice schimpfte auch wie 'n Rohrspatz mit mir und war felsenfest davon überzeugt, dass ich mit diesem ganzen Schwindel nur vertuschen wollte, dass ich keine Geschenke für sie gekauft hätte.

Ich wusste nicht, worüber ich mich mehr ärgern sollte: darüber, dass ich von allen Seiten völlig zu Unrecht beschimpft wurde, oder darüber, dass meine teuren Geschenke weg waren, oder darüber, dass ich sinnlos siebenunddreißig Mal hintereinander »Oh Tannenbaum, oh Tannenbaum, wie grün sind deine Blääääätteeeeerrr« geschmettert hatte! Es blieb mir nichts anderes übrig, als allen zu versprechen, dass ich, wenn die Geschäfte nach den Festtagen wieder offen haben, erneut losgehe und neue Geschenke für sie kaufe, frischen Glühwein mit Zimt und Nelken braue und die bereits geköpften Schoko-Weihnachtsmänner durch komplett unversehrte ersetze. Und dass wir dann am 29. Dezember erneut gemeinsam Weihnachten feiern.

In vier Tagen müssen wir also ein etwas getürktes Weihnachtsfest feiern. Aber wie sagt man so schön: doppelt hält besser!

Ob zwei Mal getürkt einmal deutsch ergibt?

Lieber Onkel Ömer, ich küsse Dir, Tante Ülkü und allen Älteren in unserem schönen Dorf ganz herzlich mit großem Respekt die erfahrenen Hände und allen Jüngeren mit viel Liebe die hübschen, unschuldigen Augen.

Eminanim und die Kinder grüßen Euch selbstverständlich auch und küssen den Älteren mit viel Respekt die Hände und den Jüngeren mit viel Liebe die Augen.

Pass gut auf Dich auf, bleib gesund, iss genug Knoblauch und danke fünfmal am Tag Allah, dass Du nie etwas zu »türken« brauchst, weil in der Türkei sowieso alles getürkt ist!

Dein Dich über alles liebender Neffe aus dem sehr kalten Alamanya,

Osman

PS: Lieber Onkel Ömer, Eminanim hat mir vorgestern noch einige Details über Ulviyanims (Ümmüyanims) Ehe verraten, nachdem ich ihr gedroht hatte, dass sie in diesem Sommer die ganzen Gurken alleine pflücken kann ... ööhm, ist nicht persönlich gemeint. Na ja, jedenfalls sagte Eminanim, dass diese Ulviyanim (Ümmüyanim) während dieser schlimmen Zeit immer mit einem Kopftuch rumlief.
»Kann ich mir denken«, sagte ich, »weil sie völlig allein, hilflos und diesem Tyrannen ausgeliefert war, suchte sie eben Schutz bei Allah!«
»Ach, nein, sie ist nicht besonders gläubig. Sie versuchte damit nur die Spuren der Gewalt in ihrem Gesicht zu verstecken, die ihr rücksichtsloser Ehemann ihr ständig zugefügt hat«, sagte sie traurig.
»Eminanim, ich sehe in letzter Zeit immer mehr Frauen verhüllt rumlaufen. Heißt das nun, dass es in unserer Gesellschaft immer mehr religiöse Frauen gibt oder immer mehr brutale Männer?«, fragte ich nachdenklich.

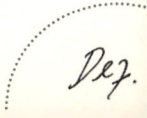

»Ich weiß es nicht«, runzelte Eminanim die Stirn und rief
dann erleichtert, »ich bin nur froh, dass wenigstens Ulviyanim sich gerettet hat.«

Lieber Onkel Ömer, ich glaube, wir müssen Allah fünfmal
am Tag danken, dass wir nicht als Frauen auf die Welt gekommen sind – erst recht nicht in einem islamischen Land.
Denn mit Kopftuch sähen wir sicher beide potthässlich aus.

Lieber Onkel Ömer, das waren sie nun, alle meine Briefe, die
Dir ein Jahr lang zeigen sollten, wie Deutschland funktioniert. Ich hoffe, Du wirst mich jetzt nicht mehr ständig damit nerven, dass Du hierherkommen willst, um alles mit eigenen Augen zu sehen. Nach einem Jahr mit einem
Dauergast habe ich von Besuch nämlich erst mal genug! Außerdem würdest Du von den deutschen Behörden sowieso
kein Visum bekommen.

Und wie Alamanya tickt, weißt Du ja nun auch so. Zumindest
weißt Du, wie ich in Alamanya ticke. Ich wünsche Dir jetzt
natürlich süße und angenehme Träume – ohne mich! Gute
Nacht!

Osman Engin im dtv

www.osmanengin.de

»Bei Engin bekommen alle ihr Fett weg und den Spiegel
vorgehalten. Boshaft, kritisch, ironisch und witzig.«
Ramesch

Kanaken-Gandhi
Roman

ISBN 978-3-423-20476-7

»Engin erzählt in seinem
ersten Roman in rasantem
Tempo die aberwitzige Ge-
schichte einer Abschiebung.
Der ›Kanaken-Gandhi‹
beweist, dass Engins Humor
langstreckentauglich ist.« *taz*

GötterRatte
Roman

ISBN 978-3-423-20708-9

Ein zwerchfellerschütterndes
Beziehungsdrama.

Don Osman
Neue heimtürkische
Geschichten

ISBN 978-3-423-20799-7

»Osman Engin auf seine
›heimtürkische‹ Weise ist eine
Bereicherung für die deutsche
Satire-Szene und längst nicht
mehr aus den Bücherregalen
wegzudenken.« *Istanbul Post*

Lieber Onkel Ömer
Briefe aus Alamanya

ISBN 978-3-423-21097-3

In 24 Briefen an seinen Onkel
Ömer in Anatolien erklärt
Don Osman, wie Deutschland
funktioniert.

Getürkte Weihnacht
Illustrationen v. Til Mette

ISBN 978-3-423-20931-1

Ein Weihnachtsbuch der anderen Art, in dem Don Osman
sich bemüht, das große Fami-
lienfest nach dem Vorbild der
»Eingeborenen« zu feiern.

Don Osman auf Tour
Urlaubsgeschichten

ISBN 978-3-423-20996-0

Das etwas andere Urlaubs-
buch: In unnachahmlicher
Manier erzählt Don Osman
von seinen Reiseerlebnissen.

Tote essen keinen Döner
Don Osmans erster Fall
Kriminalroman

ISBN 978-3-423-21054-6

Die Engins ziehen um. Und
das Erste, was sie in ihrer neu-
en Wohnung vorfinden, ist die
Leiche des Neonazi-Nachbarn
in ihrem Kellerabteil. Nun ist
Mördersuche auf »osmanisch«
angesagt.

West-östliches Sofa
Neue Geschichten von
Don Osman

ISBN 978-3-423-20908-3

Realsatiren zwischen Orient und
Okzident – frei nach Goethe.

Bitte besuchen Sie uns im Internet: www.dtv.de